服务乡村振兴战略：
应用型财会专业人才培养与教育教学改革研究

张晓军　著

中国纺织出版社有限公司

内 容 提 要

随着乡村振兴战略工作的推进，乡村振兴人才培养也迅速提上了日程，为实施乡村振兴战略提供智力保障。基于此，本书围绕应用型人才的培养要求，以应用型财会专业人才支撑乡村振兴发展为分析对象，首先介绍了乡村振兴战略对于应用型财会专业人才的需求，其次阐述了应用型高校会计与村振兴战略的精准对接，再次分析了现阶段该专业人才培养方式对振兴乡村经济的制约因素，最后提出了调整人才培养模式及课程改革，以便可以更好地促进乡村振兴战略的落实。

图书在版编目(CIP)数据

服务乡村振兴战略：应用型财会专业人才培养与教育教学改革研究 / 张晓军著. -- 北京：中国纺织出版社有限公司，2023.3
ISBN 978-7-5229-0465-8

Ⅰ．①服… Ⅱ．①张… Ⅲ．①高等学校－会计－人才培养－教学研究－中国 Ⅳ．①F233.2

中国国家版本馆 CIP 数据核字（2023）第 056212 号

责任编辑：张 宏　　责任校对：高 涵　　责任印制：储志伟

中国纺织出版社有限公司出版发行
地址：北京市朝阳区百子湾东里 A407 号楼　邮政编码：100124
销售电话：010—67004422　传真：010—87155801
http://www.c-textilep.com
中国纺织出版社天猫旗舰店
官方微博 http://weibo.com/2119887771
三河市宏盛印务有限公司印刷　各地新华书店经销
2023 年 3 月第 1 版第 1 次印刷
开本：787×1092　1/16　印张：10.75
字数：230 千字　定价：98.00 元

凡购本书，如有缺页、倒页、脱页，由本社图书营销中心调换

前　言

近年来，随着国家扶贫攻坚和乡村振兴战略的持续性推进，农村的经济发展模式和经济结构都迎来了巨大的改革，农村金融的快速发展为各个产业的发展提供了资金支持，不仅使资金来源呈现多元化发展趋势，资金的沉淀量也在日益增加。

乡村振兴战略对农村的经济建设具有诸多积极影响，同时这一战略背景涉及面广，受益群体十分庞大，涉及的投资项目多，在各项扶贫政策的支持下，农村经济发展的势头展现出了全新的时代浪潮。随着农村经济发展潜能被不断挖掘，金融服务逐渐多元化的情况普及开来，财务会计工作中审计监督的重要性也逐渐凸显。因此在农村各个产业发展的过程中，应该加强对财务工作的重视：首先要加强农村基础财务会计工作的质量，使其能更好地跟快速发展的农村经济相适应；同时要重视审计工作，推动审计管理的深入落实。为了达到这个目的，首先应该完成的就是进一步优化财务会计工作，实现农村财务会计管理制度的优化以及财务人员综合素质的提高，财务管理监督机制的完善，为农村经济的发展创造良好环境。

"三农"问题是关系我国民生基础的根本性问题，要想实现城乡一体化建设就必须将人力和物力集中到"三农"问题上，由此可见，解决"三农"问题是全党工作的重要目标，实现乡村振兴战略的诸多措施和手段都是围绕着"三农"问题提出的。有关文件对乡村振兴的目标、意义、原则和要求进行了详细的叙述，为了全面指导我国农村地区实现经济建设和全面发展的目标，我国农业作为基础产业有了全新的发展动力和活力，同时农村经济的发展呈现蓬勃向上的趋势。在我国经济和科技快速发展的时代背景下，以乡村振兴战略为指导方向，我国农村和农业的发展与建设逐渐步入了全新时代。国家高度重视农业和农村地区的发展，因此乡村振兴战略的指引极大程度地促进了我国农村农业以及其他产业的发展。农村经济发展在政策的扶持以及科学技术的支持下迎来了许多全新的机遇，同时也将面临更多陌生的挑战。农村经济的发展离不开助农个体经济项目，同时为了支持农村创业，农村物流的发展亟须投入资金建设，支持农村精准扶贫项目的实施都需要大量的高素质人才，特别是财务会计工作方面的人才。长期以来，财务会计工作方面的建设主要集中在城市，这也就导致了农村财务会计工作发展不够全面，存在制度上的问题，并且会计人才不足，由此改良农村地区的财会工作人才问题，培养农村地区的财会人才是发展农村经济的必经之路。为响应国家的政策，地方政府应该采取相应措施，实现农村财会管理的现代化建设。基于此，《服务乡村振兴战略：应用型财会专业人才培养与教育教学改革研究》围绕应用型人才的培养要求，以应用型财会专业人才支撑乡村振兴发展为分析对象，首先介绍了乡村振兴战略对于应用型财会专业人才的需求；其次阐述了应用型高校会计与乡村振兴战略的精准对接；再次分析了现阶段该专业人才培养方式对振兴乡村经济的制约因素；最后提出了调整人才培养模式及课程改革，以便可以更好地促进乡村振兴战略的落实。

著 者

2023 年 1 月

目 录

第一章 导论 1

    第一节 研究背景 1

    第二节 研究综述 2

第二章 乡村振兴战略的基本概述 11

    第一节 乡村振兴战略的提出 11

    第二节 乡村振兴战略的科学内涵 21

    第三节 乡村振兴战略的重要意义 33

第三章 乡村振兴战略对应用型财会专业人才培养的需求 41

    第一节 新型职业农民的概念及历史使命 41

    第二节 应用型财会专业支撑农业产业的发展 49

    第三节 在乡村振兴战略实施中加强审计监督 62

第四章 财会应用型课程建设与乡村振兴战略对接 75

    第一节 体现乡村振兴战略的财会应用型的人才培养方法 75

    第二节 构建乡村振兴战略的财会应用型人才培养课程体系 .. 79

第三节　设计乡村振兴战略的财会应用型人才培养教学形式……86

第四节　实施乡村振兴战略的财会应用型人才培养实践教学……94

第五章　服务乡村振兴战略财会应用型人才培养改革的必要性……103

第一节　会计专业培养方式与乡村振兴融合度低……103

第二节　忽视职业价值观教育……105

第三节　教师对乡村振兴的认识与参与不够……111

第六章　服务乡村振兴战略财会应用型人才培养模式改革的措施……113

第一节　提升财会专业培养方式与乡村振兴融合度……113

第二节　要深化会计教师对乡村振兴战略的了解……123

第三节　应用型大学会计专业的创新型师资团队建设……124

第四节　提高财会专业学生工匠精神的培养……131

第五节　建立创新创业平台服务乡村振兴……138

第七章　乡村振兴战略的财会应用型人才培养评价考核……147

第一节　乡村振兴战略的财会应用型人才培养评价考核的差距……147

第二节　乡村展现战略的财会应用型人才培养评价考核重点……149

第三节　乡村振兴战略的财会应用型人才培养评价考核形式……156

参考文献……163

第一章　导论

第一节　研究背景

乡村振兴战略的重点是国家发展农村经济、促进现代农业发展以增加居民收入的战略发展规划。在实施这一发展战略的过程中，乡政府是主要动力，而其职责的充分发挥与财务会计息息相关，在农村财务会计工作中备受关注。由于社会经济发展落后、优秀人才缺乏、法治环境不健全等原因，农村财务会计水平低下是普遍存在的问题。在农村财务会计工作中，违反我国财务管理制度甚至法律法规，给党和政府造成明显的财产损失的行为，严重影响农村社会经济发展的高效性、稳定性和可持续性，因此，农村财务会计工作中亟须解决这一问题。应加强财会资源和资金投入，不断完善财务管理制度，加快培养和引进专业财务会计人才，提高财务会计人员水平，落实乡村振兴战略规划。

一、费用预算定义缺乏导致财务不重视

农村财务会计一直以来受到所在地区社会经济发展的影响，农村财务会计工作人员会出现对财务会计工作处理不当、成本预算界定意识淡薄的情况。当政府机构要开展一些新项目时，相关财务会计人员无法给出准确、系统的成本预算，导致财务会计无法充分发挥其功能，甚至造成资产损耗。一些乡镇政府倾向于事后解决，而忽略了预支出的计算，并在这种情况下，导致有关部门按照与具体损失不符的标准进行赔付。一些非财政收入管理方法不够严密，无法详细准确地记录地方财政收入和支出。一些乡镇政府对财务报告的定稿不重视，认为财务报告或成本预算方案作用不大。因此，为了更好地保证编制的成本预算数据和信息表面美观，大部分内容并不符合实际，和地方经济发展状况不一致，适用性差，此类规划给予的资金流缺乏科学合理性。也有一些乡镇政府缺乏专业的财会人员，从业人员的成本预算制定能力不足，主观性过强，给农村财会工作带来明显障碍。

二、乡村财务管理资产运用缺乏合理性

现阶段，部分政府部门在惠民管理方式上缺乏完善的管理方案。新惠民项目缺乏明确的主体责任和控制权，导致乡村政府项目资金管理方式明显缺位，造成资产分散、管理方式不明等问题。特别是一些乡村新建惠民项目多、项目资金数额大，项目资金未严格按照有关要求计算分配。在专项资金的具体计算和处理办法中，只计算一般学科项目资产，导

致项目资金管理和绩效考核评价部门在突击督办专项资金项目时工作量增加，难以及时地解决资产问题或制定相应改善对策，使得突击搜查无法发挥作用，挪用、委托项目资金等现象在农村财务会计工作中普遍存在。

三、财务会计工作人才储备不足

乡村地区社会经济发展水平不高，交通、文化教育、环境卫生等公共文化服务水平较低，一些优秀的财会人才不愿意在乡村工作。在这种情况下，乡村基层财务会计人员的储备尤为不足。财务会计从业人员年龄较大，没有高学历。乡村地区薪酬福利水平较低，对优秀的财会人才缺乏吸引力。人才储备不足直接导致了乡村财务会计人员队伍不稳定，乡村地区财务会计工作水平不高。

应用型大学对培养涉农会计人才具有得天独厚的有利条件，因此如何整合资源、发挥农业特色优势、迎合市场需求，是摆在我们面前迫切需要解决的问题；如何改革现有涉农财会人才培养模式，适应新的财会环境，培养一批具备良好职业道德素质、掌握扎实的专业知识、具有丰富实践经验的涉农财会人才，是当前应用型大学涉农财会人才培养面临的紧迫任务。

第二节　研究综述

一、国外研究综述

由于体制、机制的不同，国外鲜少有村级会计队伍这一概念。首先，关于乡村的概念，国外更多以自治组织形式存在，经济发展是乡村的重要功能之一；其次，就村级财务管理来说，国外遵循的模式主要是合作社的财务管理；最后，主要探讨会计，也就是财务人员的能力素质、职业要求和监督管理。因此，国外研究现状也主要从这几方面来谈。

（一）关于乡村经济发展的研究

西方国家很早就开始了对于乡村治理这一课题的研究，在西方，乡村经济发展在国家发展中占据着较为重要的位置，村民自身是发展的主体。比如美国，这个公认为治理较为完善的国家，其在乡村治理上拥有一套独立的北美模式，在乡村建设中极为注重经济发展，并且重视城乡一体化的和谐发展。在乡村经济发展的过程中，有几个经典案例。比如日本的造村运动，其主旨是在政府的引导下，通过激发村民的自觉性和参与性来推动乡村发展，实现经济富裕。又如，韩国的新村运动，由于工农业发展的严重失衡，韩国城乡的经济发展程度参差不齐。在此情况下，新村运动应运而生。新村运动主要是利用了政府、市场、村庄三者互相的联系与作用，政府提供政策及激励机制，村庄领导者领导村民并充分挖掘村民的自发作用，培养农民骨干，加强农民教育，从而实现三农的现代化转型，达到共同发展、均衡发展的目标。在欧洲地区，法国与荷兰很早便有了抓生态的意识，提出在保护生态环境的基础上，以土地的改革与规划为主要内容，来推动乡村的经济发展。（Yun Sun，Xun Zhao，2017）

（二）关于村级财务管理的研究

从上文可知，国外乡村更多以合作社形式存在，村级财务管理自然而然变成了合作社财务管理。对合作社的财务管理，社员有权利参与和监督，这样既有利于财务公开，也有利于培养社员的主人翁精神，推动实现村民自治从而激发其积极性。因此，国外的合作社财务管理更加注重民主，与此相关的研究也更偏向于企业财务管理。Atmadja AT，Saputra KAK（2018）分析了村级财务管理的重要意义，并提出了主要影响村级财务管理合法性的几个因素。Desi Indriasari Karlika Rachma Sari 等人（2020）发表文章称，农村要想实现自我发展，应因地制宜根据实际情况开展工作，遵守市场规律，其财务管理可借助委托代理来实现。

（三）关于会计人员能力框架的研究

在国外，职业会计师的概念出现较早，那时国际会计师联合会首次提出该概念，并对怎样才是一名合格的会计师和如何培养合格的会计师提出要求。Julia Gran（2020）发表文章提到了美国注册会计师的基本条件及素质，包括职业操守、企业视野、行为素质、一般常识等，他提出，会计作为一门学科应该如何进行人才培养及其基础教育应注重哪些方面。澳大利亚也有着自己的一套会计师标准，既包括做账、看账等传统业务能力，也包括基本的工作技能如组织能力、沟通能力等（Chris Poullaos，2020）。除此之外，加拿大、新西兰、英国等也有着类似的会计师标准。可以看出，国外对于会计人员的要求较为严格，除了传统的簿记、做账等技能训练外，对于人际关系、沟通方法、解决问题的能力等也有所要求。总结起来就是将会计作为一项技能、一种工具、一种能力。

（四）关于会计人员监督管理方面的研究

关于会计人员的监管，国外主要有以政府为主、以法律为主、以审计为主、以农民自治为主的等几种模式。比如欧美国家，对会计的监管以政府为主导。英国成立了会计调查惩戒委员会，改变了以前一贯实行的以行业自律和民间审计为主导的监管模式。美国与英国的做法类似，也成立了类似的组织履行监管职能，名为会计监管委员会。同时借助财务公开，于20世纪90年代便建立起财务公开的网站，对于会计的监管也起到倒逼作用。与美国类似，荷兰成立了农民联合会履行这一职责。法国则主要依赖财税部门对会计进行监管。德国建立了会计规则，对相关事项进行规范并要求会计遵守。在亚洲地区，日本、韩国倾向于发挥农民的主观作用，引导村民自发地进行村务监督。在非洲地区，以埃塞俄比亚为例，在农业合作社的基础上对村级财务进行管理，这种模式存在相应的弊端，需要借助规范定期的财务审计来规避风险，但目前仍存在审计结果不够准确、结果引用不够合理等问题。（Song Longfei，2019）

二、国内研究现状

（一）关于村级财务管理的研究

乡村是我国社会的重要组成部分，近些年来，党和国家将越来越多的注意力聚焦乡村基层，旨在推动城乡一体化发展，促进我国经济社会的整体繁荣。现在，三农工作重点已经从脱贫攻坚转向乡村振兴，通过激发农村内生动力来促进农村地区的高质量发展。在此背景下，村级财务管理不可避免地成为广大农民关注的热点，资金怎样用、资产怎样管、补贴怎样发等都涉及群众切身利益。目前，村级财务管理主要有四种管理模式，分别是：村账村管、村账镇管、村账"双代理"和村会计委托代理，这四种管理模式各有其优势和弊端，应因地制宜择优选择。（齐明悦，2018）

对于村级财务管理目前最突出的问题，焦兆元认为是村会计素质较低和村级财务管理保障机制未建立。（焦兆元，2017）纵观学界较多文献，村会计素质不高可以说是得到了较为广泛的认同。在微观层面上，对某地区某范围内的村级财务管理的研究案例也比较多，比如对于泰兴市村级财务管理的研究，提出主要存在会计人员财务知识薄弱、法律知识匮乏、乡镇主体责任履行不充分、县级政府管理不善等问题。（许磊，2018）

（二）关于加强村级会计队伍建设必要性的研究

刘林、黎声旺（2019）发表了文章《加强新时代农业农村财务队伍势在必行》，他们认为，根据新时代改革和发展要求，村级财务人员的业务能力和道德素质尤为重要，亟须提高。对于新时期应建立一支怎样的财务队伍，他提出了15字方针，即"懂经济、明形势、善思考、遵法规、守底线"。

彭典范（2019）也说，"作为农村财务管理的操盘手，村级会计具体负责各项惠农补贴的落实工作，强化农村财务队伍已成为当务之急"。陈燕（2020）认为，加强村级财务管理，强化人员队伍建设很有必要和意义，主要体现在：既有利于规范党风廉政建设，也有利于提高资金使用率，还有利于治理乡村。

马玲玲（2020）指出，要想实现农村经济繁荣，必须将财务管理着眼于农村。康伟欣（2019）则着重从人的角度入手，认为财务管理工作人员的素质是影响管理水平的关键，对此，他提出应当提高思想认识、加强财经法规教育、增强对工作人员的监督。

由此可知，理论界已经充分认识到村级会计队伍的重要性和加强队伍建设的必要性，加强村级会计队伍建设势在必行。

（三）关于村级会计队伍建设现状及问题的研究

关于村级会计队伍的研究在近些年逐渐成为理论界的热点，诸多学者均对村级会计队伍的现状进行了调研。调研结果发现，村级会计队伍中仍旧存在一些亟待解决的问题，如会计人员学历较低、年龄结构不合理、难以做到专人专职、人才流失比较严重等。以山西省孝义市为例，村会计人员中普遍存在年龄结构老化、无证上岗现象突出、队伍稳定性差、经济待遇较低等问题。

金静娴（2019）对东台市村会计队伍建设进行了调研并发表文章，调研的内容主要包括年龄结构、文化程度、任职年限、异村任职等方面，提出其基本情况、存在问题和对策建议，并指出其存在问题主要包括业务水平不强、工作繁杂、薪资待遇偏低、考培制度不完善等，提出要加强管理培训、加快制度建设、加大政策激励等举措。

李琴（2019）则将目光转至芜湖市三山区，对这里的村会计队伍进行了研究，提出了职业道德低、专业能力不足、法律意识淡薄等问题，并认为管理体系不顺畅、农村人才流失等是产生问题的原因。

（四）关于村级会计队伍建设对策的研究

针对职业化水平低、培训制度不完善、考核机制不健全等问题，彭典范（2019）指出要扎实推进职业化建设、健全完善培训制度、强化落实考核机制。王艳玮（2019）认为，产生问题的主要原因是管理者和监督者的思想意识比较薄弱，相关法律制度也不够健全。对此，她提出应构建科学有效的财务管理制度、提高人员水平、加大监督力度。具体可通过建立奖惩制度、坚持财务公开、完善收缴制度、做到专款专用、定期业务培训等来实现。

腾明江（2018）也提出建议称，应加强职业道德建设、建立奖惩制度以调动积极性，同时构建人才交流平台、建立行业信用信息归结系统。蔺雪娜（2018）从村会计的招录方式入手，建议称可发散思路，如公开招聘、择优录取、"三支一扶"政策等均可作为财务会计选聘的方式。

针对具体某方向的更为细致的对策也不在少数，比如针对会计人员教育培训不到位的问题，杨红春（2021）认为培训内容应更具针对性，除业务培训外，还应对政治理论、政策要求、相关文件精神等进行培训，要着力转变理念，注重综合素质的同步提高。又比如，针对日常管理中存在的问题，靳更喜（2020）指出应提高对基层财务管理重要性的认识，建立和完善财务工作规章制度，将"财权"进行适当分解，并成立财务监察委员会，充分利用审计力量。

三、理论基础

（一）社会治理理论

治理一词最早来源于西方，最初的概念是对组织或者是活动进行管理。从政治学的角度看，治理是指政治管理的过程，是政府、社会团体等治理主体为了促进利益实现的最优化，遵循相关法律法规，依托民主法治、公平正义等原则，实现各方面整合，经过民主协商、沟通协调、规范约束等方面的社会管理的行为。社会治理理论作为构成西方治理理论的重要基础，被应用到了社会生活的方方面面。它指的是为了构建多种社会主体共同发展进步、有机促进的局面，在规范的流程和制度的制约下，由各社会行为的主体积极地投入社会治理中去。为了应对当今新时代不断产生的挑战，实现公平、效率及发展的多种价值，社会以及个人都需要积极参与。因此，要改变一些传统老旧的运行方式，追求新时代治理价值的体现。

在我国，社会治理包含了诸多内容，包括公民社会价值的逐步的实现、政府的作用和地位的摆正、公共管理权力的合理分配等。社会主义国家进行社会治理是国家统制的必要基础，也是一个动态发展的过程，其根本任务是对社会目标的复归。我国的社会治理指的是在中国共产党和政府部门的引领下，多方面的社会治理主体都投身社会公共事务和公益事业的活动中。为了全面推进我国社会的健康有序发展，以实现人民群众的利益为目的，充分体现社会治理主体多元化的作用，解决我国在治理过程中显现的社会问题，健全完善社会的福利、改善民生状态、化解当前的社会矛盾，促进社会的全面公平。要认识到新时代社会治理在推进国家治理体系和治理能力现代化中的重要地位，彰显其时代价值。

（二）新公共服务理论

新公共服务理论是在登哈特夫妇对新公共管理理论的批判和反思中产生的，理论的提出对行政服务具有很大指导作用。新公共服务理论的主要内容分别如下。

第一，政府的职能是服务而非"掌舵"。在新公共管理理论中，政府的职能更多地侧重于决策层面，而不是执行层面。相反，新公共服务理论则认为，当前政府更多地关注"掌舵"，而政府作为实施者，工作重点应该是服务，以保障公民的利益，为公众提供公共服务。

第二，追求公共利益。政府必须致力于达成公民集体的、共享的公共利益，实现公共利益不是副产品而是目标。政府提供更多的与民众进行对话的条件，营造可以真诚对话的环境，使公共利益居于主导地位。

第三，为公民服务，而不是为顾客服务。政府的服务对象是全体公民，并不同于企业与顾客的关系，政府必须关注公民的需要和利益，公平公正地为公民提供服务。因此政府需要与公民建立良好的信任和合作关系，关注公民的呼声。

第四，不能只关注生产率，更要有足够的重视。新公共服务理论提出者登哈特强调通过人进行管理，需要秉承着以人为本的理念。政府组织的运行需要管理者善待人员，要求其具有责任心、奉献精神和公民意识，同时要考虑到思想价值层面的内容，帮助组织工作人员实现自身价值。

第五，公民权和公共服务比企业家精神更重要。在企业中企业家最重视的是生产率和实现利益最大化，而公共行政官员不是公共机构的所有者，因此不能只采用企业家的思维去实现公共管理的目标。政府的所有者是公众，政府是社会的政府，因此行政官员需要认清自身的角色定位。新公共服务理论在规范乡村财务管理上体现为，为了更好地实现村级事务的高效管理，通过制订科学合理的计划，采用民主的方式，充分转变传统思想观念，明确村级事务的目的，充分发挥政府的服务职能，提升责任意识。

（三）委托代理理论

20 世纪 30 年代，美国学者伯利和米恩斯在企业研究过程中，发现由于企业的经营权和所有权合并在一起而产生了很多的弊端，造成企业的经营发展受到阻碍，并因这一研究提出了企业的委托代理理论，以实现企业的经营权和所有权分离。委托代理理论的提出是建立在双方信息不对称的基础上的，是在双方协商后达成的关系，用约束的机制使代理人能符合委托人的要求。委托代理关系产生的基础是生产力的大发展，因此产生了社会分工的细化，这就要求越来越专业的生产技术，而企业所有者受精力的限制，无法进行全部生产经营活动。为了实现利益的最大化，应运而生一批带有专业知识和技能而缺少资金的代理人，接手了经营权，两者合作获得利益的最优。另外为了不损害委托人的利益，必须有效地监督管理，对代理人的经营管理行为进行评价。这一理论是企业内部治理的重要基础理论。

乡村综合治理的代理制本质上也是一种委托代理关系，其本质上是农村集体资产的所有权与经营权的管理，集体资产所有权与管理权同时也是相分离的。村级财务委托代理理论是从村财乡（镇）管模式逐步变化而来的，在乡镇的农经站统一进行会计核算工作。乡村综合治理代理制的产生是为了加强对农村财务管理的监管，是为改变村级财务混乱而做出的改革创新。我国的村级财务委托代理制度最早以浙江省上虞市为试点展开实施，随后在全国范围内展开。乡村财务管理是当前我国最基层、最基础的财务管理，为了实现乡村财务管理的规范化，由乡镇农经站代管村里的账务，能够对村集体的资产起到监管作用，也可以逐步调和村委会与民众间的利益矛盾。

（四）内部控制理论

20世纪40年代末，美国的会计师协会最早提出了内部控制理论，为了维护各企业的有效权益，提升经营的收入，而采用对企业内部的协作配合等方式，对企业的财务工作及财务的相关信息进行检查，以保护企业的利益、实现各管理效果。目前内部控制理论在我国体现在政府、非营利组织、企业等单位为了更好地实现自身的管理目的，达到管理或经营目标，制订有现实效果的内部控制制度，来约束个人的行为。单位的内部控制需要达到既定的目标，有效地执行和防范各类风险，需要制订相关规定的流程程序，还需要制订相关的措施使单位内部人员有遵守的意愿，才有高效实施的可能性，将制度、程序和措施有效地结合起来。主要内容是先对本单位的情况以及经济业务进行分类总结，找出日常业务、经济业务中的风险点，根据风险点及日常工作流程设定一些管理控制的环节，随后对这些风险点和环节明确责任单位，形成可行的措施，最后建立内部控制制度。

内部控制理论认为，基础信息、公开制度和监督查询权利组成了可行有效的内部控制机制。内部控制的成效如何，很大程度上取决于单位负责人的重视程度。企业文化是民族文化传统的延续并且顺应时代发展而发展，是企业逐渐形成的具有内部价值观、信念以及企业内部思维、制度和流程的组合。所以要非常重视内部环境的建立，要注意日常工作中形成良好的单位文化和正确的内部价值观，狠抓内部制度的建立、办事工作程序的规范、内部政策措施的实施。

（五）人力资本理论

根据人力资本理论，资本分为人力和物力两种。人力资本顾名思义，指的是一个特定人身上的一切资本，包括其所具备的专业知识、业务技能、管理能力、能创造的生产力、健康体魄能够带来的劳动力等，甚至这个人本身就是劳动力资本。如果在物质和人力上投入同样多的资本，通常情况下人力资本的收益效果会远远高于物质资本，因为人具有主观能动性。当然，要想获得足够的人力资本，也需要对这个特定人进行各方面的综合投资，支付足够的投资成本，如教育成本、培训成本、健康成本等。

管理者往往通过以下几种方式来激发人力资本：一是适当的激励，最常见的就是给予一定的政治待遇、级别待遇或者经济待遇；二是借助教育培训的力量，通过科学有效的教育来提高素质和技能，从而提升劳动力资本；三是环境激发，只有在合适的环境下，才能充分发挥知识和能力的作用，正因如此，企业才更加需要注重企业文化和氛围的培养。

总而言之，"人力资本的管理和利用实质上是对个体本身技能和知识的运用，而他们作用的发挥往往借助一定的激励举措，同时还需要一定的环境氛围的依托"。（籍薇，2020）这也为村级会计队伍建设提供了理论依据。新形势下，乡村财务管理面临着更加突出的挑战，特别是乡村振兴战略等立足农村基层的政策一经提出，基层农村急切地需要一批懂财务、懂农民的专业化财会队伍，只有利用人力资本理论，充分发挥这支队伍的人力资本，才能保证各项惠民惠农的政策顺利实施。

（六）教育内外部关系规律

"教育内外部关系规律"的理论主要包括三方面的内容。一是教育的外部关系规律，即教育与社会发展关系的规律。二是教育的内部关系规律，主要指教育与人发展关系的规律。三是教育内外部规律的相互关系。因此，以下从这三个方面对"教育内外部关系规律"的理论做一个全面深入的阐释。

1. 教育的外部关系规律

教育的外部关系规律主要指教育与社会关系的规律。教育作为一种社会实践活动，其与社会发展存在必然的关系，这种必然的关系就是规律。参照系统论的观点，社会是一个大系统，这种关系存在于系统内部，对于教育而言，这种关系是教育与社会其他子系统之间的关系，如生产力、政治经济制度、文化、人口以及科技等社会因素。简言之，教育的外部关系规律是"教育与社会发展相适应"，适应包含两层含义，一是"起作用"，二是"受制约"。

具体地说，生产力、政治制度和文化对教育产生了显著的影响，首先，经济基础决定上层建筑，生产力的发展推动了教学组织形式、教育教学手段和方法的变革，同时，生产力制约着教育事业的规模、速度以及人才培养的质量。其次，政治制度决定着教育目的的性质和思想品德教育的内容，而教育为政治制度服务，为国家培养专门的人才。最后，文化以观念形态植根于人类的思想意识中，通过隐性的方式向人类输入世界观、人生观和价值观，影响着教育者以及受教育者的思想观念。

此外，文化反映在教育目的和学生的培养目标上，间接制约着教材的选择、教学内容的设置以及教学活动组织的形式。同样，教育反作用于文化，即教育有对文化的选择、传递、保存以及创新等功能。

2. 教育的内部关系规律

教育内部关系规律是教育内部诸要素之间关系与作用的总和。教育的根本目的是人的培养，培养全面发展的人，推动社会的进步。人的培养是一个复杂的过程，它涉及教育者、教育对象和教育影响等诸多要素，它们之间存在必然的关系与联系，共同提高教育的实施效度。对此，潘懋元先生从教育的培养目标、培养过程和人的全面发展三个层面来揭示教育内部关系规律。

第一，教育与教育对象的身心发展以及个性特征之间的关系，在教育过程中，要遵循学生身心发展的顺序性、阶段性、差异性以及不均衡性等特点，对学生做到循序渐进和因材施教，引导学生的身心发展向预期的培养目标靠近。

第二，人的全面发展教育与德育、智育、体育、美育以及劳动技术教育之间的关系，它们之间相互联系、互为目的和手段，共同贯穿于人全面发展教育的全过程。

第三，教育过程中诸要素如教育者、教育对象和教育影响之间的关系，在此过程中，要充分发挥学生的认知主体作用以及教师的主导作用，运用教育影响（如教科书、教学工具以及媒体），以获得最佳的教育效果。

综观，在这三个教育内部关系之中，潘懋元先生认为："人的全面发展教育与其组成部分之间的关系是教育内部关系规律的主要内容，即教育必须通过德育、智育、体育、美育以及劳动技术教育来促进学生的全面发展。"对此，要正确处理五育之间的关系，对于任何一种强调一育而忽视其他各育的观点，都是违反教育内部关系规律的。

3. 教育内外部规律的相互关系

教育内外部规律的相互关系可以归纳为两点。一方面，教育外部规律制约着教育内部规律的运行；另一方面，教育的外部规律只能依靠教育内部规律来实现。可见，教育内外部规律是对立统一的，是一个整体。教育是培养人的活动，人的培养需要遵循教育内部规律，但是，如果仅考虑教育的内部规律，那么，培养出来的人才就不能适应社会发展的需要，使教育的社会效益和经济效益弱化。从这个层面来说，教育外部规律制约着教育内部规律的运行，而且专业设置、教材选择和培养目标的制订，需要参照社会发展的需求；同样，教育发展的速度、规模以及人才培养的规格同样受到社会发展的制约。因此，人才的培养，不仅要遵循教育内部规律，还要考虑社会政治、经济和文化的外部因素。

第二章 乡村振兴战略的基本概述

第一节 乡村振兴战略的提出

无论是为了推动城乡融合的发展，还是为了适应社会主要矛盾的转变，乡村振兴战略作为新时期"三农"工作的总出发点，它的实施主要需要聚焦"三农"问题。"务农重本，国之大纲"。"三农"问题始终是关系我国改革发展稳定的关键问题。作为新时代"三农"工作的总抓手，实施乡村振兴战略是我们党三农工作一系列方针政策的继承与发展，是亿万农民的殷切期盼，是新时代党和国家着眼于农业、农村和农民发展而做出的重大战略部署，是对乡村发展所处历史方位的正确把握。

2017年，党十九大报告中首次提出：实施乡村振兴战略是实现全面建成小康社会的关键，是建设社会主义现代化强国的客观要求。一场以"三农"为核心，具有体系宏大、内容丰富、范围广阔、影响深远特点的农村改革在中国乡村大地上拉开了帷幕。"胜非其难也，持之者其难也。"如今，乡村振兴战略已经实施了五年，在"十三五"期间实现了良好开局，农业现代化发展取得了巨大进展，脱贫攻坚战任务目标也如期实现。"十四五"时期，是乘势而上开启全面建设社会主义现代化国家新征程、向第二个百年奋斗目标进军的第一个五年，是实现中华民族伟大复兴的关键一步。在这个新发展阶段，我国农村的重要地位依旧没有改变，"三农"工作依旧是全党的重中之重。

2021年6月，《乡村振兴促进法》正式实施，为实现脱贫成果与乡村振兴战略有效衔接、实现农业农村农民现代化、深入推进乡村振兴战略提供了坚实的法律保障。

一、乡村振兴战略提出的背景

我们党历来非常重视农村问题，通过新农村建设、美丽乡村、特色小镇等一系列措施和政策，农村地区已经有了很大的变化和发展，然而，随着我国进入现代化，农村农业的发展依然是我们的短板，农村农业的发展依然面临着许多难题：

第一，我国农村地区的生态环境破坏十分严重。良好的自然环境是各方面发展的基础和保障，近年来，随着各项制度的不断完善，我国农业农村的发展取得了重大进展，但是长期粗放式的生产依然存在，人们更多地想要获得眼前的经济利益而没有长远的眼光，没有对乡村的自然环境以及宝贵的资源进行很好的保护。

第二，农村地区的基础设施建设以及公共服务建设相对落后。虽然党和政府对该问题十分重视,在此条件下,我们乡村的基础设施及公共服务已经得到了极大改善,但是由于起步较晚、投入资金不足、融资渠道不畅等,仍然比较薄弱,无法满足农村产业升级、农民生活质量提升的需求。

第三,农民收入增加较慢。目前,我国农村的受教育水平依然比较低,导致农民的文化水平偏低,因此他们的收入来源比较局限,同时大部分农民的收入主要来自家庭性经营的收入,但是我国的经济结构转型导致农民的收入增长较慢。农村农业农民发展的不充分以及农村发展中仍然面临的各种困难要求必须实施乡村振兴战略。

二、乡村振兴战略提出的依据

农业是国民经济的基础,"三农"问题是直接关系最广大人民群众衣食住行的全局性和最根本性的问题。基于"三农"问题的重要战略地位,党的十九大在准确地揭示出中国特色社会主义已经进入新时代、科学地研判现阶段我国社会主要矛盾已经转化为人民日益增长的美好生活需要和不平衡不充分的发展之间的矛盾之后,首次提出"乡村振兴战略",并将其列为我国经济社会发展的七大全局性战略之一,以推动全面建成小康社会目标的实现。作为重中之重,"乡村振兴战略"在报告中两次被提及,并被作为新时代贯彻新发展理念、建设现代化经济体系的六项重大任务之一。这凸显了实施"乡村振兴战略"的重要战略地位和重大历史意义。

(一)"乡村振兴战略"提出的理论依据

我国社会主要矛盾的变化是提出"乡村振兴战略"的最主要理论依据。党的十九大提出,"中国特色社会主义进入新时代,我国社会主要矛盾已经转化为人民日益增长的美好生活需要和不平衡不充分的发展之间的矛盾"。这一矛盾在经济文化落后的广大农村地区表现得甚为明显,农业农村的落后发展成了主要矛盾的主要方面。"乡村振兴战略"的提出正是为了解决这个主要矛盾和矛盾主要方面。

"美好生活需要"涉及百姓生活的物质需求和精神需求等方面。就物质需求来说,人们追求的是如何吃得好、吃得安全、住得舒适、环境宜居等。就精神需求来说,包括人们对自由、平等、公平、公正、法治等的追求,以及对人生价值和民族文化的反思与重构等。

中华人民共和国成立以来,尤其是改革开放40年来所取得的巨大成就,根本上改变了过去"落后的社会生产"状况。2010年以来,我国一直稳居世界第二大经济体的位置,众多生产领域尤其是高尖端的科技领域已经走在世界前列。但不可否认的是,我国在不少地方、不少方面仍然还比较落后。然而这些已不是制约我国发展的最主要因素,新时代制约我国发展的最主要因素已经由"落后的社会生产"转化为"不平衡不充分的发展"。

当前我国发展的"不平衡"主要表现在行业之间、部门之间、东中西部地区之间、贫富之间等的不平衡,而最大的不平衡就是由于二元经济结构造成的城乡发展不平衡。长期以来我们国家的政策明显倾向城市、倾向工业。事实证明,这样的发展战略在我们社会主义建设初期是卓有成效的，让我国很快有了独立的工业体系、国民经济体系和大规模的城市。但过去那种以牺牲农业换取工业化的发展策略已经不适合新时代，并且这样的二元发展模式已经让中国社会出现一定的不平衡。东部沿海经济发达地区的城市居民与西部经济欠发达地区的乡镇居民在生活环境、思想境界上的差异明显。即使是已经进入城市的农村人口，其中很大一部分人仍难以真正地融入城市。这就是城乡之间、身份不同的人群之间的发展不平衡。不管是区域发展的不平衡、城乡发展的不平衡，还是行业之间发展的不平衡、群体之间发展的不平衡，都不符合我们全面建成小康社会的目标。因此必须振兴乡村才能实现我国的全面性发展，这就是党的十九大报告里提出要实施"乡村振兴战略"的初衷。

当前我国在发展"不充分"方面，表现为农村发展、教育资源、医疗资源等的不充分等。进入 21 世纪以来，城市化的进程大大加快。这一进程也带来了诸多问题，其中农村发展的同质化倾向非常明显，特别是在经济发达地区表现得尤为突出。许多乡村在发展的过程中迷失了农村自有的特色和方向，而向城市看齐，失去了乡村本身的韵味与美。从另一个角度来思考，这种现象在某种程度上也是由于城市与乡村在精神层面上发展的不平衡所导致的。因此，乡村振兴不仅仅是我国城乡平衡发展的要求，也是城乡居民充分发展的需要。乡村尤其是城市附近的乡村发展好了，城市居民在双休日、各个小长假及国庆、春节等长假也能有个较好的旅游去处，这也能促进乡村发展、促进城乡互动，广大民众的生活品质也会提高。对美和自然的追求是人充分发展的一种必然选择，因此推动乡村振兴、实现乡村发展，应该要开辟出一条不同于城市发展的道路，并保留乡村的特色与风俗。

综上，在中国特色社会主义已经进入新时代，社会主要矛盾已然发生历史性转变的特殊背景下，实施"乡村振兴战略"是推动中国经济社会持续发展所必须完成的"补短板"任务。

（二）"乡村振兴战略"提出的历史依据

我国城乡发展的差异和党对"三农"的重视是提出"乡村振兴战略"的历史依据。

中华人民共和国在自身发展进程中形成了明显的城乡二元差异。改革开放 40 年来，在我国全面推进现代化和城市改革的实践中，城市获得了飞速发展，且成效显著。多年来，党和政府一直高度重视我国农业农村的发展，并在人力、物力、财力和政策上都给予了大力的扶持和倾斜。从农业农村自身发展来看，也有了很大进步。一是全国农业连续丰收。如 2017 年我国粮食总产量 617.9 亿千克，比 2016 年增加 1.65 亿千克，实现"十四连丰"，棉花、油料、肉类、禽蛋、水产品、蔬菜、水果等农产品产量居世界第一位。二是农民收入连续增长。2016 年农村居民人均可支配收入 1.2363 万元，自 2012 年以来，农村居民人均可支配收入年均实际增长 8.0%，年均实际增速快于城镇居民 1.5 个百分点。2021 年农村居民人均可支配收入达 18931 元，实际增长 9.7%，高于城镇居民收入增速 2.6 个百分点。近年来，我国在"三农"领域取得了很大进步和一定的发展，但农业农村现代化却没能跟上城市发展的步伐，并且二者的差距较大。

有些农村地区发展相对滞后，与经济社会的快速发展不相适应，由此也引发了一些社会问题。如农村大量青壮年劳动力涌向城市，这必然会使得农村出现土地抛荒和经济萧条的情况，同时农村众多高素质人口的流失也让农村逐渐缺乏善于治理农村的人，带来了诸如空巢老人、留守儿童、治理不当等一系列问题。历史发展进程中遗留下来的这些问题影响并制约着我国经济社会的全面发展，这些瓶颈和关键问题的解决，就要从战略和全局的高度重视农业、农村和农民的发展，并提出全面、系统和根本性的解决方案和路径。

我党历来高度重视"三农"工作，始终把"三农"问题摆在党和国家工作的重中之重。从新中国成立初期的土改，到改革开放之后家庭联产承包责任制的应运而生，一系列正确的"三农"政策逐步解决了人民的温饱问题，基本实现了小康，正在向全面小康迈进。党的十八大以来，以习近平同志为核心的党中央在继续高度重视"三农"工作的基础上，对"三农"问题也有了更加深入的思考和规划，推出了一系列惠农富农和强农政策，有力地促进了农业发展、农村繁荣和农民增收。

2017年10月，党的十九大首次正式提出"乡村振兴战略"，作为统摄我国"三农"工作的关键。报告提出的农业农村优先发展战略，是对我国几代中央领导集体关于"三农"思想的丰富和发展，也反映了党中央对新时代"三农"问题发展规律的深刻把握。要实现广大人民群众对美好生活的追求，推动五位一体的现代化建设，农业的基础地位不能动摇，"三农"重中之重的战略地位不能改变。综上，提出"乡村振兴战略"显然是农村发展的实践要求和历史发展的必然抉择。

（三）"乡村振兴战略"提出的现实依据

"乡村振兴战略"的提出，是到建党一百周年时实现精准脱贫和全面建成小康社会的现实需要。自中华人民共和国成立以来，中国共产党一直在带领人民脱贫，并且取得了辉煌的成就，解决了十几亿人口的吃饭问题，为国际社会做出了极大的贡献。但直到十八大初期，我国仍有近1亿人处于贫困状态，据此，党中央及时提出了精准扶贫的战略，而且扶贫工作的力度很大。近年来，我国贯彻落实"扶真贫、真扶贫"的思想，坚守着打赢脱贫攻坚战的决心，入村入乡入户，点对点面对面，精准扶贫工作取得了决定性进展。2013—2017年，我国有近6600万人在党和政府的帮助下摆脱了贫困，年均减少1300万人以上。贫困发生率也在持续下降，贫困地区农村居民人均可支配收入不断增长，正在逐步实现"全面建成小康社会，一个不能少；共同富裕路上，一个不能掉队"的愿景。即便如此，还必须要看到，"农业还是'四化同步'的短腿，农村还是全面建成小康社会的短板"。到2020年，我国如期实现全面建成小康社会，重难点问题依旧是农民和农村。目前，在14亿多总人口中，有近6亿人口常住农村。即便到了基本实现现代化的2035年，我国仍有近4亿农村人口。要实现全面建成小康社会的目标，必须要从根本上解决农民的小康和农业农村的现代化问题。要如期实现第一个百年奋斗目标，就务必要把农业农村问题提升到党和国家的战略高度，制定、落实正确的解决之道以全面提升其发展速度和发展水平，进而实现所有农民和全国人民的小康愿景。党适时提出的"乡村振兴战略"，是实现全面建成小康社会的必然选择。

"乡村振兴战略"的提出是到建国一百周年时，把我国建设成富强民主文明和谐美丽的社会主义现代化强国的现实需要。党的二十大强调，需要以习近平新时代中国特色社会主义思想为指导，从2020年到2035年，基本实现社会主义现代化；再过15年，到2050年，把我国建成富强民主文明和谐美丽的社会主义现代化强国。可见，现代化不是某个方面的现代化，而是包括工业、农业、国防、科技等在内的全方位的现代化。其中农业又是基础，农业农村现代化是全方位现代化的根本支撑和战略支持。但我国当前面临的现实却是农业农村的发展成了制约现代化的瓶颈。2018年1月2日，中共中央、国务院发布的《关于实施乡村振兴战略的意见》，指出了农业农村发展的指导思想、目标任务、总体原则和实施路径等，对"乡村振兴战略"进行了全面部署和安排，是当前推进农业农村现代化、全面建成社会主义现代化强国的战略举措。众所周知，事物发展进步的根源在于内因，外因需要通过内因才能发挥作用。而从当前我国农业农村的发展实际来看，其内在动力确实有待加强。近年来，我国农民的收入不断增长，农村的发展越来越好，其中一个重要的原因就是政府直接给农民和农村的投入很大，如全面取消农业税、粮食最低保护价、种粮补贴、养殖补贴等。"没有内在动力，仅靠外部帮扶，帮扶再多，你不愿意'飞'，也不能从根本上解决问题。"

因此，在优越的外在条件下，如何激发农业农村的内源性动力成了重点问题，也是实现农业农村现代化，进而实现现代化强国的必经之路。综上，"乡村振兴战略"的提出有其深厚的理论依据和既定的历史与现实依据。

三、乡村振兴战略的形成机理

乡村振兴战略的出现，既是历史必然，也是时代自觉，深刻反映了我国调节城乡关系，破解新时代"三农"问题的历史逻辑、理论逻辑和实践逻辑。只有明确了生成机理，才能始终秉承乡村思想理论的价值取向，才能更好地理解为什么要振兴乡村、懂得如何继续振兴乡村，最终达到实现乡村全面振兴的目的。

（一）它是对乡村发展历史经验的深刻总结

乡村发展顺应中华民族"站起来——富起来——强起来"的伟大飞跃以及历届领导集体对"三农"、城乡关系的高度重视，在社会主义革命、建设、改革阶段不断探索中留下了宝贵的经验。乡村振兴战略是我国乡村发展历程的必然逻辑，是对重视农业科学技术保障支撑作用、尊重农民主体地位、正确处理工农城乡关系的历史经验进行深刻总结而生成的。

1. 重视发挥科学技术对农业生产的保障作用

我国历来重视农业基础地位，农业承担着14亿人口的粮食供应和尚未转移的乡村富余人口的就业和生计重任，在促进国民经济和维护社会稳定中具有"压舱石"的作用。农业的发展进步尤其是农业生产力的提高需要注入强大的科学技术力量、先进技术设备等外部要素，凸显了农业生产水平、农业生产效率与科学技术有着密不可分的关系。我国是一个拥有将近6亿农村人口的农业大国，且国内耕地仅占世界的7%，却养活了约占世界22%的人口。近年来，我国农业发展取得了不俗的成绩，如粮食总产量创历史新高，不断涌现出农业优良品种，节能、绿色、高效的配套生产技术在乡村得到广泛应用，农作物遗传发育与抗性机理、重要种质资源评价等方面产生了一批前沿成果，这不仅得益于政策支持，而且有农业科技做坚实的技术后盾。同时，结合世界乡村发展历程，特别是发达国家农业现代化的实践，如作为全球农业大国的美国研发和推广应用酶工程、细胞工程、发酵工程、基因工程等农业生物新技术；韩国不断改进育苗育种技术，促进水稻新品种研发；荷兰投入大量资金支持温室技术的创新研究，打造在世界享有盛誉的农产品和研发中心——"食品谷"，彰显了科学技术的进步和应用是实现农业农村现代化不可或缺的重要方式和推力。相比于发达国家的高达63.8%的农业机械化水平以及智能化、大型化、多功能化的农机装备，我国的农业现代化水平仍有提升空间，因此更应该坚持现代化发展规律，积极鼓励科技创新，加大农业技术投入，以此推动生产关系和社会关系的演进。

　　基于对农业科学技术对农业生产有巨大作用的深刻认识，农业科研、农业技术推广加速农业科技进步。如今农业科研队伍日益壮大，不仅包括农业型高等院校、国有农业科研研究中心，还包括"农创客"、地方农业科技型企业、乡土科技人才等新型科研主体，为农业科技创新增添了活力。此外，随着经济全球化发展，要把视野投向全球，学习国际前沿核心技术，并以国际农业科技标准审视我国农业生产水平，打造"引进来"与"走出去"协同的农业科学技术格局。可见，乡村振兴战略的提出是建立在重视科学技术对农业生产的作用的基础上，要准确把握制约农业农村现代化的科技问题，依靠科技创新提高农业生产的综合效益。

　　2.重视对农民主体地位的尊重

　　马克思指出为农民服务得越多，那么越能提高无产阶级获得胜利的可能性，可以理解为巩固无产阶级政权应当尽力维护农民利益，尊重农民的主体地位，改善农民生活状况。农民作为乡村社会的重要人力要素、农业生产活动的直接参与者，在乡村建设历程中有着不可小觑的影响力。此外，深化农村集体产权制度改革是保障农民财产权益、增加农民财产性收入的一件大事，通过深入推进宅基地、农村土地的"三权"分置，盘活乡村闲置的宅基地和农房；大力发展合作经济，探索农民持股计划，将股权量化到村到户，让农民长期受益，增进农民福利。同时还应该看重农民在农业活动中发挥的主体力量，提升农民职业技能水平，激发农民参与乡村建设的积极性，这也对乡村振兴战略注重培育农业人才提出了要求。

　　3.重视处理城乡关系

　　马克思认为"城乡关系的面貌一改变，整个社会的面貌也跟着改变"，深刻认识到经济社会发展离不开正确处理城乡关系。城市与乡村是相互联系、互促共荣、相互影响的有机整体，城乡之间在产业、生态、社会、居民、文化等方面具有不同功能，乡村发展需要依靠城市集聚资金、技术、产业的辐射和带动，城市发展也脱离不了乡村农产品供应、生态屏障、文明传承的支持。只有将城市工作与乡村工作紧密联系起来，才能实现两者之间不同功能的互相补充、互相融合，才能实现全面建成小康和推进国家现代化健康发展，所以国家不会漠视乡村衰落的现象。从我国城乡关系探索过程来看，经历了"城乡兼顾""统筹城乡""城乡一体化"，可见中国共产党重视处理城乡关系，不断跨越、突破城乡关系理论和政策创新。

然而基于新时代社会主要矛盾的变化，农业结构转型速度与城市居民消费结构升级步伐不一致，农产品质量安全水平与城市居民日益提高的食品安全要求不匹配，我国乡村承担环境保护、经济缓冲、教育等方面的任务日益复合而繁重，这对科学重塑新型城乡关系提出了新要求，寻求与农业农村优先发展导向相契合的城乡战略，提出乡村振兴战略也正是对新时代城乡关系的深刻认识而做出的必然选择，走城乡融合发展道路，也符合恩格斯指出的城乡关系会向融合演变的规律。

（二）它是对乡村建设理论精髓的继承与发展

1. 是对马克思主义关于乡村建设的理论创新

中国共产党带领人民进行乡村建设过程中始终坚持马克思主义科学理论，事实上具有中国特色的理论和实践也证明了马克思主义是我们最为正确、重要的选择。

马克思、恩格斯的"三农"思想是基于对实践的不断探索，进一步对农业地位的判断、城乡关系、农业生态和合作社等理论内容做出总结，这是马克思、恩格斯以无产阶级政党角度对共产主义未来发展而作出的伟大设想。在我国社会主义的革命、建设、改革的长期实践过程中，将马克思、恩格斯以及列宁的"三农"思想结合本国"三农"现实问题和城乡发展，形成我国乡村建设的有力指导，如我国领导集体的乡村建设思想始终强调农业对国民经济和社会稳定的基础地位是以马恩的农业重要地位思想为主旨；我国处理城乡关系的策略是以马恩城乡融合理论为落脚点，经历了"城乡兼顾——城乡、工农互促互助——统筹城乡——城乡一体化——城乡融合"的演变过程；我国农业经营方式以马克思农业合作化思想为重要指导，大力发展村级集体经济，完善农村集体经济组织制度等；还有我国注重乡村生态和人居环境的建设以及农业科技投入是对马克思主义生态思想的运用；我国历来重视乡村文明程度、农民文化素质、民生保障都离不开列宁在农村文化建设和社会保障等重要理论成果的引导。此外，蕴含在马克思主义基本原理中的理论内容和具体方法，为我国"三农"问题的解决提供了重要的理论与实践指导，中国共产党人始至终坚持马克思主义"具体问题具体分析""以人民为中心""密切联系群众""抓住主要矛盾"等观点，不断探索我国乡村发展实践历程和解决不同时期乡村面临的现实问题，展现了一系列兼具继承性与创新性的农业农村农民探索局面。乡村振兴战略是鉴于历代探索乡村建设实践的经验总结，应对新时代下"三农"产生的新问题，为了推进城乡关系走向融合以及适应农民对生存环境、生活质量和水平、精神文化、消费能力等方面有了更高要求而提出的战略部署，是对我国乡村兴盛、乡村美丽、乡村富裕的美好展望，体现了马克思主义的理论指导在乡村建设中的承上启下作用。正因如此，也使得乡村振兴战略的实施具有科学的意义，有规律和理论依据可循，对于实现农业农村现代化、城乡融合发展具有深远的战略指导意义。

2.践行马克思主义中国化最新成果的本质要求

乡村振兴战略的提出以新时代为机遇窗口，是新时代发展中国特色社会主义的内在要求，是践行马克思主义中国化最新成果的本质要求。

首先，实施乡村振兴战略是顺应当前我国使命任务、"五位一体""两个一百年"目标的要求。具体来看，始终牢记实现中华民族伟大复兴的使命任务，意味着对乡村也提出了振兴的要求，改变以往"乡村＝衰落""乡村不如城市"的根深蒂固的观念，应以积极推进农业、农民、农村现代化为基础，将现代化要素、理念、机制融入乡村建设中。"五位一体"总体布局，意味着乡村在经济上要求转型升级以推动农业生产更加兴旺发达，在政治上要求加强基层党组织建设，在文化方面要增强乡村文化自信，在社会建设方面要求改善农民生活和缩小城乡差距以维护乡村社会稳定、生态文明方面要求重视乡村自然环境的保护和改善人居环境以促进人与自然和谐共生，加大统筹推进这五方面的力度，体现了实施乡村振兴战略时对"五位一体"总体布局落实到乡村的具体实践。"两个一百年"目标，要求乡村振兴战略能与脱贫攻坚有效衔接，为农村贫困户提供就业和增收的渠道，最终带领广大贫困农民过上小康生活。同时要求乡村加强现代技术的应用、数字化建设和创新乡村治理方式，进而为乡村发展添上现代化的色彩。

其次，尊重农民主体的地位需要通过实施乡村振兴战略来支撑，深刻把握人民的主体地位的逻辑，"以人民为中心"的发展立场，深入发掘农民的聪明才智和提高农民文化素质，大力培育新型职业农民，充分发挥农民的主体作用，是对历史唯物主义的具体践行。与此同时能切切实实根据农民的实际需要，通过乡村振兴战略维护农民的根本利益，例如推进产业融合以带动农民增收。

最后，马克思主义中国化最新成果的价值旨归要求实施乡村振兴战略。坚持保障和改善民生，增进民生福祉，补齐乡村医疗卫生、教育资源配置、农民创业就业、农村养老事业等方面的短板，完善公共服务，促进社会公平正义，提高人民群众在共建共享发展中的获得感、幸福感和安全感。

3.社会主义本质的必然要求

中国共产党始终不忘共同富裕的初心，牢记实现全体人民共同富裕的使命，实现全体人民共同富裕不仅是共产主义的基本目标，而且是我国长期发展的重中之重任务。推进共同富裕以乡村振兴战略为实现路径，因为"三农"是国家经济社会发展中的短板，那么要实现全体人民共同富裕，关键问题在于农民是否富裕。

乡村振兴战略作为新时代破解"三农"的总抓手，致力于提高农民收入和生活水平，最终目标之一是让农民更加富裕。另外，实现全体人民共同富裕还要结合农村经济社会发展的现状、农业现代化规律和成像规律，统筹推进精准脱贫、精准扶贫，不断缩小并消除工农差距、贫富差距、城乡发展差距，从而推动城市与乡村、工业和农业协调均衡发展，契合社会主义本质。所以，要十分重视乡村发展，将贫穷、贫困问题彻底解决，推动城乡共生共荣发展，促进实现全体人民共同富裕。

此外，乡村振兴战略以实现全体人民共同富裕为根本目标，对乡村内部建设和解决城乡不平衡问题进行有效耦合，使城乡之间形成你中有我、我中有你的格局，为实现中华民族伟大复兴的中国梦构建出契合新时代发展需要的政策支撑和战略组合。

（三）它是解决当前乡村发展困境的现实选择

随着时代的发展，社会主要矛盾的转化也会在乡村有所体现。从具体现实来看，表现为农民日益增长的美好生活需要和城乡发展不平衡及乡村发展不充分之间的矛盾。其中，农民对美好生活的需要不再只局限于物质生活方面，对民主权利、健康生活、生态安全环境、社会保障、文化享受等各方面也提出更高要求。城乡发展不平衡主要表现为收入、卫生医疗条件、社会保障、基础设施等方面的不平衡，其在我国当前发展存在的不平衡现象中是表现最为突出的；乡村发展不充分的现象也最为明显，如今面临的现实问题涉及经济、政治、文化、社会、生态，亟待需要新的破解方式，乡村存在的衰落事实和深层次结构性矛盾构成了乡村振兴战略生成的问题导向。

1. 乡村产业发展相对滞后，现代化水平有待提高

产业兴则百业兴，乡村产业为乡村经济社会发展蕴藏了强大的潜力，关系着农业农村的现代化水平和乡村经济发展活力。当前乡村新业态新产业呈现方兴未艾之势，如休闲农业、乡村旅游观光、智慧农业、农村电商、农业生产性服务业等新模式发展迅猛。这极大地改善了农产品有效供给的内外部环境，为农民就业增收提供了持续稳定的新动能。但乡村产业振兴中仍面临农村一二三产业融合度亟待升级、粮食供给体系质量亟待提升的现实困境。

（1）农村一二三产业融合度亟待升级

我国乡村产业融合处于摸索阶段，最早在2014年提出了一二三产业融合互动，在第一产业原有基础上导入第二产业和第三产业，然而三类产业之间仍存在明显的分割，产业融合规模有限且融合程度低。现实中有不少乡村产业融合仅停留在外部链接，难以深入融合渗透和交叉重组，这会导致产生许多同质性的融合项目，进而可能会面临着同质竞争导致产能过剩、竞争更加激烈的现象，无法达到预期的盈利能力和产业综合发展效益。此外，层次低、科技含量低、整合市场资源和集成要素能力处于劣势的乡村产业融合经营主体以及不健全的利益联结机制成为一二三产业融合创新能力的制约因素。

（2）粮食供给体系质量亟待提升

尽管我国当前粮食生产能力的总体态势比较好，但以产业竞争力、可持续发展能力以及提质导向来衡量，不得不承认粮食供给体系质量仍需提升。主要表现在两个方面：一方面，粮食生产过度，储备量超额一定程度上是对人力、土地、资本等要素和资源投入的巨大浪费，也会带来生态破坏。同时阻碍了资源利用率、农业土地产出率和劳动生产率的

提高。此外，农业种植中以粮食作物为主，缺乏多种经营发展，强调籽实产出，不够重视全株营养。同时农业的产业链、供应链和价值链还不够完整，影响粮食的深度加工。另一方面，农产品的国际竞争力不高。主要是农产品自参与国际市场竞争以来，频繁出现贸易逆差。

2.乡村治理体系和治理能力亟待加强

我国乡村社会结构在纵深调整中，使乡村治理面临新挑战和新困境。

（1）农村基层党组织的领导核心作用不突出

农村基层党组织作为党在农村工作和战斗力的执政根基，是最能联系到人民群众的乡村社会基层组织，肩负着维护乡村社会良好秩序的使命，尤其在党的十八大以来农村基层党组织建设已取得重大进步。

与此同时，对当前仍存在制约农村基层党建工作充分发挥作用的薄弱环节要有清晰的认识，具体表现为两个方面：一方面，基层党组织人员构成有待优化。一些农村地区的村党支部班子成员年龄偏大，内部缺乏活力，且接受的文化教育有限，农村政策、现代农业科技、农业经济等方面知识比较匮乏，难以发挥引领作用。再加上农村的后备党员队伍缺位，难以调动乡村治理的积极性。另一方面，基层党组织的软弱涣散现象亟待整顿。许多党员干部对相关政策理论知识尚未真正学懂弄通，从而未能将上级的各项方针政策落到实处，实际效能层层递减，更多只能流于形式，这不利于发挥党组织的核心作用，难以带领农民群众创造更高的乡村经济效益。

（2）法治、德治对健全乡村治理体系的作用有待加强

在自治基础上，加入乡村法治与德治的有机融合是完善乡村治理体系的重要途径，是乡村治理不可或缺的有效手段。当前，村民法治意识淡薄以及法治在乡村的宣传力度薄弱、乡村道德文化价值影响力不足成为构建"三治合一"的乡村治理体系的棘手难题。具体来看，一方面，由于农村的人力资源和资本水平比较低下，法律没有进行实质性的宣传，难以使法律观念深入人心，致使许多村民的法律认知水平比较低，不太了解我国的基本法律，甚至有时无法判断某个行为是否合法便为之。而且当村民自身合法权益受到损害或者出现宅基地纠纷、集体用地没有得到合理处置、耕地纠纷等冲突事件时，村民依托法律途径解决问题的积极性不高。另一方面，传统美德在乡村治理中的作用日渐式微。经过深刻而广泛的社会变迁及在现代化、市场经济推进，农民群众的道德自觉性降低，不注重仁者爱人、诚实守信、勤俭持家等传统美德的传承，"仁义礼智信"所发挥的道德约束力逐渐弱化，进而面临着乡村共同体精神支柱缺失的危险，给乡村秩序带来严峻挑战。

3.城乡发展不平衡，乡村民生领域欠账较多

进入21世纪以来，党中央继续加强对城乡问题、"三农"工作在全党地位的重视，随着城乡一体化深入推进和一系列强农惠农政策出台，乡村发展取得了长足进步，形成了农民生活持续改善、农业生产稳定增长、农村繁荣稳定的可喜局面。但就整个经济社会发展来看，城乡发展不平衡和农村发展滞后在收入水平、基础设施、公共服务水平等方面的表

现依然明显，这也成为全面建成小康社会需要面对的一大难题。

第一，在基础设施方面，基本所有村实现了道路通、电力通、电话通，但是广大农村地区的通信网络、清洁能源、农村水利、废水垃圾处理设备、物流、交通设施等物质基础建设仍未到位，尤其贫困地区的农村公路存在道路等级不高、与外界的互联互通性弱的现象。而且城乡的基础设施不平衡，尚未完全满足农民对生产生活日益增长的需求。而城市的菜鸟驿站站点多，甚至可以配送到家，加之近年来快递自提柜逐渐兴起，极大方便了城市居民的生活。相比而言，农民对生活便利性需求的满足感则大大降低。另外，农村基础设施管理、维护、运营机制亟待完善，农村缺乏完备的维护管理体系以致设施资源利用率降低，造成浪费。

第二，城乡居民收入水平差距依然较大。近几年我国农村居民收入水平都稳步提升，收入增长速度也高于城市。但尽管我国城乡收入比值有所降低，但不可否认城乡居民收入水平差距依然较大的情况尚未改变，且城乡居民人均可支配收入差距逐年扩大。由此可见，缩小城乡收入差距和提高乡村生活水平任重而道远。

第三，公共服务水平方面，城乡在教育资源、卫生健康、社会保障等民生领域不平衡。其具体表现为：一是乡村的优质教育资源比较匮乏，如教育经费的投入、师资力量的输入、教学设备设施的配置等方面相比于城市都显得比较薄弱，在一定程度上制约了乡村教育的良性发展和学生学识水平的提高，难以满足农村学生对素质教育的需求。另外，农村教育结构和功能有待完善，当前我国大部分农村地区集中在义务教育，教育结构比较单一化，学前教育、成人教育、职业技术教育的普及率低。二是城乡之间的基本公共医疗卫生资源和服务分配不平衡。相对而言，乡村的医疗卫生条件相对薄弱，难以满足农民的健康需求，易于出现因病致贫返贫的现象，同时也会对乡村医疗体系建设造成影响。三是乡村社会保障水平亟待提高。一方面是农村社会保障水平低于城市，譬如目前城镇居民的养老保障水平约为农村居民的20倍，且有15000万农民未纳入城乡居民基本养老保险之内，难以满足农民日益对生活保障范围和保障程度更深层次的需求。另一方面，农村社会保障体系在信息共享方面不够完善，尤其异地报销、异地缴费等工作的效率较低，而且分别管理养老、医疗、低保、失业救济等的部门之间缺乏有效联动性，影响乡村社会保障水平。

第二节 乡村振兴战略的科学内涵

作为我国七大发展战略之一，乡村振兴战略的内涵很丰富。它回答了"建设什么样的乡村"以及"如何建设乡村"的时代问题，实现了从城乡统筹发展向城乡融合发展转变，从"四化"同步发展到农业农村优先发展的转变，从农业现代化到农业农村现代化的转变。这些转变的实现是我们党对乡村发展规律的深刻认识，只有掌握它们才能够系统性地理解乡村振兴战略的内涵。

一、乡村振兴战略的基本内容

乡村振兴战略是新一届中央领导集体在新时代的时代背景下，围绕如何全面解决"三农"问题，以新思想为指导，将五大发展理念贯彻到农业农村农民工作中，实现农业农村农民高质量发展，进而走出一条有中国特色的乡村振兴道路，而做出的重大战略举措。

中国迈入举世瞩目的新时代，时代要求，中国必须要有新气象、新担当、新作为、新成就。体现在"三农"工作上，就是要实现乡村新的发展，重塑新的面貌，取得新的成就，乡村振兴战略的实施符合时代的要求，必将加快我国农业农村现代化和从农业大国向农业强国迈进的步伐，开启全面建设社会主义现代化国家的新征程。

实践已经证明，振兴乡村必须要全面振兴，全面统筹乡村发展全局。要实现乡村振兴，最根本的是要坚持党在农村各项工作的领导，只有在中国共产党的领导下，才能实现乡村全面的振兴；要实现乡村振兴，必须调动和发挥农民作为振兴主体的积极性，让农民全面参与到振兴乡村的各项工作中；要实现乡村振兴，必须坚持农业发展优先、农村发展优先，实现城市和乡村协调发展，让乡村在和城市融合的过程中，实现振兴；要实现乡村振兴，必须坚持乡村绿色发展，既要"金山银山"，更要"绿水青山"。

全面理解乡村振兴战略，首先，要准确把握"乡村"与"城市"的发展关系，从当前的发展现状看，我国农村的发展滞后于城市的发展，农村与城市的互补融合机制还没有完全形成。从长远来看，农村的振兴和现代化发展离不开城市的充分发展，乡村振兴一定是以城市的充分发展为前提的；城市的充分发展也离不开农村的资源要素支撑，在这个过程中，对农村和城市发展关系的辩证处理，造就了以城带乡、城乡互促发展、城乡融合发展的新局面。其次，要充分理解乡村振兴战略的"时代性"，乡村振兴战略的提出与时代发展紧密相连，是对我党推进农村建设和发展的一系列方针政策的继承和开辟，新时代需要乡村振兴。最后，要充分把握乡村振兴的内容，振兴乡村是全面的振兴，不是某一方面的振兴，要振兴乡村的产业、振兴乡村的文化、振兴乡村的公共服务、振兴乡村的治理制度、振兴乡村的生态等，通过调动政府、社会、农民广泛积极地参与，以政策、市场等手段实现乡村的全面振兴。乡村振兴战略是国家的发展战略，有完整的实施计划，有科学的发展目标。"2020年全面建成小康社会，2022年乡村振兴取得阶段性成果"，是乡村振兴战略的短期目标；"2035年基本实现农业农村现代化"是乡村振兴的中期目标；"2050年全面实现农业强、农村美、农民富"是乡村振兴战略的长期目标。

二、乡村振兴战略的基本特点

（一）乡村振兴战略具有鲜明的时代性

乡村振兴战略是在新时代提出来的，是为了解决新时代的主要矛盾而实施的国家战略，是为了全面解决"三农"问题，加速实现中华民族伟大复兴和"两个一百年"伟大目标而提出的符合时代要求的重大战略部署。从乡村振兴战略的指导思想、基本原则、主要内容、振兴路径和实现目标中，我们可以看出，乡村振兴战略紧扣时代脉搏、紧抓时代主题、紧跟时代步伐、紧追时代方向，就如何打赢脱贫攻坚战、如何实现城乡融合、如何继承优秀乡村文化、如何协同农村经济发展和生态环境保护等现实焦点问题进行了现实回应，极具针对性和有效性，体现了其鲜明的时代性。

（二）乡村振兴战略具有高度的实践性

乡村振兴战略的提出，不是凭空产生的，是习近平总书记在不断的实践摸索中，在对"三农"建设经验的总结和升华中提出来的。从在正定县提出"应当树立农林牧副渔全面发展和农工商综合经营的大农业思想""在自然规律中，生态平衡规律对经济建设、对农业发展的关系最为重大"；到在主政福建省时，提出"大农业"概念、强调"科技兴农"，加强对乡村集体经济的发展等；再到主政浙江省时，进一步加深并提高了"三农"工作重要性的认识，并认为要解决"三农"问题，就要全面协调城乡发展最终实现"虽有城乡之别，而少城市之差"。在实践过程中，乡村振兴战略不断丰富完善发展成熟，实践为乡村振兴战略的提出奠定了基础，这正是对理论来源于实践最好的证明，体现了乡村振兴战略高度的实践性。

（三）乡村振兴战略具有广泛的人民性

从中国共产党执政为民的理念出发，之所以实施乡村振兴战略，就是要解决城乡居民收入差距越来越大，农民增收致富越来越困难这个现实问题。城乡居民收入差距越来越大这是不争的事实，即便是在农村，农民与农民的发展差距也很大，乡村振兴战略的实施就是为了让农民持续增加收入，彻底摆脱贫困。从乡村振兴战略的实施过程看，振兴的主体是农民，振兴过程中要依靠的主要力量也是农民，农民在乡村振兴战略的实施过程中不可缺少、不可替代、不容忽视。从乡村振兴战略要实现的最终目标看，最大的受惠群体也是农民，最终实现的是农民致富。从实现农民富裕的历史意义上来讲，只有实现农民富裕，才能真正实现中华民族的伟大复兴。从农民中来，到农民中去，在我国农民占总人口一半以上的现实情况下，实施乡村振兴战略代表了最广大人民的心声，维护了最广大人民的利益，是其广泛人民性的鲜明体现。

（四）乡村振兴战略具有强烈的科学性

从指导理论的科学性上来讲，乡村振兴战略是在马克思主义基本原理的指导下提出来的，马克思主义是被历史和实践证明了的科学的理论。从自身理论的科学性上来讲，乡村振兴战略是中国化的马克思主义理论，继承了中华优秀传统文化中重农思想的基因，继承了中国共产党自建党以来在农业农村农民工作和实践探索中的经验，这些继承的思想基因是被实践证明了的科学的"三农"指导思想。从实践的科学性上来讲，在建设中国特色社会主义伟大实践中，历届领导集体对我国"三农"工作的实践探索，都是基于对我国国情的准确把握，为乡村振兴战略的提出提供了科学的实践经验总结。当前，乡村振兴的伟大实践，是中国共产党加速推进伟大工程的科学决策，实施乡村振兴战略，既能解决重大现实问题，又能加速实现伟大事业。从理论到理论，从理论到实践，从实践到实践，体现了乡村振兴战略强烈的科学性。

（五）乡村振兴战略具有全面的系统性

从乡村振兴要振兴的内容看，乡村振兴是乡村全面的、全方位的振兴，是农业农村农民整体的振兴，既要求同步统筹乡村"五位一体"发展，又要协调与农业、农村和农民发展相关的各个环节，不允许孤立任何一个部分，不允许忽视任何一个环节；要全面系统地处理好乡村产业、文化、组织、生态、基础设施、公共服务等的振兴关系，以实现乡村的全面振兴；从乡村振兴战略实施的过程看，实现乡村振兴，不是一蹴而就的，而是一个系统的、长期的过程，从国家的乡村振兴规划就可以看出，乡村振兴不仅有短期目标还有中长期目标，并且强调要注重振兴过程的系统性，扎实走好乡村振兴的每一步。从振兴内容的全面性到振兴过程的系统性，体现了乡村振兴战略具有全面的系统性。

三、乡村振兴战略的总体要求

（一）产业兴旺是乡村振兴的基础

产业兴旺之所以成为乡村振兴的基础，是因为农村经济的持续稳定发展、农村社会的和谐进步、乡村生态文明的持续改善需要高质量的产业发展为其提供强大的经济基础，乡村的文化振兴、组织振兴、人才振兴也需要产业发展为其提供物质保障，乡村产业的兴旺发展为乡村全面振兴提供了经济基础和物质保障。

产业兴旺是乡村振兴战略的重点。通过产业的支撑，农村才能持续地创造和积累财富，才能提供充足的就业岗位，实现农村繁荣发展，拓宽农民增收渠道。

1.稳固农业基础地位，确保国家粮食安全

农业是我国经济快速发展和社会和谐稳定的基础，而粮食安全问题则是基础上的基础，民以食为天，只有保障粮食安全才能够实现国家和社会的稳定发展。2013年中央一号文件中指出："确保国家粮食安全，保障重要农产品供给，始终是发展农业现代化的首要任务。"习近平总书记多次强调提高对粮食安全问题的重视程度，保证粮食安全问题，要发挥政府的支持保护作用，加强对粮食安全的政策制度的支持，也要通过市场机制、利用市场经济的规律来对粮食进行调节，端牢中国人的饭碗。要继续坚持农业基础地位，加大强农惠农富农政策的支持力度，进一步完善和发展粮食安全相关政策扶持和保护体系，要深入实施藏粮于地、藏粮于技战略。粮食生产的主要载体和根基是耕地，确保粮食安全，就要确保耕地的安全，落实基本农田特殊保护制度，严守耕地18亿亩红线就是守住14亿人的粮食生产的底线。

现代化则是粮食生产的根本出路，要不断创新粮食增产技术，提高粮食产量和发展的稳定性，推动粮食生产功能区、重要农产品生产保护区建设，加强农田水利及配套设施建设，实现粮食增收，保障粮食安全。粮食安全另一方面说明了农产品的质量问题，农产品的品质直接关系着食品的卫生安全问题，食品的卫生安全又与人类的生命健康直接挂钩。

2.加快构建现代农业三大体系，推动农业现代化

农业的现代化没有实现，国家的现代化就不可能实现，我国农业产业大而不强，产品

多而不优，农业竞争力较低，农业产业的发展难以适应市场发展的需要，农业发展质量水平亟待提高。要解决这些问题，应当通过统建现代农业产业、生产、经营体系，推动农业现代化发展。

（1）构建现代化农业产业体系

提高农业产业的竞争力，延伸扩大传统农业范围。以市场需求为导向，大力推进农业供给侧结构性改革，提升、优化农业生产力布局，推进农业生产绿色化、特色化、品牌化，打造完整农业产业链，以农产品质量为导向，提高农业质量效益。大力推动农业产业升级转型，推进特色农产品优势区建立，优化农业产业布局，根据各地实际情况，因地制宜，发挥资源优势，发展适应性农业，增强农业产业发展和环境资源的适应性和匹配度。建设现代农业产业园、农业科技园，发展现代畜牧、园艺、水产等产业，推动产业标准化、规模化、生态化发展，发展附加值高、品质好的农产品，保证蔬菜、猪肉供应的同时，重点弥补大豆、牛奶、牛羊肉等短板。在保证基本农产品生产供给的同时，积极发展新产业，培育新业态，拓展农业功能。发展农业的生态环境保护、观光旅游休闲和文化传播等非生产功能，积极发展农家乐、乡村休闲养生旅游产业，培育创意农业等新业态，推动农村产业融合，促进农业与文化、旅游、教育等产业的结合，拓展农业产业的外延。

（2）构建现代农业生产体系

促进农业生产的机械化和科技化发展，强化农业设施装备建设，推进农业装备产业转型升级，进一步提高农作物机械的国产化水平，发展高端农机装备制造。改善农业供给结构，以市场为导向，使农业的发展迎合市场需要，根据市场需求分布，优化农产品的区域布局，推动农业的科技创新，发展现代种业，积极推进国家育种基地建设。提高农业生产的信息化和标准化水平，发展数字农业，实施信息进村入户工程，发展农业电子商务，推动物联网示范和遥感技术应用，开展"互联网+"现代农业行动。推进农业标准化、品牌化、绿色化生产。重视农产品生产的质量和安全问题，加强对绿色、无公害、有机农产品的培育。加强对农产品生产过程安全的严格监管、严厉处罚，把好食品安全的第一道关。

（3）构建现代农业经营体系

新型农业经营主体是构建现代农业经营体系的根本，也是推动现代农业经营体系高效运转的关键，以家庭经营为基础加快培育新型农业经营主体，在农业扶持政策上向家庭农场、合作社、农业产业化联合体等新型农业经营主体倾斜，帮助他们提高经营能力，改善生产条件。积极探索创新经营体系，发挥新型农业主体在衔接小农户与现代农业发展改革上的重要作用。鼓励农民通过股份制、股份合作制等多种形式参与规模化、产业化经营，带动农民脱贫致富。培育现代农业服务组织，利用服务规模化带动农业生产规模化的发展。

3.巩固和完善农村基本经营制度，深化农村制度改革

党和国家在农村发展中始终坚持"以家庭承包经营为基础，统分结合"的基本经营制度，这是党在农村开展"三农"工作的基础，促进了农村农业的发展。随着市场化和城市

化的发展，我国农业、农村的实际情况发生了重大变化，这些变化对农村基本经营制度提出了巨大挑战，同时也为农村土地制度改革和集体产权制度改革提供了机遇。

实施乡村振兴战略，必须要巩固和完善农村基本经营制度，这是党解决"三农"问题，促进农村发展复兴的政策基石。一是要毫不动摇地继续坚持农村土地农民集体所有这个基本经营制度的核心，这是巩固和完善农村基本经营制度的前提。二是要坚持家庭经营在农村基本经营制度中的基础性地位，土地的流转不能取代农民家庭在承包集体土地中的基础性的法定地位和承包权。三是要毫不动摇地保持土地承包关系长期稳定不变。农业生产发展的投入资金多，回本周期长，如果土地承包政策不能保持稳定，会抑制农民对土地投资的热情，降低农民对农业生产的投入，不利于农业的发展。完善承包地"三权"分置制度，农村第二轮土地承包到期后再延长30年。这使得土地承包经营者吃上"定心丸"，更加明确农业生产发展的预期，打消了顾虑和担忧，安心地进行农业生产，可以更加放心地对土地进行流转。这既提高了土地的利用率，促进了农业的生产力发展和生产效率的提高，同时增强了农民对土地和农业生产投资的热情，最大限度地释放生产效能，极大地推动了农业、农村发展，提高了农民收入。

我国目前农村土地流转和农民权益的保护还存在许多问题，造成土地流转得不畅，首先需要我们深化农村土地制度改革。加快对土地管理法的修改完善工作，通过立法的方式，从法律上明确规定对于农民所享有的土地权利流转和继承权的相关权利推进农村集体建设用地和宅基地使用权登记颁证。其次是要对"三权"分置制度进一步地进行改革和发展，帮助群众明确三项产权的权利内涵、边界和期限，兼顾保护农民利益和发展农业现代化。最后还要深化农村集体产权制度改革，通过法律和相关规定来明确集体经济组织的基本性质，进行相关信息全面清查工作，如对集体资产的清查核对、集体成员身份的确认。同时，还要进行集体经营性资产股份合作制改革，探索和创新联合合作的形式，释放农村生产要素，为农村发展注入新动力。

4. 促进农村一二三产业融合发展，培育农村发展新动能

当前，中国农村经济的发展面临着资源限制、人才流失、市场竞争、技术创新等多方面的挑战，要调配好各种资源要素，形成资本、人才、技术等要素的顺利流动，农业农村经济发展不能局限于某一产业、领域。三产业的融合将农业、农村与农民带来的资源进行有效利用，在传统的农业生产经营活动之外，增加了加工、运输、销售等新的环节，帮助农民拓宽就业渠道，促进农民收入增加。农村产业的融合发展，既解决了传统农业产业结构单一、发展前景有限的弊端，推动了农业的转型升级，改善了农业结构，又有利于催生农村新业态，提高农村的可持续发展，为农村发展提供源源不断的新动能。农村产业融合发展有利于吸引城市资本、技术、人才进入农村，带动农村快速发展，实现城乡一体化，缩小城乡差距，进而推动农业高质量发展，增加农民收入。

促进一二三产业的融合，要注重对于农村农业新业态、新产业的培育和壮大，通过现代生产技术和管理等要素与农业农村生产体系的融合，创新拓展农业功能的路径。

首先，要推动农业产业链条延长，形成农工贸一体化的全产业链条，实现农业发展的产业链整合，提高农业产业价值，实现农产品的增值。

其次，要发展农村电子商务，强化农村电子商务人才培训，打造农产品销售平台，通过电子商务这个大平台，从供给侧入手，帮助农村解决农产品的销售问题，健全农产品的生产和销售稳定衔接。同时，在农业生产、运输、销售等活动中，加强和物联网、大数据等技术的结合，鼓励发展基于现代信息技术的农业农村生产发展新模式，使现代信息技术为农业农村生产发展服务，建设现代化农产品冷链仓储物流体系，解决农产品保存、运输问题。

再次，要依托农村的自然资源、生态景观环境、传统民俗文化建筑、遗产和特色产业等优势，发展休闲农业和"农家乐"等乡村精品旅游工程。通过科学规划、合理设计，建设集旅游观光、休闲度假、养生娱乐等多功能于一体的高水平的乡村旅游观光区，比如特色小镇、文化农庄、田园民宿度假村等。

最后，在产业融合中要运用好新型农业经营主体，发挥其带动作用，促进推动产业融合发展。完善产业融合中的利益分配制度，激发农民的积极性，鼓励和引导更多的农民参与产业融合的发展进程，帮助农民在产业融合中增加收入，创造更好的产业融合环境。

（二）生态宜居是乡村振兴的关键

生态宜居是乡村振兴的关键。生态兴，则文明兴；生态衰，则文明衰。生态宜居是人民追求美好生活的基础，乡村的振兴、农业的发展不能以牺牲生态环境为代价。要让乡村成为"望得见山、看得见水、记得住乡愁"的美丽乡村。生态宜居就是要保护生态环境，坚持绿色和生态导向，改善乡村居住环境，实现生态美、百姓富的统一。

1. 保护农村生态环境

与城市相比，中国农村的生态环境形势十分严峻：在乡村发展过程中，曾经错误地以牺牲环境来换取经济的发展，农民缺乏生态环境保护意识，为了追求农业高产量，过度地使用化肥农药，造成农村土壤的污染和破坏。林牧地区过度开垦导致水土流失、土壤沙化严重。很多污染环境的工业项目在乡村扎根，加剧了农村的环境污染。同时，农村的基础设施落后，没有有效地解决垃圾处理的问题，使得生活垃圾和污水严重污染了土壤与水源。

实施乡村振兴战略，就是建设生态宜居的乡村，既要绿水青山，也要金山银山，这是新时期对于"三农"工作中把握经济发展与生态建设关系的明确立场和坚定态度。农业农村发展过程中，加强对农村生态环境的保护，树立绿水青山就是金山银山的发展理念，实现人与自然的和谐共生。对于受到污染和破坏的生态环境，应当及时地进行保护和修复，防止生态环境破坏的恶化。对于山水林田湖的治理，应当做到统筹规划、统一修复、统一保护。要防止对耕地草原森林河流湖泊过度开发消耗，坚持和完善休养生息制度。健全水生态保护修复制度，避免河流水源受到污染，保证水资源安全。开展国土绿化行动，针对荒漠化、水土流失等进行退耕还林、建设防护林等综合治理，加强对草原的保护和恢复，扩大全国森林覆盖率，提升生态环境的质量。

2.改善乡村人居环境

改善乡村人居环境是生态宜居的必然要求，人居环境影响农民的生活品质，关系农民的切身利益。只有改善人居环境，才能提高乡村的吸引力，提升生活品质。我国农村大多数地区的生活垃圾都是自然堆放，垃圾的堆积造成了环境的严重污染。有93%的生活用水未经任何处理就直接排到河流中，对灌溉用水、饮用水造成了污染。人居环境的恶化直接影响村民的身体健康和居住体验。人居环境的治理要以乡村发展的客观规律为基础，结合当地发展实际，对乡村发展进行整体的规划，完善农村水、电、路等基础服务设施。控制和处理好农村生活污水排放是解决水体污染的重要措施，应引导农民正确认识生活污水治理的重要性，政府应当加大对于生活污水处理设施的建设，建立和完善符合当地实际的污水治理技术模式。完善农村生活垃圾收集、处理机制，实现生活垃圾的无害化处理。农村厕所也是长期影响农村人居环境的难题，农村厕所关乎农村的环境卫生，关系农民的身体健康。

3.发展乡村生态产业

要正确认识农村生态环境开发与保护之间的关系，要把握好开发和保护之间的平衡，要在不损害农村生态环境的前提下，将科学技术与现代管理与生态开发利用相结合，最大限度地挖掘和释放生态资源的价值，将农村的生态环境优势转化为经济增长的优势，促进农村的发展。要结合农村的生态实际，因地制宜，探索和发展具有当地特色的绿色生态产业，比如，河湖湿地生态休闲、森林草原旅游观光、冰雪海上运动、野生动物驯养观赏等具有当地生态环境和历史文化特色的绿色生态产业，留住乡村风俗，形成可持续的良性经济循环，在生态宜居的基础上打造绿色生态环保的产业链。

（三）乡风文明是乡村振兴的重点

乡风文明是乡村振兴的重点。乡村要实现振兴，既要注重"塑形"，又要注重"铸魂"，物质层面和精神层面的建设都不可或缺。乡村并不仅仅只是农民日常生活的场所，还是农民的精神家园。

1.加强农村思想道德建设

我国农民的思想道德水准相对较低，农村中仍存在不少落后、愚昧的思想和观念，比如，封建迷信、挥霍浪费、不思进取等，这极大地阻碍了我国农业农村发展。要实现乡村振兴，就必须要加强对农村的思想道德建设。首先是要以社会主义核心价值观为引领，通过教育和引导，对农民进行中国梦教育、理想信念、社会主义思想教育等，帮助农民改正错误和落后的思想观念，帮助广大农民坚定中国梦信念，让广大农民认识到社会主义建设中人民群众主体地位的作用，激发农民群众的积极性，投身到乡村振兴战略建设中，为乡村的振兴注入新动能。其次是要大力弘扬民族精神，激发农民群众爱国热情。强化农民群众的社会责任意识、主人翁意识。最后是要加强道德建设和诚信建设，以社会主义核心价值观为引导，依托于中华传统文化，弘扬民族传统美德，引导农民将自力更生、艰苦奋斗等传统美德，内化为精神追求，外化为自觉行动。

2.传承农村优秀传统文化

对于农村的建设，应当保留乡村的风貌和特点，记得住"乡愁"。记得住"乡愁"对于乡村来说，是要注重对于乡村文化的保护。在乡村长期发展的过程中，不仅形成了独特的生产方式和生活结构，也形成了具有鲜明地域特色的文化传统、民风、民俗。要摒弃"一刀切"的思维，应当树立正确的文化保护意识，尊重文化多样性，因地制宜，在农村文化实际的基础上进行文化保护。同时要拓宽对于乡村文化保护和传承的视角，不能局限于乡村文化的某一部分。因此一方面要对乡土文脉、田野文物加以保护，加强对遗址遗迹、宗族祠堂、民族村寨、传统村落等乡村文化资源的开发保护，通过对乡村历史的开发和保护来实现乡村文化的传承，提升村民精神上的归属感。另一方面要注重挖掘乡村的历史文化特色，挖掘农耕文化所蕴含的优秀思想观念、人文精神，保留乡村文化气息，构建农耕文化乐土。同时加大对"三农"题材文艺作品创作的支持，发挥乡村群众在文化创作和传播中的主体作用，组建农民文化社团，支持群众因地制宜开展小型多样的文体娱乐活动。加大对于农村地区优秀戏曲曲艺、少数民族文化的支持力度，扶持乡村民间文艺团体和艺人，创作具有本土文化的作品，展示新时代农村农民的精神面貌。

3.培育乡村精神文明新风

培育新的文明新风要尊良俗、去低俗、废恶俗。对于农村常见的农民婚事丧事大操大办，大吃大喝，农民结婚攀比心理，满月酒、生日宴、升学宴、乔迁宴等名目繁多的"人情宴"，封建迷信思想盛行，应该开展移风易俗行动，遏制大操大办、人情攀比等落后风俗。深入开展乡村道德讲堂和常识科普讲座等，加强无神论教育宣传，引导农民崇尚科学，抵制迷信，养成科学、文明的现代文明理念，弘扬先进文化，破除封建迷信，摆脱封闭保守，走向开明开放，让村民的思想观念接轨新时代。帮助村民树立健康的生活方式，培育乡村文明新风。

（四）治理有效是乡村振兴的保障

乡村振兴，治理有效是基础。乡村治理体系是国家治理体系的重要组成部分，要实现乡村振兴，必须完善和发展乡村治理体系。

1.加强农村基层党组织建设

中国的乡村生活着6亿多农民群众，乡村的稳定关系到国家和社会的问题，也关系到党在农村的执政基础。乡村治理体系对于维持乡村稳定具有至关重要的作用。党在农村开展工作必须依托于农村的基层党组织，基层党组织是党对于农村进行治理的基础，是领导广大农村地区的关键力量，更是乡村治理体系的核心。

加强农村基层党组织建设是实现治理有效、乡村振兴的必然选择。加强基层党组织建设，发挥其在乡村治理中的核心作用，一是要提高农村基层党组织的核心领导地位，树立法治观念，增强法律意识，依法治理乡村。二是要发挥好乡村基层党组织领导和协调作用，形成党委领导、政府负责、社会协同、公众参与、法治保障的现代乡村治理体系。三是要提高基层党组织治理能力。对于涣散的党组织，要进行综合的整顿，要优化基层党组织的党员结构，注重对于高校优秀生、机关企事业单位优秀党员干部等的吸收工作，加强党员的理论素养教育和业务能力培训，帮助党员提高党性修养和工作能力。四是要健全乡村监督机制，开展常态化、规范化的监督，严惩小微权力腐败，优化乡村治理环境。

2. 健全"三治"结合乡村治理体系

当前我国乡村治理面临农民利益诉求多元化、治理人才流失、村干部腐败现象严重、传统文化和道德日益衰微等困境。自治、法治、德治相结合的乡村治理体系，为更好地解决乡村治理中出现的问题指明了方向，为实现乡村治理体系现代化，满足乡村人民美好生活，加强基层民主法治建设，坚持乡村自治制度提供了有效路径。

健全"三治"结合的乡村治理体系核心是要深化村民自治实践。首先是必须坚持党的领导地位，发挥基层党组织在乡村治理中的核心作用，依法制定自治章程、村规民约。要注重运用自治章程、村规民约，发挥其正面有效的作用。其次是要鼓励和引导农民参与乡村自治，激发农民参与乡村自治的热情，发挥农民主体作用。最后是要提高农民的自治能力，掌握科学、民主的自治办法，培育自治意识，依托自治机构形成民事民议、民事民办、民事民管的基层自治协商新格局。

法治是乡村治理的基础，要坚持法治为本的观念，树立依法治理的意识，明确乡村治理过程中相关主体的法律责任，构建和完善乡村治理的法治体系。强化法律的权威，营造自觉守法、办事依法、遇事找法、解决问题用法的法治氛围，加强法律宣传，深入开展法律大讲堂等普法活动，帮助农民提高法律素养，学习法律知识，引导农民遵守法律，依法行使自己的权利，帮助农民养成用法律维护自己合法权益、化解矛盾纠纷的习惯。

乡村治理中，德治发挥着不可替代的作用。一方面，要发挥好新乡贤的作用。对于乡贤文化，要取其精华去其糟粕，继承和弘扬有益于农村发展的乡贤文化。发挥新乡贤的引领示范作用，营造向乡贤学习的良好氛围。应当拓宽各种类型的乡贤的外延，如率先致富的经济能人、带领农民奔小康的村干部，还包括从本乡本土走出去的知识分子、企业家、海外华侨、退休官员、专家学者等。另一方面，我们要弘扬艰苦奋斗、勤俭节约等传统美德，还应该注重培育符合时代发展要求的道德规范，同时要注意对社会主义核心价值观的弘扬，塑造与时俱进的道德标准，将道德规范融入村规民约，引导村民形成正确的道德观，以德化人，以德育人，营造新的乡村德治氛围。

3. 加强农村"三农"人才队伍建设

人才的缺乏是实现治理有效、乡村振兴的短板。我国农业发展、农村建设中仍然存在着人才总量不足、质量不高、结构不合理等严重问题，新兴职业农民的缺乏，后备力量的不足，基本农技推广人才的断层、老龄化等问题制约着农村的建设和农业的发展。要实现乡村振兴，应该重视人才队伍的建设，要培养一支符合新时代要求的、懂农业、爱农村、爱农民的"三农"工作队伍。首先是要树立重视人才的观念，推动人才管理部门简政放权，充分发挥人才在乡村振兴中第一驱动力的作用，促进人才队伍发展与农业农村经济发展相互促进、相互推动的良性循环。其次是要构建农业农村人才培养管理体制，建立人才培育引进机制，探索和创新符合乡村振兴需要的人才培养模式，支持地方高等学校、职业院校利用教育培训资源，加大对农业、农村缺乏人才的培养力度，加深培训内容，不断提高培养实效性，加强职业技能培训，提高农民职业能力水平。最后是完善农业农村人才评价机制。探索建立适合"三农"人才的考核评价制度，对人才进行公正客观评价。同时完善人才激励制度，完善晋升、奖惩、工资待遇等配套制度，加大对人才在社会保障方面的政策支持，激励"三农"人才更好地体现价值，营造良好的人才培养成长评价氛围，解决"三农"工作队伍的后顾之忧。

（五）生活富裕是乡村振兴的根本

要充分调动广大农民参与乡村振兴建设的积极性，最根本的就是要让农民看到乡村振兴的希望，通过乡村振兴，可以改善生活条件，享受到发展的成果，一步步走向富裕的康庄大道。只有让农民真正实现生活富裕，农民才会真正主动参与到乡村振兴建设中，发挥其作为建设主体的能动性，才能实现真正意义上的乡村振兴。

1.拓宽渠道促进农民增收

促进农民收入的增长，改善农民的生活水平，这既是乡村振兴战略要实现的重要目标，也是解决"三农"问题的有效方式。

首先是要利用好促进就业政策，把促进农民就业作为重点推动扶持的目标。重视农村教育，改善办学条件，开展职业技能培训，提高农民的工作技能，培养符合新时代要求的农民。

其次是要因地制宜，立足本地资源优势，促进乡村就业创业，加大对农民工创业培训力度，针对返乡农民工创业面临的资金、土地、技术等制约要增强扶持力度，加强引导。培育本地家庭工厂、手工作坊，建立具有本地特色的农业合作社，丰富乡村经济构成，提供更多就业岗位，帮助农民拓宽就业的渠道。

最后是要推动农村劳动力转移就业，完善农民劳务就业相关信息服务网站，通过对农民的适当引导，保障农民就业有序流动。深化户籍制度改革，保障农业转移人口有序落户。完善农民维权制度及相关法律，加强劳动保障的监察执法，特别是对于农民工工资拖欠问题的监管和执法，依法维护务工人员合法权益。

2.完善乡村基础设施和社会保障体系

加大对农村基础设施建设的投入，完善乡村的基础设施。

首先是对于乡村的建设和规划做到立足于乡村的实际情况，符合新时代的发展要求，遵循乡村振兴的发展规律，通过科学规划、合理设计来推动乡村建设。

其次是要建立和不断完善农村基础公共设施的建设和运行维护制度，更好地发挥农村基础公共设施的作用。

再次是要制定相关的政策，加大资金投入来保障农村基础设施的发展，加快农村公路、供水、供气、环保、电网、物流、广播电视等公共服务设施建设，推动城乡基础设施互联互通。

最后是要强化乡村公共卫生服务，完善基本公共卫生医疗服务体系建设。加强对妇女、儿童、老人等重点人群的健康关爱服务体系建设。健全完善农村社会保障体系，扩大覆盖面积，加大城乡统筹，完善统一的城乡居民基本医疗保险制度和大病保险制度，完善最低生活保障制度，为弱势群体提供最基本的生活保障。

四、乡村振兴战略的基本路径

（一）坚持走城乡融合发展之路

走好城乡融合发展之路，要坚持做好两方面的工作，一是要将"以城带农"落实到具体措施上，我国乡村发展的现状决定了，没有城市的支持、没有工业的反哺、没有政府政策的倾斜，乡村就实现不了振兴，在乡村振兴的起步阶段，要持续加大"以工促农"的力度，不断加大对农村基础设施建设的投入，如加大对道路改造、生活环境改善、教育设施提升等方面的投入，补齐历史欠账，补足农村投入短板；二是要处理好城市和农村的发展关系，大力推动城乡发展要素资源互补流动，农村不再仅仅是城市的附属，而是城市发展的资源供给者，要让城市的人才要素、技术要素、资金要素源源不断地流入农村，为乡村振兴提供要素支撑，实现城乡在发展政策支持、资源要素流动、社会服务保障的一体化，以此加快实现农业现代化，进而实现"四化"同步快速发展。

（二）坚持走人民共同富裕之路

对于传统意义上的农民来说，土地是唯一的财富，走共同富裕之路，最根本的也是最基本的，必须保证农村土地承包关系稳定，农民有地，心里不慌。要坚持发展并壮大农村集体经济，实现农业产业化经营，让农民不出村，就能实现自主择业和创业，进而实现农民稳定持续增收。走人民共同富裕之路，要坚持发展成果人民共享。我国社会主义建设取得的伟大成绩，离不开亿万农民的伟大贡献，要不断加大对农村生活设施的改善力度，提高农村低收入人群的保障水平，以缩小城乡公共服务水平的差距，让农民能够便利地享受到各种惠民便民举措。

（三）坚持走质量兴农强农之路

我国已经成为农业大国，并在逐步向农业强国转变，虽然农业生产总量很大，但是农业发展质量和农业生产率有待进一步提高。走质量兴农强农之路，重点要在质量上下足功夫，要深化农业供给侧结构性改革，延长农业产业链，构建农业生产三产融合发展体系，以提高农业的价值链，这是提高农业发展质量、实现农业可持续发展的关键。同时，要积极引导农业生产向品牌化、专业化、合作化转变，通过发展农业生产合作社、"互联网＋现代农业"、农业生产机械化智能化，提高农业生产效率，提高农业生产的投入产出比，推进农业从增产向提质转变。

（四）坚持走乡村绿色发展之路

中国的乡村振兴必须坚持绿色发展，绿色发展理念要贯穿乡村振兴战略实施的始终。

在实施乡村振兴战略的现阶段，首先要治理好、维护好农村当前的生态环境，对已经造成的环境污染和正在产生的环境污染，要坚决治理好，不能以牺牲环境为代价，实现农村经济发展。同时，要积极引导农民树立环境保护意识，要充分认识到保护好农村生态环境对农业可持续发展的重要性，让农民自觉维护好乡村的环境，在农业上实现清洁生产，减少化肥农药的使用，自觉保护好山水农田湖。

（五）坚持走乡村文化兴盛之路

走好乡村文化兴盛之路，必须要继承好和发扬好中华优秀传统文化，这是农村文化建设必须坚持的重要方面，通过加大对农村文物古迹、传统技艺等的保护力度，实现对农村优秀传统文化的保护和传承。另外，要通过加大对社会主义核心价值观的宣传力度，引导农民树立正确的价值观，以加强农民的思想道德建设，增加农村文化产品供给，例如，设立乡村书院、乡村图书馆、文化活动下乡、农村文化大讲堂等形式，提高农民的文化素质，进而提升农民的精神风貌，实现乡风文明。

（六）坚持走和谐乡村善治之路

走乡村善治之路，实现乡村善治，首先要坚持党的领导，不断加强农村党建建设，尤其要不断加强对乡村领导干部的培养，提高其组织领导能力，为乡村振兴带好头；要鼓励农民成立各类自治组织，通过设立红白理事会、村民理事会、乡贤理事会等各类理事会，引导其积极主动参与农村治理，实现村民自治；要不断加大对农民的普法力度，让农民树立法治意识，学法、懂法、守法，通过制定完善村民自治章程和规范完善村规民约，将法治和德治进行有效结合，让农民看得懂、学得会、做得好，真正走好乡村善治之路。

（七）坚持走中国特色减贫之路

在对人民扶贫、实现贫困人口脱贫这项工作上，我们已经取得了令世界瞩目的成就，并进入了贫困人口全面实现脱贫的最关键时刻，走好中国特色减贫之路，要重点做好对贫困地区和贫困居民的精准扶贫、精准脱贫工作。物质脱贫不是结果，要将脱贫放在提高贫困居民精神财富的目标上，实现扶贫同扶志、扶智相结合，提升贫困人口的精神风貌。走好中国特色减贫之路要形成政府主导、社会参与、持续有效的工作机制，要充分调动社会各界力量参与扶贫工作的积极性，全员动员，贡献力量，脱贫攻坚既要解决当下贫困人口面临的问题，更要形成反馈机制，对脱贫人口有较长时间持续的关注。

第三节 乡村振兴战略的重要意义

乡村振兴战略的提出具有重大的理论意义和实践价值，在中华民族进入强起来的新时代，在社会主要矛盾发生转化的新时代，全面解决"三农"问题，实现乡村振兴，具有重大的现实意义，是中国共产党和全国各族人民必须完成的一项伟大工程，实现乡村振兴，需要科学理论的指导，需要国家战略的统筹。

一、乡村振兴战略提出的现实背景和理论背景

乡村振兴战略是党和国家在中国特色社会主义进入新时代的时代背景下，准确把握"三农"发展的新态势，顺应历史发展的大趋势与现实需要作出的具有里程碑意义的国家战略安排。这一战略囊括了乡村发展的方方面面，主要包括经济、政治、文化、生态、社会等内容，是"三农"问题获得重大发展的战略机遇。充分挖掘乡村发展潜力、最大限度地发挥"三农"工作在解决新时代中国特色社会主义主要矛盾中的重要作用，是乡村振兴战略助推全面小康目标的实现，继而向建设社会主义现代化强国目标奋进的题中之义。因此，乡村振兴战略对于推进乡村全方位发展进而实现中华民族伟大复兴的中国梦具有至关重要的作用。

（一）乡村振兴战略对于解决中国特色社会主义矛盾和实现两个百年奋斗目标具有重要意义

新时代，我国社会主要矛盾已经转化为人民日益增长的美好生活需要和不平衡不充分的发展之间的矛盾。这意味着人民追求的生活目标有了新的转变，即有了更高目标和更全面的追求，他们已经不仅仅满足于基本物质生活的充盈，还要求政治生态的风清气正、法制的健全、社会的公平正义、经济水平的更大发展、生态环境的美丽、文化的繁荣发展等。因此，实施统筹"三农"工作的乡村振兴战略对于解决新时代社会主要矛盾具有重大的现实意义。另外，乡村相较于发达的城市来说发展潜力大、后劲足，实施乡村振兴战略可以统筹协调推进乡村全面发展，实现乡村的富、强、美，从而切实有效地提升乡村居民的获得感、幸福感，这对如期实现第一个百年奋斗目标并开启社会主义现代化的新征程具有不言而喻的重要意义。

1.农村改革促成了党对社会主义初级阶段社会主要矛盾的新认识

对主要矛盾的认识是根据事物发展的客观实际作出的判断，是在群众实践中获得的理性认识，抓住了主要矛盾，也就容易对重大问题作出科学的诊断，这充分符合马克思主义哲学的基本立场，鲜明地体现了马克思主义世界观和方法论。运用矛盾分析方法，要求我们坚持问题导向，强化问题意识，善于处理各种复杂矛盾和难题，把化解矛盾作为打开工作局面的突破口。正是基于这一科学方法，我们党在中华人民共和国成立后的各个历史时期革新除弊，综合施策，使社会主义建设事业稳步向前。

（1）改革带来了深刻的社会变革

农村改革开创了中国改革的先河，改变了农村土地的经营模式，使亿万农民有了属于自己的承包地，对这种自发开展的"包产到户""包干到户"生产经营模式的变革，是中国农民遵循了"穷则思变"的基本信条，用"敢为天下先"的非凡气魄，开启了中国改革开放的伟大历史进程。我们党高度关注农村发生的新情况、新变化，坚持实践是检验真理的唯一标准，尊重农民首创精神，对在改革进程中出现的问题进行综合研判，积极引导，把具有普遍意义的经验提升为政策，力争提高人民群众的生活水平，实现人民群众的美好愿望。

（2）改革为初级阶段的社会主要矛盾解决作出了重要贡献

40年改革发展使农村的面貌、农业的生产方式和农民的生活均发生了根本性改变。改革打破了农村集体土地只能由集体统一经营的僵化模式，极大地调动了广大农民的生产积极性，使农村生产力得以解放，劳动效率和土地潜力得到充分挖掘，推动了整个国民经济社会的发展。

从解决"挨饿"方面看，改革使农村集体土地的经营模式发生了变化，农民生产积极性和农业生产力被空前释放，促进了农业增产增收，解决了农村的温饱问题。从农业、农村、农民三方总体发展状况及城乡关系演进看，改革促进了农村社会事业全面进步。通过增加资本与技术等生产要素的投入，构建了农业产业体系，逐步完成由传统农业到现代农业的转变；通过加强基础设施建设，强化公共服务，注重生态保护，使农村的生产生活状况发生了根本性变化；通过不断健全和完善村民自治制度，倡导法治、弘扬德治，使中华民族优良传统和社会主义民主与法治在广大农村得以遵从；通过统筹城乡发展，工业反哺农业，城市带动乡村，推进了城乡一体化发展。

（3）充分把握从实践到认识，再从认识到实践的现实意义

政策的调整，制度的创新，乃至重大战略决策的推出，都是我们党充分依据马克思主义认识论的基本观点，揭示规律，寻求方法，破解难题。实践是认识的基础，实践对认识具有决定作用。40年前的农村改革，广大农民群众以其朴素认知，推动了中国社会对社会主要矛盾的重新认定，从而为我们党坚持马克思主义实事求是的基本路线，开启改革开放光辉历程起了伟大的历史作用。40年的农村改革，带来的不仅是思想观念的变革，更有广大农民物质生活上的富足，为随后的社会主义新农村建设和当前乡村振兴战略的提出和实施提供了强大的物质基础和坚实的思想和制度上的保障。

2. 新时代社会主要矛盾决定了实施乡村振兴战略的必然性

（1）解决当前社会主要矛盾的关键所在

进入新时代，面临新问题，既有挑战，也有机遇，我们要认清当前所处的历史方位，明白影响经济和社会发展的关键因素。抓住主要矛盾及重点解决矛盾的主要方面，我们要充分运用辩证思维，找准导致不平衡不充分发展的主因，有的放矢，解决问题。最大的发展不平衡是城乡发展不平衡，最大的发展不充分是农村发展不充分。当前，农业发展水平不高，农村自我发展能力不强，农民增收后劲不足，城乡差距依然较大，是制约我们如期全面建成小康社会和基本实现现代化、实现国家长治久安的最大短板，要充分认清农业农村发展的新形势、新任务、新要求，全力破解"三农"领域中的改革发展难题，这是解决我国目前社会主要矛盾的关键所在。由此，乡村振兴战略的提出既顺理成章，又符合时代发展的大逻辑，也回应了亿万农民过上美好生活的新期盼。

（2）综合施策，全面推进乡村振兴战略

推进乡村振兴战略，要以习近平新时代中国特色社会主义思想为指导，坚持农业农村优先发展，走城乡融合发展之路。坚持稳中求进，扎实而富有效率，以"产业兴旺、生态宜

居、乡风文明、治理有效、生活富裕"为导向,合理调整产业布局,构建现代农业生产经营体系。以增加农民收入为目标,促进生产方式转变,促进体制机制创新,讲究质量优先和效率优先,注重生态环保建设,实现人和自然和谐共存共生。统筹推进城乡一体融合发展,让广大农村居民共享改革发展红利,在全面建成小康社会的伟大征程中,切实做到一个人不能少,一个人不掉队。具体到乡村振兴工作的实践中,要优先考虑干部配备,优先保障资金投入,优先满足要素配置,优先安排公共服务,缩小城乡差距,实现城乡平衡充分发展。

(3)乡村振兴事关中华民族宏伟愿景

作为党的十九大报告提出的"七大国家战略"之一,乡村振兴战略是建立在对我国城乡关系变化趋势有了深刻认识,以及其他国家实现乡村现代化的经验基础上,它顺应了亿万农民对美好生活的向往,反映了全体人民追求共同富裕的心声。乡村振兴与否,事关能否如期全面建成小康社会,事关能否如期建成中国特色社会主义现代化强国。

(二)乡村振兴战略对美丽中国建设目标实现的意义

中国美,乡村必须美。乡村生态文明建设作为乡村振兴战略的主要组成部分之一,对美丽中国建设具有不言自明的重要作用。乡村作为生态农产品的主要生产地和生态系统修复的主战地,美丽乡村的发展要求在乡村振兴战略的实施过程中实现山水林田湖草等的统筹协调,实现生态农业的规模化、产业化。同时,加强乡村人居环境的整治,打造干净整洁的村容村貌,给乡村居民以舒适、安心的居住环境。

(三)乡村振兴战略对乡村社会文化蓬勃发展的意义

乡村振兴战略包括很多方面的内容,文化作为其中的一个重要方面,对它的全面推进发挥着根本性作用。"文化兴国运兴,文化强民族强",此道理同样适用于乡村。乡村文化的繁荣发展对于乡村全面的振兴具有关键性作用。中国作为一个具有悠久农耕文明史的国家,在两千多年的历史发展进程中所孕育的乡村文化是中华民族延绵不断的精神血脉所在,其中所蕴含的优秀人文理念、道德精神等是中华优秀传统文化的精华所在。今天,乡村文化面对着各种外来文化的冲击和消解,我们必须守护好中华文明的根脉,同时继续创新发展当代的乡村文化,为乡村的繁荣发展夯实软实力,奠定坚实基础。

(四)乡村振兴战略对完善社会整体治理格局的意义

乡村振兴战略对于优化乡村社会治理格局,完善社会整体治理格局具有重要意义。乡村社会治理作为社会治理格局的基础,必须抓牢做实。在当前的大环境下,乡村正处于转型的重要时期,但面临着各种各样的问题,如"空心化""老龄化""留守儿童"以及传统中国社会乡土性的弱化和乡村干部队伍的后继乏人等。这些问题都是乡村治理所要面对并解决的,乡村振兴战略的实施则为解决这些问题提供了重要的机遇,使得优化乡村治理格局,打造自治、法治、德治相结合的理想局面成为可能,并实现最终健全社会整体治理格局的功效。

(五)乡村振兴战略为国际社会解决乡村问题提供方案

事物的发展既有普遍性又有特殊性,乡村的发展亦是如此。世界上很多发展中国家在其发展过程中既会面临普遍性情况,也会面临自己国家的特殊情况。中国实施的乡村振兴战略是符合中国特色社会主义的乡村发展之路的,但在它发展过程中遇到的普遍性情况依然为许多发展中国家解决乡村发展问题提供了可以借鉴的经验。

二、乡村振兴战略中乡村人才建设的意义

由于城乡之间的差距大,城市机会多,许多乡村青壮年往城市流动,农村老龄化严重;部分从农村考学到城市读书的高校毕业生,迫于生活的压力而不愿回乡,人才回流困难。对于国家来说,人才是乡村振兴的关键,要实施乡村振兴战略,人才是必不可少的,国家政策与方案的实施都需要人才;而对于乡村来说,人才是乡村振兴的希望。因此,乡村人才队伍的治理和建设是十分必要且重要的。

(一)国家层面的需要

1.农村经济发展凸显出"用人难"问题

随着社会经济的不断发展,农村地区的青壮年劳动力不断向外输出,部分村庄出现了空巢化,在家的都是"留守儿童"和"空巢老人";大量高校毕业生迫于生活压力,纷纷在外务工,不愿意回乡。

除了村委干部,其他能为乡村发展起带头作用的人几乎没有,应加强引进和培养各类专业技术人员。目前村委干部整体存在文化素质低、年龄偏大的问题,对于电脑、手机等新事物的学习和操作能力不强,对于村庄发展规划整体思维能力不高,局限于业务工作。脱贫攻坚采用了驻村工作队的人才输入模式,开创了高素质人才和专业人才对乡村人才的带领作用,不断提高乡村人才的素质能力。在脱贫攻坚中不断发展产业,为乡村回引了部分农业养殖人员,并开展专业培训,提升了农村种植养殖人才的能力。

由此可见,乡村人才对农村社会经济的重要性,发掘培育乡村人才势在必行。

2.双重政策刺激人才振兴

乡村要振兴,人才最关键。乡村振兴要求复苏乡村经济、打造美丽宜居有活力的乡村,这就需要各种优秀人才带领农村地区发展。在两大战略精神的指导下,结合人才激励理论,乡村要振兴,人力资本是第一生产力,特别是乡村人才,要不断发展壮大乡村产业发展的专业技术人才,发展壮大乡村治理人才,发展壮大乡村经济发展人才。从多方面、多方位、多角度去刺激乡村人才的振兴;从两个方面去逐点分析人才对于国家和乡村的重要性;从政策的角度去分析人才振兴的关键性因素。并结合相关理论,分析人力资本在乡村发展中的重要性。最后,利用双重政策刺激人才振兴。

(二)乡村层面的需要

乡村振兴离不开人才,乡村人才是实施乡村振兴战略的带头人和中流砥柱,乡村人才队伍的建设牵动国家发展的全局。当然国家发展也深深考验着身在一线的乡村人才们,乡村振兴战略实施使乡村人才面临着前所未有的发展机遇,当然也面临着许多挑战。

1. 乡村振兴战略给乡村人才带来的机遇

随着脱贫攻坚的完美收官,迎来了乡村振兴战略的实施,随之也将我国社会经济改革发展的重心从城市逐渐转向乡村,各类资源与政策也向乡村倾斜,这给乡村的发展带来一个巨大的机遇。

首先,创业机遇。随着乡村振兴战略的各项政策落地生根,乡村人才最熟悉农村各项生产要素,利用有利的政策、天然优越的地理条件和乡村广大群众的智慧,带动乡村产业发展壮大,带动群众干事创业,提升农民收入。

其次,才能机遇。乡村振兴战略的实施,给乡村干部搭建了一个施展才华和大展拳脚的平台,极大地激发广大乡村治理人才的进取心和事业心。研究政策、利用政策,发挥自己的才干,为乡村建设添砖加瓦。

最后,提升自我的机遇。乡村人才是乡村振兴的关键,各级政府对人才的重视程度越来越高,地位也会越来越高,并且,人才培训培养的机制会越来越完善,政策也会越来越多。同时,参与乡村振兴能丰富经验、积累经验、提升自我,对乡村人才来说是一次意义重大的成长。

2. 乡村振兴战略给乡村人才带来的挑战

机遇与挑战并存,乡村振兴战略给乡村人才带来机遇的同时也带来了巨大的挑战。资金的有效投入是乡村振兴战略的重要保障。目前,许多村庄的资金都存在困难。一是贷款难,发展产业项目的融资困难,多数村集体的集体资产严重透支,甚至背负巨额债务,村集体无力兴办集体产业;二是"三农"工程发展不均衡,有的乡村能积极投入区域产业结构的调整,农民就业和致富门路广,而有的乡村依然停留在传统农业项目上,发展滞后。资金的短缺给乡村振兴战略实施带来了阻碍。

首先,乡村振兴的实施使得乡村各项改革发展向纵深发展,最为突出的是新思想、新观念冲击农村人才,市场经济模式和电商时代的来临,彻底摧毁乡村小农经济的散乱思想,不能抱团的小农经济是必然要被淘汰的。要有市场经济和电商经济相结合的敏锐性和主动出击的意识,要有能跟上市场潮流乃至另辟蹊径的思维。乡村建设需要青壮年主力军,更需要技术型人才帮助经营与管理。自改革开放以来,大批农村青壮年劳动力流向城市,在城市务工与经商,劳动力流失严重。农村大学毕业生毕业之后,为了更好的发展前景和生活,大多数都选择了留在城市。因此,从乡村走出去的高学历人才没有回村;农村里留下的基本都是老弱妇孺,劳动力不足,文化水平偏低,许多需要技术的项目的推广因缺失人才而受限。

其次,教育资源的分配不均与当地社会环境影响以及人才留不住等问题都在不断挑战着乡村人才的能力素质培养。人才不仅要具备能与市场经济各主体及媒体打交道甚至是商业谈判的能力,能带动村级集体经济的发展壮大,维护村级集体的权益,不断扩大村民利益;还要有能够跟上时代熟练运用互联网、新型网络平台、农业科学技术的能力和掌握财务知识;人才更要具备集体经济管理能力,熟悉村级集体非流动资本,并入股集体资产,带动村民变股东，群策群力发展壮大集体经济。产业兴旺是实现乡村振兴战略的重要途径。

最后，也挑战乡村人才个人的作风。在乡村振兴战略中，乡村各项惠民措施和基础设施建设的力度不断加大，不断考验着人才的作风是否过硬。这就要求人才要牢固树立"四个意识"，把群众对美好生活的向往作为自身的奋斗目标，真正做到团结一致、主动作为、公正公开、廉洁自律。

3. 乡村振兴战略给乡村人才带来的要求

在乡村振兴战略实施中，"人财物"是关键环节。2018年中央一号文件要求要加强"三农"工作队伍建设，《中国共产党农村工作条例》明确提出："各级党委应当把懂农业、爱农村、爱农民作为基本要求，加强农村工作队伍建设。要实现乡村振兴，必须将人力资本摆在首要的位置，加强乡村人才队伍建设成为实施乡村振兴战略的基础性工作，实施乡村振兴战略对人才队伍提出了新的要求。"

要建设好乡村人才队伍，首先要明确乡村人才的角色定位，特别是在乡村振兴战略背景下，乡村人才队伍的角色更加多样化、位置更加重要、作用更加突出。人才是农村社会经济发展的带头人。实施乡村振兴战略"二十字"总要求、乡村"五个振兴"和"五位一体"的总体布局，关键是发展乡村社会经济。社会主义市场经济和电商经济不断发展，传统的小农经济不再适应时代的要求，更不能带领村民奔小康，乡村也无法实现振兴。这就要求人才做好带领乡村致富的"带头人"，依托村级集体资产，发展壮大村级集体经济，探索新型集体经济发展模式，带领村民发家致富。人才是国家政策的宣传引领者，各地的职教中心、党校、大讲堂等都要充分地利用起来，开展实业实用技术培训，尤其要注重加强对农民的职业技术培训。同时，各地政府还应制定相关的文件，从税收、土地、融资、激励等方面入手，制定灵活有效的政策措施，有针对性地扶持农村的发展。通过党建引领乡村治理，建构一个共建共治共享的乡村治理体系，打通为人民服务的渠道，切实做到为人服务。

乡村振兴战略背景下，首先要加大市场经济改革、新型职业农民、乡村振兴发展、农村集体产权改革等政策的宣传力度，让农民从思想理念上转变；其次是要宣传农村新型种植养殖技术，科学种植养殖，发展高科技种植养殖，提升和农民养殖业经济收益。人才是乡村治理的守护执行者。人才中的村"两委"干部是通过村民自治选举产生的，他们中的大多数都是村内有声望的人、村级致富带头人和实实在在推动乡村发展的人，是村民最相信最依赖的人。乡村振兴战略的实施成效优良与否直接取决于乡村人才队伍的整体综合素质的高低。这就需要乡村人才以守护本土的心，不断更新思想观念，不断学习科学技术，不断提升工作效率，不断提升综合素质，不断加强乡村治理的本领和能力，坚持坚定服务好广大人民群众。要坚持自治、法治和德治相结合，坚持现代、科学、系统、综合的治理方式，坚持村民民主自治和"四议两公开"制度，落实乡村振兴战略。开展乡村治理工作的方式方法要恰到"火候"，不可简单粗暴"一刀切"，也不可优柔寡断不决议，人才要有舍我其谁的担当，要有只争朝夕的决心。同时，立足本土，依托本土特色，打造本土品牌，弘扬农耕文化，大力发展农村特色文化产业，带领乡村发展振兴。

第三章　乡村振兴战略对应用型财会专业人才培养的需求

第一节　新型职业农民的概念及历史使命

一、新型职业农民概念的演进及特征

中华人民共和国成立至今，"新型职业农民"的概念演化历经了一个漫长、稳定的阶梯式过渡阶段。由传统农民拓展为职业农民，再过渡到新型农民，最后演变为新型职业农民。这个动态过程是随着日益丰富的实践经验以及国情的改变而不断深入调整和演变的。

城乡二元分割体制下产生的传统农民，主要指的是农村户籍的人员，他们主要靠自然经济和传统农业维持生计，具有文化水平偏低、思想简单与劳作方式原始等特点。职业农民是在21世纪初农民专业合作社运动浪潮下涌现出来的新概念，是农业生产活动中进一步细化分工的必然产物，具有新的时代意义。2005年11月，农业部发布的《关于实施农村实用人才培养"百万中专生计划"的意见》以具有初中（或相当于初中）及以上文化程度的农民为扶持对象，首次在政策文件中运用"职业农民"的概念。根据统筹城乡发展的需求，随着我国2006年推行社会主义新农村建设，新型农民这一概念被正式提出。2006年的"中央一号"文件将新型农民概括为"有文化、懂技术、会经营"的农民，主要是指以现代化农业生产经营为主的农民，强调更多的是新农村建设和城镇化背景下农民的一种全新样态。职业农民和新型农民两者皆是由传统农民从身份型向职业型过渡阶段中转变而来的。从来源上看，他们不仅包括农村居民，而且包括来农村进行农业生产经营活动的城镇居民；从综合素质上看，他们是具备较高的文化、科技、思想、经济管理等多方面素质的农民。

2012年"中央一号"文件首次提出了新型职业农民的概念，至此，我国开启了一条在国家和地方同步推进新型职业农民培育优化的路径。随着社会主义市场经济的快速发展与城镇化进程的加速推进，新型职业农民概念逐步摒弃中国"三农"问题中"农民"的传统观念，重点突出"新型"和"职业"，这两个特征也代表了现阶段农民的崭新精神面貌。其中，"新型"主要表现在掌握新时期农业生产经营的新型理念、技能以及具有成为现代农业生产开拓者与继承人的潜能等；"职业"则重点突出新型职业农民独立的职业属性，

具有职业上升空间广阔,将农业参与到市场经济活动,并以农业生产作为收入主要来源等鲜明特征。"农民"概念的演进与特征见表3-1。

表3-1 "农民"相关概念演进及特征

概念	产生时期	政策标志	定义界定	经济形态和特点
传统农民	国家户籍管理制度改革时期	1958年《中华人民共和国户口管理条例》	身份型	自然经济,传统农业经营收入,商品化和市场化率低;文化水平低、思想简单、劳作方式原始
职业农民	农业产业化和专业化促进时期	2005年农业部《关于实施农村实用人才培养"百万中专生计划"的意见》	身份型→职业型初跨期	参与市场经济,通过规模化及产业化经营活动获取收入;与"身份型"的传统农民区别开,不受地理和户籍的限制,也称"专业农民"
新型农民	社会主义新农村建设时期	2006年"中央一号"文件	身份型→职业型(过渡期)	参与市场经济,以集体土地资源为生产基础,通过参与现代化劳动等方式获取收益;有文化,懂技术,会经营;在传统农民的基础上增添现代化色彩,不刻意强调去除"身份"外衣,比职业农民所指的范围更大
新型职业农民	传统农业向现代农业转型时期	2012年"中央一号"文件	职业型	—

二、新型职业农民的历史使命

新时代赋予农民新的内涵和使命,催生出新型职业农民,由此揭开了乡村全面振兴历史任务的崭新一页。乡村振兴战略是一个全面、系统、多元的乡村发展战略,包含了推进改革创新、组建人才队伍、优化产业结构、建设高水平合作组织、完善各种体制机制等诸多内容。当下正值转变乡村发展方式的关键期,农民自身发展能力直接影响其主体实践创造的成效和乡村振兴的实效。培养一支"有文化、懂技术、善管理"的新型职业农民队伍,不仅顺应乡村发展要求,而且能够有效解决"谁来种地""怎样种地"的现实困境。毫无疑问,新型职业农民不仅是对传统农民的教育升级,也包含着对其他从事经济活动的组织和个人的吸收,比如,工人、知识分子、社会企业等,其工作内容涵盖了生产经营、创新农技、搭建平台、打造品牌、服务社会等。对新型职业农民的研究必须紧紧围绕时代发展要求和实践需要,必须清楚其不是"种地收粮"的小生产者,而是参与市场经济竞争的创新者,担负着乡村振兴的光荣使命。应该认识到,新型职业农民的主体特征发生了深刻变化,因其具有鲜明的市场主体特征而成为"双重主体"。

(一)"双重主体"的内涵与特点

新型职业农民是对乡村建设者新的历史定位,"新型职业"表明了在新的历史条件下的农民已经突破传统"春种秋收,靠天吃饭"的刻板形象,也不再是"农忙种地,农闲打工"常年两地奔波的"农民工",而是主动融入社会主义市场经济并积极探索农村农业发展新模式的创新者。从人员构成来看,新型职业农民群体包含农民主体和其他市场经济主体,作为"双重主体",主体性是其最核心、最本质的特征,具体表现为主体能动性和主体创造性。

1. "双重主体"的由来

1956年"三大改造"基本完成,我国农业主要以依托公有制为基础的合作社为单位进行生产,农民主体性寓于群体之中。集体生产可以借助群体力量降低因生产力低下、生产工具缺乏带来的不利影响,有利于保障底层农民的基本物质生活,但是户籍框架与合作经营方式使农民个体主体能动性受到了一定限制。直到20世纪80年代,我国开始进行经济体制改革,农民开始以独立的家庭为单位经营土地,主体性以家庭联产形式表现出来。20世纪末,学界开始提出"农民主体"的相关命题,如无论从农业产业化经营的基础、目的来看,还是从实践过程来看,其主体都应该是农民。"农民主体"在不同历史时期有着不同的发展特点。封建社会下,农民受到统治者和地主阶级的双重剥削,几乎没有或者拥有极少的生产工具和生产资料,根本无法发挥其主体能动性与创新性。鸦片战争以后,广大农民群众饱受"三座大山"的残酷压迫,生产工具和生产资料经常被侵略者洗劫一空,发挥主体能动性更是无从谈起。只有在中华人民共和国成立后,农民群体才真正拥有了一定的生产资料,才具备了发挥主体能动性的基本条件,才称得上"农民主体"。但是,对于"农民主体"相关研究的前提都预设了农民的"主体性",如此一来,农民主体成了讨论"三农"问题时不证自明的前提,掩盖了农民主体以及农民主体性本身的特点。

新型职业农民的主体地位是历史形成的,也就是说,"农民主体性"表现为农民逐步确立自身主体地位的过程,并且这个过程是一个长期的历史生成过程。具体来说,我国农民主体性在生产实践中依次表现出三个鲜明特点:第一个是集体主体性。"三大改造"完成之后,农民主体性寓于集体之中,农民群体生产生活实践多以集体合作展开。集体主体性具有明显的平等性、互惠性、均衡性,有利于提高生产资料利用率和农民整体素质,为农民发挥主体性创造了前提条件。第二个是家庭主体性。家庭联产承包责任制确立以后,"分田到户、自主生产"的原则使农民拥有更大的生产自主性和积极性,此时农民的个体主体性和集体主体性都得到了发挥,如家庭养殖、家庭作坊、乡镇企业等迅速发展,都体现了农民的主体性、能动性和创造性。然而,以家庭为单位的经营方式在产品规模、销售模式、产品利润等方面都达不到农村农业现代化发展要求。第三个是双重主体性。进入新时代,农民逐渐从资源提供者成为资源要素配置者,活动区域从乡村逐渐扩大到城市,越来越多地融入城乡一体化建设中。城镇化使各种发展要素加速流向城市,受到市场经济、现代科技、工厂化管理、城市文化等影响,农民主体因表现出明显的市场行为而具有双重主体性。新型职业农民的内涵和特点主要来自实践发展需要,而双重主体地位正是在实践活动中确立的。从农民群体自身发展来看,随着越来越多的农民参与到市场分工之中,农民的实践活动越来越丰富,实践范围也越来越广,农民开始拥有越来越多的市场主体特点。最终农民的这种市场主体特点贯彻进农民主体实践活动中，从而确立新型职业农民的双重主体地位。

2.新型职业农民的主体特性

新型职业农民主体性作用的发挥直接关系到新时代乡村振兴战略的成败，其主体特性主要有以下三个方面。

（1）市场性

表现为借助市场优势推动乡村产业升级。新型职业农民群体包含掌握市场要素、懂得经营管理的市场主体，其将优厚的资源包括资金、技术、人才、管理经验等带入乡村，大大加快了乡村市场化改革的步伐。其所倡导的竞争性原则有利于激发农村市场活力，打破乡村原有产业格局，推动产业升级。

（2）专业性

主要表现为生产专业化和管理运营专业化。新型职业农民中拥有来自社会各行各业的优秀人才，他们懂得利用专业方法开展采购、生产、销售、管理等活动，提高乡村经济竞争力。

（3）公益性

主要表现为承担社会责任和扶植乡村的内生性力量。一般市场主体，为了持续高速发展必然将盈利作为主要目标，但是新型职业农民并非自然成长起来的市场主体，经营农村农业的主要目的不是为了获利，而是为了服务"三农"。新型职业农民多是以建设者、服务者的身份投身于乡村振兴，主要目的是搭建发展平台、推动农村农业现代化发展，其经营所得绝大部分以二次投资流入乡村，比如，建设体育场馆、提供文化教育服务以及其他便民服务。

（二）新型职业农民的历史使命

中国特色社会主义向前发展需要开创乡村发展新格局，需要独立的主体承担"建乡村、富乡村、美乡村"的历史任务。新型职业农民一头担着如何让新发展理念引领农村农业整体转型的担子，另一头担着乡村振兴、增加农民收入的现实需要以及引领、推进、保障乡村振兴的重任。

1.以创新引领乡村振兴

进入新时代，农村农业的发展水平仍然是影响我国社会主义整体建设成效的重要因素，创新发展、优先发展农村农业成为中国特色社会主义现代化建设的重中之重。创新发展应力图从转变发展方向和打造特色产业着手：一方面要树立新发展理念，引导农村农业向集约化、可持续方向发展；另一方面要坚持乡村特色发展道路，增强乡村整体竞争力。

新型职业农民以创新作为驱动力，加快乡村发展方向的转变。在自然经济条件下，农业生产的特点是分散、单一、规模小，这种旧的生产方式、生产力结构和布局成为一种长期的惯性存在，严重阻碍农业发展。为了进一步解放发展生产力，必须变革原来分散的耕作方式，逐步向适度规模、高效可持续的经营方式过渡。经营类产业大多需要资金、人力、技术等前期投入，并且投资伴随着市场风险，种种因素决定了单靠传统农民群体根本无法振兴乡村产业。新型职业农民因自身主体地位，可以更好地利用市场经济的优势；反过来，市场经济的发展要求市场主体不断地创新、更新自己的理念。市场配置资源的最大优势就是高效率、低成本，这些优势一旦转嫁给乡村，将会打破乡村固有的供需平衡与"各自为主"的碎片化生产格局，为转变乡村发展方向奠定基础。乡村振兴的关键是利用市场活力推动乡村创新发展，将技术、管理、品牌、竞争文化等市场元素注入乡村，彻底革新整个农村农业。

新型职业农民能够开发特色产业、稳定就业、提高乡村市场竞争力。随着社会主义市场经济的发展，大量农民离开农村、涌向城市，获得在工业部门就业的机会，从而赚取更高的收入。数据显示，2020年我国农民进城打工人数突破28560万人，占农村居民的56%，农村劳动力流向城市导致农民与乡村相互依赖的自然关系逐渐瓦解。然而，农民进城之后经常扮演"农民工""街边小贩"等边缘性角色，导致流入城市的农民难以真正扎根城市。因此，扩大农村地区就业，缩小城乡差距成为乡村振兴战略的重要一环。新型职业农民肩负着搞活农村经济的任务，既要坚持"引进来"，将先进的经营理念、管理人才引入乡村，开发乡村旅游、乡村品牌、传统工艺、有机食品等特色产业；也要坚持"走出去"，努力拓展乡村改革的广度和深度，扩宽乡村振兴道路，将乡村产品和服务全面推向市场、占领市场。乡村改革的目的不是照抄照搬成功经验，不是依葫芦画瓢建"小城市"，而是要根据乡村主体定位，发挥特色优势，尤其要以"特色产业发展"为支撑。

总之，创新是引领发展的根本性动力，乡村振兴必须走创新发展的道路。从"农民"到"新型职业农民"，不仅是主体身份的改变，而且是主体特征、历史任务的改变。乡村的改革创新不是一味追求高速增长，而是一边追求高质量发展、均衡发展，一边追求创新发展、特色发展，利用新技术打造新平台，依托新平台开辟新产业，谋求长远发展。

2.以市场化改革为契机，全面推进乡村振兴

改革开放40多年来，中国特色社会主义市场经济建设取得了巨大成就，表明这种独特的经济体制必须坚持贯彻下去。毫无疑问，市场化改革是乡村地区的改革主题，市场化本身也是乡村各项政策实施的基本目标之一。新型职业农民作为乡村改革先锋，主要从以下三个方面进行市场化改革。

（1）坚持"效率优先"同"农村农业优先"的辩证统一

市场经济的突出特点就是强调自由竞争和坚持市场对资源配置的决定性地位。也就是说，市场配置资源往往追求效率最大化，并不会优先考虑农村农业的均衡发展。新型职业农民作为双重主体，能够将市场的逐利性与乡村振兴的优先性有机结合在一起，一方面以农村的优势资源与广阔的成长空间吸引资本、技术、人才等市场要素，解决乡村发展资本短缺和市场开拓能力弱等问题，为乡村产业发展提供技术资本和人力资本支撑；另一方面促进生产要素在城乡之间自由流动，充分利用市场的盘活能力促进乡村各领域均衡发展，尤其是基础服务领域。

（2）处理好"有为政府"和"有效市场"的关系

目前，部分农村地区仍然存在"家长式"基层管理模式，政府对农村改革建设干预过多、过细，导致农村市场化改革阻力大。激活农村市场关键在于处理好政府与市场的关系，要把政府与市场有机结合起来，实现优势互补和相互促进。乡村市场化改革的限度以政府充分发挥宏观调控为基准，唯有如此，新型职业农民才能获得相应的政策支持和最高的市场回报率，从而高效推进乡村市场化改革。

（3）采用市场经济标准，促进乡村产业振兴

新型职业农民如何改造升级农村农业，基本上决定了乡村振兴的总体水平。市场经济标准是一种组织现代生产的重要手段，可以降低农产品进入市场的门槛，能够改善农村部分行业无序发展的状况。基于此，引入市场经济标准，着力打造优势产业，是拔高乡村振兴水平的重要举措。需要注意的是，新型职业农民进行市场化改革须在党和政府的领导下进行，要敢于从根本上建立农业市场经济和农产品市场化供求机制，始终抓住改革的主动权，始终以广大人民群众作为改革的出发点和落脚点。

3. 以农民合作社为基本依托，切实保障乡村振兴

实践已经证明，去组织化的散户是没有竞争力的，也不能承担起乡村振兴的历史任务。新型职业农民需要独立的实践阵地，需要依托稳定的经济实体应对内外复杂环境。农民合作社是实现产业兴旺的有效主体，也是促进乡村组织振兴的坚实基础。建立一批组织结构合理、管理科学的农民合作社，将是推进乡村振兴的重要保障。

当前我国农民合作组织的总体特点是"数量庞大、建设不足"。截至2021年4月底，合作社总数达到225.9万家，涵盖粮油、肉蛋奶、果蔬等领域，覆盖一半以上农村人口。其中80%以上的合作社从事种养行业，约有7.7%的合作社从事农机技术服务，基本不涉及基础建设、公益服务、文化教育领域，主要特点是规模小、效率低、管理水平有限，比如，种养合作社还都停留在初级农产品的生产与销售，并没有建成成熟的管理运营机制。也就是说，部分农民合作社没有真正成长为集产销、包装、运营、研发、品牌为一体的企业级经济体，没有带动最底层群众致富，没有承担起相应的社会责任。

新型职业农民能够改善合作社组织内部结构，建立高效的管理机制。新型职业农民群体绝大多数接受过专业教育，懂得市场运行机制，拥有一定的革新、管理、风险管控能力。针对农民合作社存在的基础薄弱、不大不强、社会层次低、社会责任不明等现实问题，新型职业农民能够运用所学，采取行之有效的对策。首先，提高合作社管理人员的专业素质，以人才优势弥补先天基础不足。其次，在党和政府引领下开放合作，广泛吸收社会积极力量，做大做强合作社。乡村振兴必须开放乡村市场，谋求共治共享才是首选。最后，坚持合作社以人民为中心的发展理念不变，积极承担社会责任。具体来说，农民合作社属于经营性社会组织，对外参与竞争表现出盈利性，对内以服务社员为主显示出社会性与公益性。新型职业农民必须立足使命，坚守服务"三农"的基本立场，发挥农业公益性社会化服务的基础支撑作用，严防社会资本架空合作社，避免合作社被企业化。

依托合作社，新型职业农民能够最大限度地利用政府下拨的资源项目。政府下拨的资源，如资金、项目、物资等，如果直接对准个体，这些公共资源的效用便会降低，帮扶成本也会提高，宏观治理手段也会失灵。组织化程度低是底层群体在公共事务中被边缘化的主要原因。合作社作为具体的经营性实体，自身结构有一定的稳定性，适合对接公共资源。更为重要的是，对于一些特殊资源，如扶贫项目、免税政策等只能对准经营性实体，此时合作社的中介作用实际上扩大了最底层、最贫困群众的收益。

此外，合作社作为一种社会性的农民自发组织，本来就是政府领导下的集体经济体，具有很强的中介作用，可以有效衔接政府、社会与农民，不仅能在振兴产业、改善生态、丰富乡村文体生活方面发挥重要作用，而且具有监管、分配、服务、教育等诸多功能。

总之，新型职业农民依托合作社：一方面夯实了农村农业经济实体力量，为乡村振兴奠定坚实的组织基础；另一方面开拓了底层群众平等参与公共事务的渠道，承担了相应的社会责任，确保乡村发展红利惠及最底层群众。

（三）着力为新型职业农民勇担使命创造有利环境

需要明确的是，乡村振兴是一个全面系统的发展战略，需要一个良好的内外发展环境，具体应从以下三个方面着手：一是把资源高效利用、产业融合发展作为基本发展方略，开辟乡村发展新道路；二是确立新型职业农民双重主体地位，吸收优秀人才，以人才振兴作为乡村振兴的突破口；三是建立长效保障机制，凸显社会主义制度的优势。

1. 发挥地区资源优势，促进产业融合发展

乡村振兴战略从规划到实现必然需要充足的资源供给，"优先发展农业农村"表明了资源配置向农业农村倾斜的战略调整，同时也预示了第二、第三产业与第一产业融合发展的趋势。优厚的资源一直是乡村社会的核心竞争力，高效配置这些资源无疑是乡村振兴之根本。一方面，自然条件下，一个地区资源的数量和质量基本决定了当地发展的上限，但在乡村振兴战略背景下，第二、第三产业反哺农业与农业创新发展为乡村开辟出新的发展空间；另一方面，乡村所拥有的数量丰富、质量良好、结构合理的资源能带来改进管理、更新技术、促进产业间联合的潜力，为产业融合提供源源不断的动力。不管是"企业+农户""企业+合作社+农户"，还是乡镇企业，本质上都是谋求多种产业结合，达到降低生产成本、扩大市场、增加效益的目的。第一、第二产业融合所解决的只是宏观供求问题，即为社会提供符合标准的、批量的产品。产品进入市场后，也会由于功能单一、个性不足而局限在低端供应链，无法满足多样化、高端市场需求，也就无法获得高额利润。

综上，只有将一二三产业有机融合，打造全产业商业模式，才能将优厚资源、科学管理方法与高新科技结合起来，一方面借助电商平台和信息网络技术为社会提供个性化服务，比如定制手工艺品、异地办公、远程教育等；另一方面也可以促进资源互补、优势互补、产业互补。产业融合能够拓宽乡村收益渠道，加快乡村纵深发展步伐，从根本上扭转乡村传统发展方式。

2. 以人才振兴为支撑，夯实乡村振兴人才基础

将人才振兴作为乡村振兴战略的核心，不仅是新型职业农民发挥双重主体优势的具体表现，也是实现历史使命的基本要求。人才振兴应该从"高端人才"与"专业人才"两方面着手。

首先，新型职业农民队伍中不乏高端人才，关键是为其提供"用武之地"，也就是给予他们宽松的发展环境，并充分理解支持他们。引进高端人才时应该秉持"用人不疑"的定力，尊重其主体地位，尽可能满足其合理要求，扫清改革创新障碍。

其次，制订"全面培养、重点突破"的人才培养计划，系统强化人才结构，提高人才实践水平。"全面培养"指培养人才时需多种能力共同发展，比如，改革创新能力、应急能力、群众工作能力等；"重点突破"指培养专门人才化解基层特殊矛盾、解决个别突出问题。

最后，对于极少数特殊领域的人才培养，如制陶、编织、祖传技艺传承等领域，采取"学徒制"培养模式较为合适。"学徒制"在技术技能人才培养中有不可替代的优势，尤其在技术诀窍知识的传递与技能创新能力的培养方面，其作用非常突出。这种师徒单线互动有利于经验型技艺传承，属于个别精准拔高教育，强调技术的熟练程度，而非理论积累。总之，人才振兴不仅要服务于乡村振兴整体战略，更要满足特色发展需求，力求将引进高端人才与培养专业人才相结合，最终达到优化人才结构、提高人才素质的目的。

3. 健全落实制度，切实稳固乡村发展基石

制度保障是乡村振兴战略推进中的重要一环，也是将发展红利惠及最底层群众的基本保障，还是新型职业农民发挥主体创造性的坚实后盾。

首先，坚持党的集中统一领导，能够为乡村振兴各项工作的开展提供根本制度优势。党的领导是全面的、系统的、贯穿于乡村振兴全过程的，党的领导是一切乡村振兴工作得以顺利实施的基础保证。基层党委肩负着宣传党的政策方针与动员群众的责任，在沟通决策层与基层民众以及平衡乡村各主体利益中起到领导核心作用。

其次，完善分配制度，以按劳分配为主，坚持按需分配、按资分配、按生产要素分配等多种分配方式并行。兼顾效率与公平，既要充分释放乡村市场活力，坚持发展优先的基本思路，也要保障基层群众的合理收益，维护社会公平正义。

再次，健全城乡融合发展体制机制，贯彻实施优先发展农村农业战略。聚焦乡村发展深层次矛盾关系，着力平衡各方经济利益，打破阻碍城乡之间生产要素流动的壁垒，营造公平竞争环境。利用财政补贴、税收减免、项目支持等惠农政策，推进乡村振兴。

最后，加强民生保障体系建设，提高群众基本生活水平。在打赢艰苦卓绝的脱贫攻坚战之后，我国兜底性民生保障体系初具规模，为乡村全面振兴打开了有利局面，也为新型职业农民带动基层群众致富保驾护航。确切地说，民生保障水平最为深刻地反映了乡村振兴的真实客观环境，提升民生保障水平就是凸显乡村振兴成果的主体目标之一。

第二节 应用型财会专业支撑农业产业的发展

一、应用型财会人才培养标准的现实依据

在整个社会经济形态逐步向更加高效率、更为高质量的智能化转型过程中，应用型本科财会人才培养要满足企业管理数字化人才需求，专业变革迫在眉睫，其首要问题是从解决现实问题出发，明确人才培养的标准与定位，凸显人才培养的时代特征。

（一）新商科背景下的财会人才培养

随着我国迈入新的社会经济发展阶段，新型商科人才的总体要求发生变化，"新商科"理念反映了传统商科专业教育适应时代要求所做的诸多转变。财会是商科教育的主要专业，人才培养观念深受"新商科"教育理念的影响。

1. 商科教育的发展历程

我国民间商业的发展可以追溯到战国时期，随着煮盐、采铁、纺织、水利、捕鱼、铸钱、伐木等行业的兴起，商业也逐渐活跃起来。汉代司马迁首次为商人立传，在《史记·货殖列传》中描绘了各具特色的商人形象，"农而食之，虞而出之，工而成之，商而通之"，体现了各行业平等的进步思想。但受到长久以来占主流的"重农轻商"思想影响，商人的培养和教育主要依赖学徒制。

1840年鸦片战争后，中国被迫对外开放通商口岸，为服务西方工商企业的需要，商业教育主要体现为以教授外语与近代工商业知识为主的学塾与夜馆，其中以上海地区的发展最为典型。1902年《钦定学堂章程》确定的"壬寅学制"中，将商学教育纳入正规的学校教育体系，成为"政、文、商、农、格致、工艺、医"七个学科之一。中华人民共和国成立以后，商科教育主要借鉴苏联的经验，并与中国实际相结合，形成了以中国人民大学《中国社会主义商业经济》教材为代表的商科教育内容体系。

改革开放后，商科教育得到大力发展，各高校全面引入以美国为代表的西方教材与课程体系。经过1990年、1997年、2001年、2011年4次学科专业调整，传统商学逐步纳入经济学、管理学两大学科门类。随着经济全球化的迅猛发展，各高校经济管理学院或商学院，参照美国的AACSB认证、英国的AMBA认证和欧洲管理发展基金会的EQUIS认证等商学教育国际认证标准，培养广泛参与全球经济贸易发展的专门人才。

2. "新商科"教育理念初步形成

进入21世纪，中国经济持续稳定增长，并在金融危机和全球疫情下展现出强劲韧性和巨大潜力。2020年，我国国内生产总值超过100万亿元，人均GDP突破1万美元，对世界经济增长的贡献率超过30%。中国数字经济充满活力，大数据、云计算、人工智能、物联网、区块链等新兴数字技术与传统产业深入融合，新业态、新模式、新服务不断涌

现。2020年中国数字经济规模达到39.2万亿元，占GDP比例达到38.6%。中国营商环境持续优化，以市场化、法治化、国际化为方向，现代经济体系建设加快推进。2020年《优化营商环境条例》和《外商投资法》同步实施，中国吸引国外直接投资额跃居世界第一位。中国取得举世瞩目的经济成就，但服务中国经济管理实践的新商科人才供需矛盾日益突出。

2020年11月，《新文科建设宣言》发布，标志着新文科建设进入全面启动阶段。新文科建设涵盖14个学科门类中的8个，面临"文科门类众多、特色各异"的问题，"坚持分类推进"成为新文科建设的基本原则之一。宣言提出"文史哲促人修身铸魂、经管法助力治国理政、教育学培元育才、艺术学美人化人"，简要概括了不同学科的发展目标。然而面向社会历史发展和人民生产生活的实际，在解决人文社会科学领域的复杂问题时，往往需要综合应用这些学科。

"新商科"作为蕴含中国特色社会主义新时代商学教育新理念的新概念，对其内涵和外延予以探索、发展、充实与完善，将十分有利于传统经济、管理学科在新发展阶段，凝聚共识、协调行动、达成融通、实现变革。"新商科"不是"新文科"的子集，而是传统人文社会科学致力于服务中国特色社会主义经济发展的新维度。

"新商科"理念尚在形成发展之中，对于其内涵并未形成统一规范的认识，结合不同范围的现状与问题，教育工作者所进行的概念框定、特征总结与变革路径的研究与实践不断丰富。新商科是对技术创新、产业融合、社会变革的回应，是将新技术融入商科课程，为学生提供的综合性跨学科教育。在新技术、新经济、新业态的发展背景下，可通过建设发展新商科或改造升级传统商科的方式，构筑具有跨界整合、创新驱动、应用实践特征的中国本土化新兴商科。新商科"新"在何处？从客观上讲，体现为"新思维、新理论、新工具、新能力"，但其核心要义则是立足于中国所处的特色社会主义新时代，回应新科技革命、中国新发展阶段、国际格局新变化、社会科学中国化等新需求。坚持守正创新，扎实开展理论研究与实践探索，促进商科教育高质量发展，是新商科教育肩负的历史责任，因此，"新商科"应当具有显著的适应新时代要求的基本特征。

3. 财会改革与发展中的财会职业转型

财会是商科主流专业之一，根据教育部高校招生阳光工程指定平台数据显示，全国约674所高校开设财会普通本科教育。财会不仅是财经类院校的主要专业之一，而且在工科、农业、林业、医药、师范等类型的高校也普遍开设。

财会信息的改革与发展，有利于市场主体降低交易成本，促进资源有效配置，推动经济健康发展。财会不只是为了提供"微观主体综合经济信息"，还具有"重要的社会公共资源"的属性。随着新兴数字化技术的快速发展，财会核算与业务活动集成一体化程度不断加深，财会参与企业管理、社会治理的深度和广度正在不断拓展。财会的概念框架、组织形式、职能范围、技术手段、服务模式等也已发生重大转变。

(二)财会专业人才培养的现实挑战

财会专业建设面临来自内外部环境多方面的挑战。当前,经济发展正经历经济模式的转型,劳动者就业方式也发生明显变化,学生就业面临巨大挑战,学生实习实训模式也需适应企业对新型劳动者的迫切需求。高校教育教学深受数字技术的影响,专业课程教学方式呈现多样化态势,构建更有效的专业人才培养模式迫在眉睫。

1. 商业模式转变与岗位职能融合

新型数字化技术应用往往催生出新的商业模式,关键生产要素与新技术的相互融合,为促进生产服务资源的优化配置提供可能,并不断挑战企业既有的运营管理模式。商业模式转变也致使商业领域中的岗位职能呈现融合化的特征,生产规划与销售运营、财务控制与业务流程的职能边界变得更加具有弹性,企业对具备跨界融合能力劳动者的诉求变得前所未有地迫切。财会专业人才培养面临着培养具有跨界融合能力、多专业领域综合应用能力的新型劳动者的挑战,需要厘清商业领域岗位职能融合所带来的新职业能力框架,并据此加快前沿课程建设和传统课程转型,以支撑财会专业转型人才培养目标的实现。

模式创新意味着新要素被引入传统实践中,形成某种范式的转换,突破原有职业能力的要求。新的非传统专业领域的能力常常成为创新模式应用推广的关键因素。财务共享服务中心是大型集团企业财务组织的模式创新,调研显示,财务共享服务中心员工需要了解的知识领域排名前十位的内容无一与财务财会知识相关,排名首位的是"流程优化、标准操作规程设计和管理架构"。流程管理知识成为财务共享服务中心这一新型财务组织的首要知识领域,而这并非财务财会专业教学所关注。面对模式创新带来的知识领域多学科交叉融合,聚焦融合性关键技能、准确定义核心职业能力难度很大。财会专业转型需要厘清财务财会领域岗位职能融合所引发的职业能力框架变迁,并据此加快前沿课程建设和传统课程转型。

2. 经济转型发展与就业形态转化

从长期来看,行业企业广泛应用新型数字化技术,促进经济发展模式实现转型,以数字资源为关键要素的数字经济,依托通信网络的高速传输、多种形态的云端服务应运而生,打破了原有的空间限制,加之电子印章、电子发票、数字货币等广泛应用,为传统工商业活动的云端化拓展了空间。电子商务、电子政务、电子税务等快速发展优化了数字化的营商环境,也使财会人才的就业形态发生转变,使跨地域非实时的财会专业服务成为可能,在拓展学生就业实习渠道的同时,也为学生实习实训管理方式带来挑战。此外,包含财务模块的企业运营管理系统集成度高、业务流程复杂等特征也为校内开展模拟实习实训带来困难。

技术发展让财务财会领域面临一场深度分工,常规化的工作任务逐步被信息系统自动化所取代。财会是企业的信息系统,是企业信息技术应用的核心部门之一,因此该评选结果亦能反映商业领域信息技术应用的整体趋势:机器学习、人工智能、区块链等新兴数字化技术总是获得从业者的高度关注,不断拓展从业者技术知识能力的边界;财务云、移动支付、数据挖掘、专家系统等高集成度综合化应用的技术平台始终发挥重要的影响力，从业者的工作内容越来越非标准化。

高度集成和复杂多样的系统平台及技术应用，为校内开展模拟实习实训带来巨大挑战：其一，引入或构建与企业应用能级相当的仿真实训系统需要大量资金投入；其二，从综合性强的复杂系统中分离出独立模块开展实训教学具有较高的技术壁垒；其三，支撑数字化商业系统平台功能发挥的庞杂数据难以梳理。面对商业领域的复杂系统和庞杂数据，专业实训课程在建设开发、教学组织方面均缺乏有效的应对方案。

3. 数字技术应用与课堂教学变革

伴随着在线课程、MOOC、SPOC、微课、可视化等技术在教育教学领域的应用与推广，高校专业课程教学面临变革。在数字经济时代，教学的重心逐步从占有知识转向应用知识，利用多种数字化技术构建新商科跨专业领域的问题情境显得尤为重要。图片、视频、虚拟场景等不同的数字化技术均可以创设问题情境，但不同技术方案的开发制作成本也差异较大。利用数字化技术赋能课堂教学改革的过程中，合理地平衡技术成本和教学效果间的关系也颇具挑战。教师的数字化教学能力是课堂教学变革的重要推动因素，加大教学软硬件平台投入、加强专业教师数字化教学能力的改革任务非常迫切。此外，还需要关注不同地域不同院校师生利用数字化学习资源的能力差异问题，以避免扩大不同师生群体的"数字鸿沟"。

商科专业案例问题情境植根于社会经济生活，具有很强的直观性，容易理解与想象，这与宏观宇宙、微观细胞等高度抽象的情境具有本质不同。虚拟仿真技术在商科案例情境教学中的应用具有明显的限制。在利用数字化技术赋能课堂教学改革的过程中，合理地平衡技术成本和教学效果间的关系颇具挑战。

（三）财会专业人才培养的总体原则

财会专业作为"新商科"中具有深厚发展传统并与紧密社会联系的专业，在其专业建设过程中应当体现的"新"，具体表现为新科技革命与传统财会专业实现融合化发展，坚持立足国情是发展的基本点，坚持创新是发展的源动力，大力发展有利于培养学生跨领域知识融通能力和实践能力的课程体系是基础，并在此过程中始终坚持"学生中心、产出导向、持续改进"的特色质量文化。

1. 职业道德素养与信息技术应用

在新文科专业发展理念下，面向新时代的应用型本科财会专业变革的方向是明晰的，必须服务国家发展战略，服务地方经济发展，服务社会人才需求。我国的经济制度与西方所倡导的自由主义经济制度是不同的，这一经济制度下，财会作为微观经济主体的信息系统与所要实现的目的也存在一定差异。我国经济制度从本质上要求财会不仅要为微观经济主体的运营管理服务，也要在一定程度上为国家社会整体运行提供数据决策支持。由此可见，我国财会职能不仅强调企业运营管理需要的微观职能，更强调服务宏观经济管理需要的宏观职能，这是与我国的基本经济制度相适应的，具有显著的中国特色。

财会职能要实现对内对外拓展,一方面需要加强财会标准、准则、法规体系的完善,另一方面更需要能有效运行这一套体系的人才队伍。能充分发挥内外职能的,应当是一支能恪守诚信,具有较高职业道德的专门化人才队伍。这就要求在财会专业变革中立足国情,首先就要求人才必须具备符合我国社会主义市场经济体制发展要求的职业道德。

"变革融合、提质增效"是财会改革与发展十四五规划的中心。变革融合是指财会行业运用新技术、融入新时代、实现新突破的必由之路。"变革"强调信息技术在财会、审计及财会管理工作中的运用,以及由此带来的财会技术、财会工作组织方式、财会职能、财会工作边界、财会工作定位等方面的变化,是未来一个时期财会事业改革与发展的显著特征;"融合"强调实现财会服务功能的拓展,在夯实财会工作传统的核算、监督职能,提供高质量财会数据的基础上,对内更好地与微观主体经营管理有机融合,对外更好地与宏观经济管理、财政管理有机融合,是未来一个时期财会事业改革与发展的必然趋势。

与此同时,新商科的"新"是体现文科专业与现代信息技术相适应、相融合的发展理念。当产业在转型升级,呈现出产业信息化和信息产业化发展态势的时候,财会专业的发展与产业转型密切联系。

财会专业变革所要把握的立足国情,就是在基本的职业道德素养上符合我国财会内外职能的发挥,过硬的职业道德素养是人才培养的基本出发点。同时,为了适应时代的要求,运用信息技术开展工作,解决工作中遇到的问题则是构成能力层面的核心。把握住职业道德素养和信息技术应用,就是把握住了立足国情。

2. 遵循客观规律与专业传承发展

中国人具有守正的传统。守正,意味着坚守正道,坚持按事物的本质要求和发展规律办事。创新,意味着改变旧的、创造新的,"创"是指有意识有目的的创造性认识和实践活动,其目标是"新",即新的认识和实践成果。概括而言,守正创新即把握事物规律,根据一定的目的改变现存事物,创造新事物。守正是创新的前提和基础,偏离守正的创新必然误入歧途。

守正创新具有内在的联系,那就是遵循事物的客观规律。在这个复杂且快速变化的世界中,守正创新提供了新的思维方式,用于正确对待事物发展中的"变"与"不变"。

对于财会专业变革,坚持守正创新,就意味着坚持传承与发展的辩证统一,坚持围绕财会专业本身的发展规律,寻求新方法、新模式、新路径。财会的历史发展经历了多个阶段,目前正在适应时代的要求,经历新一轮变革。财会的传统不能随意丢弃,其内在的发展规律应当予以充分认识,结合时代的要求,通过创新实践和创新思维活动,结合现实实施变革,这是一个渐进的变革过程,并非颠覆性的。财会专业作为一个具有深厚传统的文科专业,其变革应当把握传承与发展过程中的"变"与"不变",在创新的过程中,赋予财会专业新的时代意涵。

专业变革是应用型本科教育改革的主要构成内容,因此,专业变革受到教育理念、课程体系、课程内容、师资等多方面的影响。专业变革的最终检验是由该体系培养的学生及其在社会发展中展现的适应性来体现的。变革举措的实施和效果显现之间需要较长时间，因此不确定性比较大，变革的试错成本也非常高。因此，在专业变革中坚持渐进式的变革是比较稳妥的策略。渐进性的变革策略是否沦为保守的做法，则可以通过是否坚持创新来把握，换汤不换药的形式主义改革策略，不能称为创新的变革。在关键领域取得变革成效是区别形式主义改革的有效试金石。

3. 成果导向目标体系与持续改进成果

从工程专业教育的发展经验来看，成果导向的关注点，并不在专业人才培养体系的具体产出，而是要着力以实现专业培养目标为努力方向，理顺专业人才培养的内部结构关系，其中最主要的就是建立清晰且具有可行性的培养目标、毕业要求以及课程目标之间的联系，这是确保专业人才培养方案内部一致性的基本要求。

成果导向在实践中的难点在于，如何让程度不同的学生实现课程学习目标。一方面，目标的设定如何能在保证一致性的同时具备一定的兼容性。学生学习目标应当是有一定维度区间的，而不是一条简单的线。反映学生学习绩效的标准体系也应当具有多维性，避免单一维度造成的简化、机械化的趋势。另一方面，围绕支持学生达成目标构建由多种形式的支撑手段组成的体系，这要求教师基于学生的学情分析提供多样的学习资料，对于学习程度好的学生给予更多拓展性的学习资料，对于程度较弱的学生投入更多的协助，在此过程中，教师应当清楚如何帮助学生达成目标。在成果导向的质量要求下，教师不仅要提供多样的学习资源，还要在教学过程中善于把握不同程度学生的需求。在数字化教育平台和工具的帮助下，教师实现高质量的成果导向成为可能。

成果导向与学生中心是内在统一的，成果是学生需要达成的，其绩效经由学生体现。在成果导向的视域下，学生和教师是协同的，共同为了实现课程的学习目标而努力。此外，在成果导向有利于在教学过程中促进学科融合，成果是在若干知识技能单元的基础上实现的。质量文化同时强调成果导向与持续改进，能够规避线性思维，构成回路，形成良性的发展态势。

二、乡村振兴背景下的农村经济财务管理

（一）乡村财务管理规范化的主要内容

1. 乡村财务管理规范化的具体含义

当前，我国对乡村财务管理的研究大部分从定义、内容以及管理模式入手。各地政府对农村基层组织的财务管理制度也做出了结合本地实际的规范性说明。农村集体经济组织能用来促进乡村发展的资金、资产和资源被称为村级财务。乡村财务管理在内容上主要包含村级集体资产管理与村级财务收入支出管理。资产的管理主要是指管理属于农村集体可支配的各项资金和资产，如支农的专项资金、村集体所持有的资产等；财务收入支出管理主要是指管理村级财务在日常工作中发生的收入与支出，以及要对收入与支出的明细公开，并依据相关法律法规合理收支。村级组织的收益可以通过一事一议的方式获得农村基

础建设资金，也可以通过村集体的经济增长增收。

乡村财务管理在制度上包括建立村级财务会计制度、规范村级财务程序，建立民主监管制度、合理审计监督等方面。村里的每一项经济活动都离不开财务的支持，比如村基础设施的建设、村容的改造、农村集体资产的维修资金和村里年老、贫困人员的生活起居等，这些所有关于资金的收入与支出，都被称为乡村财务管理。

首先，乡村财务管理的规范化内涵反映了农村财务管理的本质特征。乡村财务管理的规范化是对现阶段农村基础组织的财务管理水平的新要求。在当前乡村振兴、农业农村现代化发展的大环境下，是为了体现乡村财务管理在乡村综合治理中的有效作用。

其次，乡村财务管理的规范化内涵是由农村基层组织财务管理规范化的标准下的发展实践当中精炼出来的。乡村财务管理的规范化在农村基层组织财务管理的实务处理中起到过渡和承接作用。乡村综合治理的新发展、农业农村的现代化需要依靠乡村财务管理的规范化建设、乡村财务管理制度的完善、民主监督体系的建立健全以及财务工作方式的改变。努力实现财务处理规范，财务制度健全，民主监督有效，民主管理手段科学化的乡村财务管理新进步。

2.乡村财务管理规范化的特点

乡村财务管理的特点包含以下几个方面：首先，农村的集体经济是全体成员的共同财产，是集体所有的，任何单位、组织或个人不得侵占、私吞和挪用。其次，村级基层组织的存在是为了维护本村集体利益，要为农村全体成员负责，其核心是要保护基层集体和成员的合法权益，做到村民管理，集体受益。最后，农村基层组织的最重要的一环是实现村级财务公开和村级事务民主管理。

（二）乡村财务管理规范化的评价指标

村集体经济的资金健康、资产稳定、资源安全很大程度上都源于乡村财务管理的规范，也关系到村级集体经济组织及村民的利益，是农村发展与稳定的奠基石。从这个角度出发，乡村财务管理是农民群众最关心的问题之一，也是乡村综合治理的重要内容。为了规范当前大背景下的乡村财务管理，需要有对应的评价指标建立，因此可以从以下几个方面进行评价。

1.村级会计人员素质的高低与选拔的机制是否完善

在我国全面发展的时期，农村具有较高学历及专业技能的年轻人多向往城镇就业机会，留在农村的人员大多学历不高，专业技能不足。当前的村级财务人员普遍年龄较大，高学历、财务会计专业出身的人数不多，大多财务知识比较匮乏。另外，村级财务人员的选拔机制目前是不完善的，在任用村级财务人员时很少经过公开招聘，在选拔财务人员时，按村干部的意愿来比较普遍，且选拔的流程也是不规范、不严谨的，导致一些根本不懂业务、没有专业知识或是业务生疏的人员上岗。村级财务人员的专业水平、素质，对相关会计法律法规的理解有很大的制约，也会引起在处理会计账务的过程中操作不规范，财务工作的流程不熟练的连锁反应，会对乡村财务管理的规范化建设造成很大的影响。

2. 乡村财务管理制度是否健全

制约乡村财务管理规范化的最基本因素是乡村财务管理制度的不完善以及制度的执行存在问题。财务管理制度的设置需要与相关法律法规相符合，与地方的实际情况相匹配，常常会出现一些制度脱离当地农村的实际，使得制度在执行的过程中无法落实，流于形式。在日常的财务工作中财务会计制度执行得不到位、不规范，会影响账务处理的及时性，一些收入支出没有及时地进行报结，容易导致一些村账务长期积压，最后导致账目管理不清，账实不符，增加了财务工作的难度。

3. 财务信息公开与披露是否及时有效

村级的财务公开是农村"三务公开"的重点，是为了体现民众的民主权利，让民众对本村的财务状况、经济收入、财务支出一目了然，使村级组织的行动在村民群众的监督下有效地运行。村级财务公开和民主理财是监督农村财务最优的方式，财务公开得不及时、不规范，容易造成农村集体资产的损失，易引发干部群众关系紧张，损害群众的利益。对一些牵涉到群众利益的重大经济事项，村干部不通过民主理财小组或者是村级大会的讨论，事后也没有及时有效地公开，使民主理财小组形同虚设，会严重损害村集体与村民的利益，造成村民的不满意。

4. 村级财务信息化发展是否健全

当前农村财务的信息化建设仍是不健全的，令人担忧的。我国信息化的发展还没有全面普及，农村财务的电子化进程仍需要努力，新时代要用新发展观念看问题。我国信息化的建设对农村的信息化发展也提出了新要求，村级财务信息化的发展能促使农村财务工作跳跃式发展，对农业农村现代化建设有着重要意义。

5. 审计监督制度是否执行到位

在乡村财务管理的过程中，审计监督制度的执行是至关重要的，对财务处理能起到一定督促作用。上级管理部门以及乡镇的监督部门要明确对村级财务的监管工作，对集体资产的处置、财务的处理、经营收入支出的管理方面要有具体的监督制度。对村干部日常工作起到监督作用，促进村集体的健康发展，促进农业农村的现代化建设。

（三）乡村振兴战略下财务规范化管理的新要求

1. 规范乡村财务管理，推动乡村振兴战略的进程

农业农村农民问题是关系我国民生的根本性问题。党的十九大作出了实施乡村振兴战略的重要部署，这是党中央着眼于推进"四化同步"、城乡一体化发展与全面建成小康社会作出的重大战略决策，同时也是推进农业农村的现代化、提高广大农民获得感和幸福感、巩固党在农村的执政基础和实现中华文明伟大复兴的必然要求。坚持农业农村优先发展，建立健全城乡融合发展体制机制和政策体系，加快推进农业农村现代化，成为有效化解乡村社会主要矛盾的必然选择。在乡村振兴过程中，农村社会现代化的管理水平是基础，也是万源之本。要提升我国农村现代化水平，提高综合竞争力，做到乡村财务管理的规范化等财务工作至关重要，加强乡村财务管理水平就是为现代农业发展强基固本，提供

强有力的经济支撑，对促进乡村综合治理起到推动作用，大力推进我国乡村振兴的战略进程。

新时代的乡村振兴战略，核心是要尊重乡村的发展规律，缓解新时期农村发展的社会矛盾和突出问题，提升乡村产业可持续发展能力和竞争力，实现城乡融合。乡村振兴的经济基础是产业兴旺。产业兴旺具有丰富的内涵，是指打好农村经济建设的地基，促进乡村资源的优化整合、产业的优化升级、农村经济的优化转型、农村集体和农民的收入明显增长。产业兴旺不仅是促进农业的兴旺，更应该着眼于各产业的融合，依托农村优质的景观资源、农业资源，大力发展文化体验、休闲度假、农业观光等农文旅高度融合的产业。因此要重视现代农村的体系构建，优化产业体系、升级生产体系、完善经营体系，突出融合产业品牌的特色化与优质化，推动农业产业升级和多元化专业化发展，建立服务机制，对新型的农业经营和小农户加强培育，实现小农户和现代农业的有机融合，逐步推进乡村振兴战略，打造具有特色风貌、优质配套、高效治理、品质环境魅力的宜居宜游的现代化农村。

2.提高村级资金使用效率，推进农业农村现代化建设

为了加强乡村财务管理，各村级组织须及时有效地报告相关经费支出，形成农村集体资产经营管理状况的工作报告，总结分析并上报上级政府管理部门。上级主管部门能对各村级组织使用经费的情况，有全面的了解，帮助其在制定相关政策、下发村级资金时避免浪费，进而提高村级资金的使用效率，推动村级资金的有序健康发展。

同时，村集体经济组织需要遵守《中华人民共和国会计法》《会计基础工作规范》《村集体经济组织会计制度》等法律法规，建立健全本村集体经济组织财务和会计制度。一方面乡村财务管理的规范化能进一步规范村级的财务和管理行为，经济责任制的确立以及民主监督制度的完善，可以有效地遏制腐败行为，提升村级资金的使用效率，推动农村的发展。另一方面乡村财务管理规范化促进村级委托代理制度、内部控制制度的建立，可以使原本的村级会计从不熟悉的会计记账、需要有专业会计知识的财务工作中解脱出来，同时兼任其他行政职务，从而进一步减少工作人员，降低相应成本和负担，真正实现高效节能，真正实现村会计的最大效益发挥，提升日常村务工作效率，也能促进村级资金的高效率使用。农村集体资产规范化管理，促使农村集体经济及村民的合法利益得到保障，促进农村集体资产的保值增值，有助于巩固和发展农村集体经济，有利于提高村级资金的使用效率，推进农业升级、农村发展、农民富裕的农业农村现代化进程。

3.规范村级财务工作流程，促进农村基层党风廉政建设

规范乡村财务管理是为了促进村集体经济工作有序开展，有利于农村基层党风廉政建设。近年不乏经济案件的发生，出现一些高姿态村干部受到严厉处分的案例屡见不鲜，这些案件的发生，都会在会计、财务管理上反映出来，这也是与很多财务管理的问题有密切关系的。这与村级财务日常账务处理混乱、民主监督的不全面不及时有很大的关系。火车跑得快，全靠车头带。基层治理水平要提升，基层组织建设是"关键招"，党建引领是

"先手棋"，财务管理规范是"重头戏"。

首先在乡村财务管理上做到程序有序、公平公正，推进清廉村居建设，加强各乡村财务管理，严肃村级财经的纪律，规范村级经费支出行为，合理控制费用支出，及时发现村级财务的漏洞，才能使腐败之气得到抑制，才能增强村干部的廉洁自律意识，提高基层组织的战斗力、凝聚力，才能真正体现民主的意志，维护群众的权益，促进干群关系的有序发展。

其次，只有民主积极地参与乡村财务管理和监督，才能在腐败之风有苗头的时候，及时地扼杀在摇篮里，促进村级集体经济的健康发展，在村干部和群众之间搭建起相互沟通、相互交流的平台，形成和谐的氛围，才能进一步密切党群干群关系，加强农村的基层党风廉政建设。

三、农村经济发展中财会工作的主要任务与关键性作用

党的十九大召开以来，国家对于农村地区全面建成小康社会以及加强对农村地区经济的扶持政策都在加快落实。但是，由于农村地区的基础设施建设水平以及经济发展模式相对落后，导致农村地区进行经济改革的过程中存在较多阻力，新型经济管理制度与农村地区现有经济管理方式不能实现有效衔接。农村经济发展过程中财会管理工作与农村财会工作的实际水平不符合，财会管理人员也无法将其进行落实，因此农村经济发展中财会工作存在较多问题。但是，农村地区的经济想要快速发展，必须依靠有序的财会管理工作的配合，对于农村地区的基础设施建设以及农民根本权益的保障十分重要，因此通过有效的措施对农村经济发展中的财会工作进行改善十分必要。

（一）农村经济发展中财会工作的关键性作用

1. 有利于规范农村财务会计工作，推动新农村建设进程

农村地区要想更好地完成新农村的建设工作，其中的关键在于切实提高财会工作的管理水平，对农村地区各项经济的发展都具有重要的推动作用。通过对农村地区的财会管理方式进行改革，创新财会管理方式，能够将国家发放用于新农村建设的资金进行合理的分配，实现资金以及各种材料的优化配置，同时也能对资金进行有效的监管，保障资金能够实际用到农村建设中。通过有效的财会工作能够将资源进行优化分配，缩小城市与乡村地区的差距，保障农村地区经济发展水平大幅提升。对农村地区的财务会计工作进行改革优化，能够提升财务会计管理工作人员的工作水平，推动农村经济账目管理规范化，将经济账目中存在的问题进行系统的统计，在后续财会管理工作中进行有效的规避。通过规范农村财务会计工作能够对国家财政部门发放的资金进行有效的管理，保障资金用到合理的地方，避免出现资金浪费以及流失的情形，此外，也能对资金使用情况进行良好的监督，减少管理人员滥用权力贪图资金的情况。

2. 有利于保障农民群众的切身利益，维护社会稳定的根基

农村经济财务会计工作会针对国家发放的资金进行管理及使用，这些资金的实际建设

使用情况与农村地区的民众利益存在密切联系，因此农村地区对于财会工作实际进展情况高度关注。通过对农村财会工作进行改进，能够推动财务会计管理过程更加规范透明，使得财务会计管理更加科学，农村地区民众的利益得到根本性的保障。另外，通过加强农村财务会计管理工作能够对国家下放资金的使用情况进行严格的监管，避免出现专款资金被贪污浪费的现象，将每一笔资金的用度情况通过财会工作进行仔细记录，使得资金收支情况能够和实际情况相吻合，保障农村地区民众的根本性利益。因此，严格的财务会计审计工作在农村建设过程中是必不可少的，对其应当给予高度关注。

3.能够约束农村财务经济行为

农村地区开展建设工作以及发展各种经济，都会涉及资金的使用，为了保障资金能够在各个项目中的平均分配，同时避免资金浪费，就要求对农村财务会计管理活动进行严格的约束。在国家大力提倡提升农村财务会计管理工作的背景下，农村地区的财会工作水平已经得到明显提升。通过对农村财务进行严格约束，能够保障资金的使用进度与建设以及经济发展相匹配，避免出现资金超支使用的情形。同样通过约束农村财务经济行为，能够对农村经济发展以及财务管理工作进行监督，对滥用权力造成资金浪费的情形起到遏制作用。

（二）农村经济发展中财会工作的主要任务

1.建立健全农村财务管理体系

想要更好地进行农村财会管理工作，就要进一步建立完善农村财会管理工作体系。在农村地区建立相关财会管理的单位，要对农村地区建设活动的相关用度情况进行详细的记录，对于国家用于农村建设下放资金的实际使用情况编制成具体的账册，从而能够清晰明确地进行农村财务会计工作，对于资金使用的风险也能够有效进行规避。同时，农村财会管理工作部门要对人员进行明确的分工，使他们在进行具体财会工作的过程中能够实现工作的有效衔接，避免出现职责重复或者无人负责的情形，这样对于财会部门的人员能够有效地进行管理。农村财务管理体系的完善也要借助相关财会管理制度的完善，因此农村地区要尽快完善相关管理制度，使得财会管理人员的职责更加明确。

2.建立健全有效且统一的财务会计监管机制

农村经济发展主体要想建立健全财务会计监管机制，就要充分发挥村民主体的重要作用，在财会工作的进程中实行财会工作民主评议机制，针对农村财会工作进行规范性管理，使得国家发放的用于农村建设的资金能够合理利用。另外，农村的财务会计管理单位要制定严格的管理制度对财务会计人员进行约束，实行严格的工作责任制度，将财务会计管理工作过程中出现的违规操作行为追究到底。农村地区健全财务会计监管机制就要充分实行监督制度，对财会人员的相关财务信息进行定期的审计，财务账目清算表格也要进行仔细的盘查，监督财会人员在工作中是否出现徇私舞弊行为，使农村地区的财会工作落到实处，财会工作也能更加规范合法地运行。

3. 推动农村财务会计现代化建设，充分发挥现代化技术的优势

当今社会属于信息时代，各种管理工作都充分运用了现代化技术，因此想要推动农村地区财会管理工作的进步，就要运用资金将先进的技术引进到财会管理工作中来，对原有的财会管理工作系统进行更新升级。农村地区财务管理单位要进一步完善财会管理工作系统，将信息时代的大数据技术应用到财会管理中，实现农村地区财会管理工作与其他地区管理工作的有效互联，充分发挥财会管理工作促进农村地区建设的积极作用。同时农村的财会管理部门要利用现代化财会管理技术对农村地区的财会信息进行系统整合，从而建立起完整的信息数据模型，但是，要确保财会信息的真实性，以此实现对农村地区建设的指导作用。

4. 促进农村财务信息公开化

将农村财会管理过程中涉及的相关信息进行公开，能够保障村民对财会工作人员的监督，这样一来财会管理的工作效率也会大幅度提升。因此农村地区负责财会工作的人员在信息真实有效的背景下要定期进行财会信息公开，促使财会信息发挥出促进新农村建设的积极作用。财会信息公开工作能够促使村民与管理工作人员之间的关系更加融洽，但是财务信息公开工作要结合各村发展的实际，在这个过程中也要赋予普通村民要求财务管理工作人员公开相关财务信息的权利，从而维护村民的知情权。财务管理人员公开的相关财务信息一定要确保是真实有效的，这样信息公开才能发挥作用。农村财务管理工作人员在进行信息公开的过程中主要公开的信息包括以下两个方面：在进行农村建设过程中的各项收入支出款项，以及农村经济发展过程中的债权债务情况。财务信息公开可以采取召开村民大会的方式进行，这种活动能够最大限度地提升公民的参与感，使得财务信息公开工作更好地发挥村民监督作用。

四、乡村振兴战略下工匠精神的价值意蕴

随着新时代工匠精神向农业延伸，培育应用型大学学生成为时代要求，工匠精神被赋予了推进新时代农业人才全面发展和农业发展的重要价值。

（一）助力新时代农业人才全面发展的价值

应用型大学具有厚重的历史文化底蕴，在培养知农爱农型人才方面具有先天优势。因此在应用型大学教育当中注入工匠精神，真正地体现出"术业有专攻"，应用型大学学生也能够在肩负巩固脱贫攻坚成果与乡村振兴衔接的重要任务上实现自我价值。

1. 有利于提升应用型大学人才队伍的质量

我国是农业大国，农业的振兴和发展要依靠人才的力量，因此农业人才在推进我国农业发展、解决粮食安全问题、为中华民族解决温饱上扮演着重要角色。党的十九大报告提出"建设知识型、技能型、创新型劳动者大军，弘扬劳模精神和工匠精神，营造劳动光荣社会风尚和精益求精的敬业风气"。应用型大学办学历史悠久且具有厚重的历史文化底蕴，作为培养农业人才的重要阵地，应用型大学以农业专业知识和农业生产技术为指导，以培

养"知农""爱农"型人才为目标，肩负着解决"三农"问题、巩固脱贫攻坚成果与乡村振兴衔接的重要责任，将当前农业生产实际与所学知识和技术相对接，解决社会生存和发展的实际问题。应用型大学一般占地较大，能够提供大量实验基地来培养农业人才，真正体现出"术业有专攻"。

加强工匠精神培养，推进应用型大学学生以专注负责、锲而不舍、精益求精的精神态度从事农业项目研究，不断夯实基础知识、提升技术水平，以过硬的本领为农业发展贡献力量，也在此过程中加深对应用型大学学生"知农""爱农"的情感态度，全面提升应用型大学人才队伍的质量。

2.有利于实现应用型大学学生的自我价值

马克思主义认为，自我价值是自我对社会做出的贡献，自我价值的实现必然要以社会价值为基础。中华民族自古就有"舍小家、为大家"的高尚情怀，新时代的工匠精神将爱国主义与敬业奉献紧密相连，表现出在集体中实现自我价值，坚持以社会效益为重的利益共同体观念。作为学生主体，在实现自我价值时也能为实现更大的社会价值创造条件。

新时代工匠精神的内涵丰富发展，尊崇人与自然的和谐共生，注重家国情怀，能够在内化个体过程中对外化行为产生作用，推进个体在社会价值中实现个人价值。应用型大学学生以强农兴农为己任，应用型大学在研究上坚持"把论文写在大地上"，不仅突出农业特色，在传统育种研究中解决粮食安全问题，还在治理土地荒漠化、土地盐碱化、土壤污染以及修复病害土壤等与农业发展相关的研究上为国家生态环境的发展做出了极大贡献，这些贡献是应用型大学师生共同努力的结果，为祖国农业发展提供力量支撑是他们的共同理想。因此，在推进工匠精神培育中不断强化学生家国情怀的认同感，增强应用型大学生面对挑战的使命感，促使学生们形成学习上的自觉，不断提升他们的科学文化知识与思想道德素养，并且在教师的带领下充分利用所学知识和专业的实践技能去发现、分析并解决当前我国农业发展中的实际问题，为我国农业发展做出贡献，在实现社会价值的同时实现应用型大学学生的自我价值。

（二）助力新时代农业发展的价值培育

应用型大学学生在理论和实践上的工匠精神，致力于满足农业现代化实际面临的各项需求，有利于推进农业全面现代化建设。应用型大学学生在研发农产品、治理土壤环境等方面为打赢脱贫攻坚战作出巨大贡献，在巩固脱贫攻坚成果、有效衔接乡村振兴战略的重要阶段，应用型大学学生在工匠精神的指引下仍然能够发挥独特优势。

1.有利于推进农业全面现代化建设

发展社会主义全面现代化应该将农业全面现代化的发展放在优先位置。中国特色社会主义进入新时代，要推进社会主义全面现代化建设目标的实现，就需要推进农业全面现代化的发展。第十四个五年规划和二〇三五年远景目标的建议都提出要加快农业农村现代化。推进农业现代化建设面临诸多任务，既要提升粮食供给、发展农业特色产业，同时要在农林产业和生态畜牧业上下功夫，还要在现代技术发展下强化现代农业科学技术，实施智慧农业。农业的出现虽然解决了人类的根本生存问题，但在社会和经济迅速发展、科学技术的不断提升下，人们的需求越来越高质量化。应用型大学拥有专业上的特色优势，对于当前阶段农业发展和建设来说更具有针对性，丰富发展知识结构体系，实现自然科学层面新的开辟和新的技术，能够为智慧农业今后的发展打下基础，也为今后我国农业现代化发展贡献力量。

新时代应用型大学学生在工匠精神的培育下，致力于满足农业现代化实际面临的各项需求，不仅将这种意志力投入学生的精神世界中，而且要投入现实生活中，努力将理论与行动完美结合，加快农业全面现代化的进程。

2. 有利于推动乡村振兴战略的实施

乡村振兴作为新时代三农工作的总抓手，包括产业振兴、文化振兴、人才振兴、生态振兴、组织振兴五方面。与此同时，产业、文化、生态、组织都要通过人才来实现，因而在新时代加强应用型大学学生的工匠精神培育，能够为乡村振兴战略的顺利实施提供人力资源，充分发挥农业人才的独特优势。应用型大学学生作为新时代知农、爱农的建设性人才，实现农业现代化、切实解决乡村振兴战略阶段的疑难杂症，能够凸显出他们学习农业知识和农业技术的价值。应用型大学学生经过长期的研究与实践，攻坚克难地研发新物种，为脱贫攻坚做出巨大贡献，也为乡村产业振兴的持续发展奠定了基础。

新时期应用型大学学生，一部分生源来自农村地区，家庭以农业收益为生活来源。在工匠精神培育下，促使应用型大学学生在学习农业领域的专业知识和技能时能够将自己家乡的实际情况与之结合，为家乡的农业发展建言献策，促进农业生产力的发展。此外，新时代工匠精神内涵强调家国情怀，在农业高校的教育下，一定程度上解放了学生思想，消除了学生对城乡差距的偏见。在工匠精神的培育下，应用型大学学生能够吃苦耐劳，将自己的青春力量奉献给农村，从走入农村的田间地头到走进农民们的心里头，给予农民信心，予以农村希望，为新时期打造新型职业农民创造条件。

总而言之，加强应用型大学学生的工匠精神能够从根本上提高农业人才队伍建设的规模和质量，培养他们稳扎稳打的品性，为人才服务乡村振兴提供支撑。我国的农业类院校办学历史普遍较早，拥有深厚的历史文化底蕴。另外，农业类院校普遍有自己的生产科研基地，校园风光优美。新时代应用型大学学生培养工匠精神能够助力农业人才的全面发展和新时代下的农业发展。

第三节 在乡村振兴战略实施中加强审计监督

党的十九大报告正式提出要全面推进乡村振兴战略的实施，以新农村经济建设为重点，促进社会主义新农村建设目标的实现。而在全面推行乡村振兴战略的背景下，农村财务审计也发生了一定的变化，为了能够更好地应对新的发展形势，就要对传统的农村财务审计模式进行创新，并建立更加完善的农村经济审计监督制度，从而保证乡村振兴战略可以顺利实施。目前农村财务审计监督方面还存在一些问题，这就需要从实际出发，提出有效的解决对策，保证充分地发挥出农村财务的职能和作用，更好地促进农村经济的发展。

一、乡村振兴战略背景下农村财务审计的相关概述

乡村振兴战略是在党的十九大报告中提出的，是党中央从我国农村现实情况出发，为实现两个一百年奋斗目标和中华民族伟大复兴中国梦而做出的重大决定，要始终把"三农"问题作为我党工作的重中之重，争取早日实现乡村振兴。根据《中共中央国务院关于实施乡村振兴战略的意见》中的论述可以了解到，关于乡村振兴的总目标和要求是始终坚持优先推动农业农村的发展，实现农村产业兴旺、乡村文明，实现农民生活富裕，加快推进农村的现代化进程，建设和谐美丽现代化新农村。实施乡村振兴战略，是解决人民日益增长的美好生活需要和不平衡不充分的发展之间矛盾的必然要求；要让农业成为有奔头的产业，让农民成为有吸引力的职业，让农村成为安居乐业的美丽家园。实施乡村振兴战略，离不开农业经济的健康发展，农村财务审计的作用就是为农业经济健康发展保驾护航。

农村财务审计属于财务审计但又区别于企业和国家机关单位审计的特殊财务审计类型，它是对农村的各种生产经营和经济活动的财务收支情况进行统计核对的审计评价行为，以此来确保经营活动的合理合法性。农村财务审计的对象包括村、农村经济合作社、专业类合作社以及村集体承办企业等。农村财务审计的主体是农业行政部门的农村经济管理机构、乡镇企业的财务审计部门以及国家审计和社会审计，总之，农村财务审计隶属于政府的国家内部审计部门。

二、我国农村审计模式现状分析

（一）农村审计模式的发展

步入21世纪，我国农村经济发展突飞猛进，乡村企业方兴未艾，同时得益于改革开放激活了市场经济，农村经济形势变得越发复杂，利益主体向多元化转变，无形中削弱了地方政府对本地经济的管控功能，逐渐演变为间接化管理。当前情势下，审计的监督功能被赋予了新的使命，作为促进农村经济蓬勃发展，保障农村集体与农民群众经济利益的有力手段，农村审计渐渐变为地方政府的自主需求。

1. 乡镇企业内部审计阶段

乡镇企业能否有效缓解农村剩余劳动力带来的压力，是平衡小城镇与大都市的关键，可以说农民收入和乡镇财政稳定增长离不开乡镇企业的高速发展。伴随社会主义市场经济体制的逐渐成熟，乡镇企业开始广泛建立承包经营责任制，通过承包经营合同的形式，将企业的经营权与所有权分离开来。为确保企业利润的真实可靠以及厂长的经济责任，于是部分地区的乡镇企业通过建立内部审计制度来进一步强化监督和管理。

2.政府及部门内部审计阶段

从1990年至21世纪初期,农村经济快速增长,乡镇企业产权制度不断深化改革,农村审计对象也不断丰富,扩充了行政事业单位审计、农业合作社审计,其中包含财政预决算审计、财务收支审计、领导任期离任审计、专项资金审计、经济效益审计等其他经济活动审计。此外,随着审计工作任务量和难度的加大,国家开始逐步规范农村审计工作,农村审计地位得到显著提高,建立了大量受基层人民政府、农业主管部门及财政机关领导的农村内部审计机构。

3.独立的审计机构运作阶段

21世纪发展至今,农村审计工作进入高速成长阶段,运行趋于标准化。农村审计继续延伸,实现农村集体经济监督全方面覆盖,经济责任审计和经济效益审计得以强化,审计内容呈现出多元化态势。国家和地方不断健全修正审计规定、准则,农村乡镇领导高度重视审计工作,审计组织工作也逐渐规范。在经过漫长的内部审计时期后,部分地方开始踊跃探寻新型审计模式,创建人民政府与国家审计机关合力并行的审计组织,双方彼此牵制和协作,不仅保障了审计的效果,还提高了审计的效率,大大提升了审计的权威性和独立性。

(二)典型农村审计模式分析

1.农村审计站模式

农村审计站审计模式是当前国家农村审计工作中普遍采用的一种方式(图3-1),农村审计站依照农业农村部1992年5月发布的《农村合作经济内部审计暂行规定》创立。该模式下,农村审计站受农业主管部门的领导,由农村审计站负责审计集体经济组织和农村经管站的任务。而农村经管站除平日处理日常经管事务以外,还肩负监督农村集体资金管理的工作,负责监督的人大多是由从事经管的人兼任,或在经管站组织内部设置审计部门,调派人员专门负责监督职务,有时也另设审计站,但和农村经管站合署办公(一套班子,两块牌子)。就理论上而言,村双委应单独受到农村审计站的审计监督,却因村账乡管的实际操作让经管站变成额外审计对象。

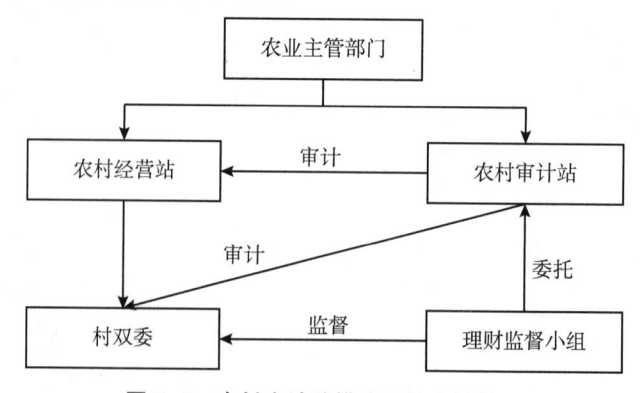

图3-1 农村审计站模式下的审计关系

究其实质,它是一种隶属于农业经管体系下的内部审计模式,不过又和普通的内部审计有别,大家所熟知的内部审计是单位、部门以提高企业价值、改善组织运营为目的,安排受单位或部门领导管理的专属人员,审计自己单位或部门的各类经济行为的合法合规性、经营效率等。但农村审计的审计主体并非简单就是农村审计站,并且农村审计工作是由农业经管部门管控的,而非被审计方主导,更非被审计方的内部员工实施审计。因此我国目前开展的农村审计普遍不属于一般内部审计的范畴,而是一种具有浓厚行政味道的特别性质的内部审计。虽然该审计模式从建立至施行都是由政府在推动工作,但它和一般的国家(政府)审计不同,一般国家(政府)审计是指由国务院设立的国家审计机关依法对国家机关及行政、事业单位以及金融机构的预算收支的情况和会计资料实施的法定审计。而我国目前开展的农村审计是在农业主管部门领导下的农村审计站对集体经济组织和相关涉农组织的财政收支等经济活动实施的审计行为。所以就现阶段而言,我国主流的农村审计也非一般意义上的国家(政府)审计。

行政性是农村审计站模式最明显的特征,因为农审站受农业主管部门的领导,所以具有行政色彩是在所难免的,我国对于农村审计这一领域仍处在探索阶段,并且各个地方的审计水平发展不均衡,想要达到规范和标准依然道阻且长。作为我国农村审计发展必要的中间一环,目前实行的农审站模式在特定的时代环境下能发挥推动农村经济发展和规范农村经济管理的作用,但同时它也有明显的不足之处。

(1)农村审计没有足够的权威性

从法律效力位阶来看,农村审计的相关条文属于地方性法规、行政规章的层级,无可避免权威性受影响。另外,从司法层面讲,司法操作过程中行政规章仅有参考的价值,所以对审计的推动效果有限。不仅如此,地方并没有配套相应的实施细则来指导这些规章,导致实际工作中可操作性不强。

(2)农村审计的定位不准

因为农村审计是在国家政府相关部门的领导、指示下操作的,并不适用国家针对企业劳动工作所制定的法律规定,在明确审计内容、审计对象时容易受到领导意志的左右,所以实际开展审计工作时较为随意,主观性较强。虽然有法律规定同级国家审计机关也有权领导农村审计工作,不过该双重领导体制模糊了审计机构的责任义务,可能导致互相推诿,不作为的情况发生,使得国家审计机构不能很好地行使领导及管理权。

(3)农村审计独立性不足

审计要求审计人员要对被审计方保持独立性,村账镇管的操作模式使被审计机构和会计代理中心成为农村审计的对象,原则上审计主体和会计代理中心双方是相互独立的,但现实中,承担农村会计代理任务的农村经管站和作为审计主体的农审站往往是"一套班子,两块牌子",难免会使审计的公正性、独立性受损。

(4)农村审计深度不足

实际开展审计工作时偏重关注收支的真实性,甚至对超过正常业务水准的礼品款待、吃喝应酬等有奢靡违纪之嫌的开销,只要指出是真实存在的就为其"开绿灯",不再深究是否合理。现在农村普遍尚未开展效益审计,农村审计职能单一,重财务审计,轻服务于经济监督。另外,对一些经济较发达的村镇采取一年一审,稍落后的村镇每三年一审,而村委会班子是每三年一换,这便导致部分村委在整个任期内都未接受审计监督,产生了审计空白。就审计工作方法来看,基本是就账论账,往往是事后审计偏多,很少进行事前和事中监督。不仅如此,基层审计队伍的专业素质还有待提高,一些从事审计的人员未接受过财会、审计相关知识的系统化教育培训,欠缺对会计准则、会计法、审计法等法律法规的了解,往往依靠经验来开展审计业务,难以保障审计的效果。

总而言之,当前农村审计模式暴露了权威性不够、定位模糊、独立性不足、审计深度不足、审计方法落后、队伍整体素质不高、审计范围狭窄、审计主观性较大等诸多问题。

2.委托 CPA 审计模式

正因为对农审站模式的独立性及其审计工作者职业胜任能力产生疑虑,为了真正实现民主理财、财务公开,某些地区开始进行新的尝试,产生了委托注册会计师来开展农村审计。现在的一般做法是由理财监督小组委托会计师事务所对村党支部委员会、村民委员会(以下简称村双委)以前的年度财务状况、经济活动实施审计。伴随农村集体经济体量日益增长,对其实施审计监督的客观需求也随之增长,加之农村会计人员的职业胜任能力不足等因素,这些都为注册会计师行业提供了有巨大开拓价值的市场,大大小小的会计师事务所在基层大有可为(图 3-2)。

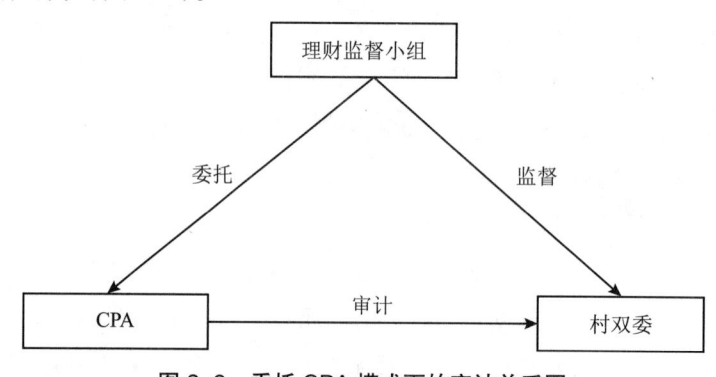

图 3-2 委托 CPA 模式下的审计关系图

可惜这种模式依然不能与农村审计这样特别的领域相契合,原因有如下几种。

(1)村委治理结构存在漏洞

按照审计理论中经典的 CPA 三方关系,审计方作为审计主体在审计工作中承担主导作用,承接委托方的委托后对被审计方的相关经济活动进行监督和审查,整个过程中审计方和其余两方保持精神上和实质上的独立。倘若依照这种经典的 CPA 三方关系,委托注册会计师审计的委托权理应由理财监督小组行使,但实际上,基层村双委"一手操控"情况严重,对村委组织来说,他们不需要高水平的审计甚至不用审计,于是出现村双委在执行委托权时,其身为被审计方本身存在逃避审计的风险,身为委托方的理财监督小组往往名存实亡,CPA 三方关系被打破,使得监督效力被弱化,阻碍农村审计的实施。

(2) 公众对 CPA 认知存在偏差

民间对第三方审计的功能或能力存在误解，过度高估了 CPA 审计的能力，没有认识到注册会计师审计职能是否具有合理保证，未将会计责任和审计责任区别开来，认为注册会计师能够查出全部问题。而且在追责时，追责方还需实施额外程序确认审计证据，毕竟审计证据无法和司法证据画等号。

(3) 注册会计师行业存在固有缺陷

因为 CPA 审计是市场行为，不可避免地和同行之间产生激烈竞争，于是一些会计师事务所采取降低收费标准的手段来获取更多业务。作为理性的市场参与者，注册会计师在承接业务阶段会权衡成本和收益，如果收费标准过低，CPA 可能通过减少必要审计程序的方式来降低成本，严重影响审计独立性，当独立性得不到保证时，便极易掉进与被审计方"串通合作"的陷阱，致使审计失败。

(4) 当前审计标准不适用于农村审计

依照注册会计师审计准则，注册会计师将财务收支活动的正确性、公允性、合理性、真实性、合法性、合规性、有效性、一贯性作为财务报表审计的目标。然而这些标准只局限于被审计方财务报表结果及得出过程，简而言之，主要关注报表是否按照企业会计准则和其他会计制度编制。但这种审计标准不适用于农村审计，首先，这样的标准太过单一，极易使 CPA 把对账和审计过程画上等号。另外，现行的审计准则还未把农村集体经济包含进来，还未规范农村审计这个特殊的领域，结果是最后产出的农村审计报告千差万别。其次，因为注册会计师审计偏向关注被审计单位的财务报表信息，出于控制审计风险的目的，常常机械地依照国家相关审计准则或要求执行工作，就账论账，出具"标准"格式的审计报告，审计报告的使用者往往会觉得晦涩难懂，导致村民、村领导不能很好地知悉审计的过程及结果。最后，虽然 CPA 在企业审计领域具备比较健全的法律依据，如经济法、证券法等，但在农村审计这一块，缺少与之配套的法律体系，追责机制不完善，部分问题处理不善，最终不了了之，久而久之群众便会对审计的效力产生怀疑（图3-3）。

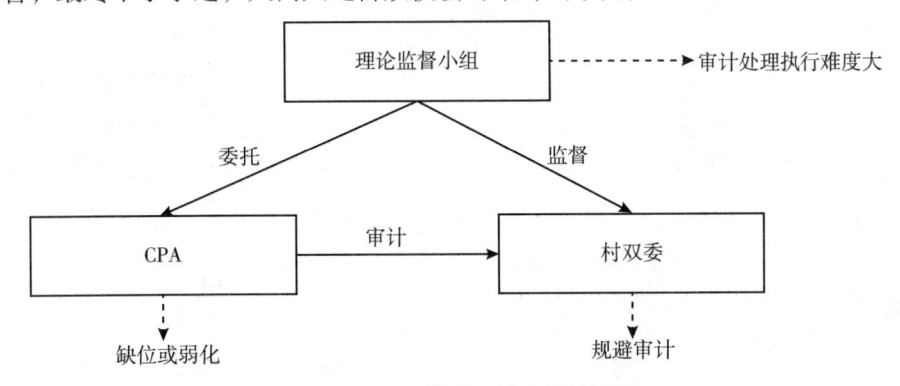

图 3-3 CPA 模式下的审计效果图

（三）农村审计现有模式的局限性分析

目前施行的农村审计模式作为我国农村审计发展必要的中间一环，其在特定时代环境下能发挥推动农村经济发展和规范农村经济管理作用。20世纪80年代初，我国创立国家审计之初，所有权处在万物待兴的摸索阶段，人力、物力、财力以及经验都十分欠缺，客观条件不允许国家涉足农村审计领域，国家便把国有企事业单位与政府预算审计作为突破点，慢慢推进壮大国家审计。管理好农村集体经济，农业部门和基层人民政府义不容辞，同时他们也对乡村的经济状况最为熟知，在农业主管部门下设农村审计站，使审计进行起来阻力更小，农审站模式的诞生象征了我国农村审计体系的初步成形。历经二十几年时间的考验，该审计模式的确展现出了规范管理农村集体经济的优良功效，但查阅有关农村审计的文献、案例不难发现，现行农村审计模式仍留有部分明显的问题，若不解决这些共性问题，实现农村审计的推进、强化仍有一定难度。

1. 农村审计缺乏较高层次的法律依据

实施审计工作和创立审计准则一定要有法可依，而且越高等级的法律效力位阶，审计权威性就越大，越能产生审计效用，遗憾的是至今为止，我国立法机关仍未针对农村审计做出针对性立法。为了弥补国家层面法律法规空白的局面，于是一些地区通过出台地方性法规来指导当地的农村审计，但当农村审计机构将审查出的违法事项移交至司法部门时，司法部门会认为其没有法律效力而不予承认和处罚，从而严重影响农村审计的效果，埋藏了巨大的风险隐患。

2. 农村审计独立性差

目前我国农村审计定位不清晰，前景方向不明，已是长期阻碍农村审计发展的一项病因。农村审计的主体是农业主管部门领导下的审计机构，从这点来看它属于内部审计，同时他们又和审计对象没有任何从属利益关系，处在第三方的位置，这又和内部审计的概念相矛盾。农村审计始终是由政府在推动，审计机构几乎都是政府机关，审计工作者作为政府人员的身份执行工作，从这个角度来看似乎又和国家审计沾边，但审计主体并非国家审计机构，且工作者的身份也不属于法律意义上的国家审计机构工作者。尽管少数审计机构可以按照有关规定接受委托并根据《中华人民共和国价格法》《中介服务收费管理办法》收受合理佣金，但也不能视为独立审计，独立审计的特征是自主经营、独立核算。作为审计最基本的原则之一，独立性是开展审计工作的必要条件。农审站模式是当前我国农村审计采用的主流模式，虽然形式上看农审站独立于农村经管站，不受本级农村经管站的控制，但它处于人民政府的控制下且由上级农业主管部门引导其工作，本质上依然没有脱离政府与行政机构的外界干预，这种双重领导体制会对审计独立性产生不良影响，特别在当地人民政府和上级农业主管部门产生利害矛盾时，审计机构经常陷入左右为难、不知所措的尴尬局面。

现在还有的地区农村审计是农村经管站在直接操办，上级农业主管部门进行指导，该模式有鲜明的缺陷，依据农业部对农村经管站职能的划定，农、林、牧、副、渔、工、商、建、运、合同承包、村办企业立项、统筹提留款等其他农村经济活动的管理工作以及代理会计工作都是由经管站负责，有些经管站还同时扮演乡镇财政所的角色。在身兼多职的状态下，农村经管站作为监督者同时扮演经营者，往往会因自我评价而严重影响审计独立性，造成得出的审计结论不客观，审计监督作用无法有效发挥，而且，在人力、物力有限的前提下，肩负纷繁芜杂的日常经管工作也必然影响审计工作开展。

3.农村审计形式和内容单一，审计方法和手段落后

20世纪80年代初，我国刚刚建立国家审计制度，历经30多年的变迁，审计对象越来越丰富，除常见的财政预决算审计、财务收支审计之外，还发展出了经济责任审计、合同审计、经济效益审计等多种审计形式。审计内容也从原始的账目审计过渡到风险评估和内控制度评价，同时业内开始认识到采用技术手段和科学方法辅助审计工作的重要性。但总的来说，现如今我国农村审计依旧处于初级阶段，开展农村审计工作时重查处问题，轻鉴证与定性评价，开展财务收支审计较多，对经济效益、经济责任等内容涉足不够；实际操作中往往是事后审计偏多，很少进行事前、事中监督；基层普遍还在使用全面查账、民众调查的审计方法，几乎没有涉及统计抽样、风险评估及内控制度测试等方法，计算机辅助审计甚至闻所未闻。

4.农村审计在制度化和规范化方面还很欠缺

审计这一学科有着极强的专业性，因此一定要有一系列标准的规范和尺度来指引和约束实务工作，如若不然审计质量将得不到保障。目前，我国农村审计工作中，约束、指导农村集体经济的审计准则、工作底稿规范、审计报告规范、审计档案规范、处理处罚标准等必要的细则、规定还很不完善。若缺少必要的制度、规范，将会大大增加审计工作执行的主观性，既影响审计的效果，又影响审计在公众心目中的形象。特别是在目前村镇财务管理不善、会计信息失实、会计资料缺失、审计人员专业能力参差不齐的整体环境下，缺乏指引农村审计的制度或者执行不严，甚至将产生被审者对审计结论不认同，而提起行政复议或行政诉讼的后果。

5.农村审计未解决村集体经济组织成员与经营者间信息不对称的问题

委托代理关系是审计行为需求的根本原因，当委托方和代理方出现信息不对称、利益价值取向不统一时，则需借助审计来平衡。和所有公有资产相同，农村集体产权存在基本矛盾：村民属于集体财产的所有者，但农村集体内任何一人都无权独自行使农村集体产权。村民们只能通过成立组织的方式来行使集体财产管理权，于是诞生了集体经济组织来代理村民管理、使用农村集体财产的现象。村民与集体经济组织分别是委托方与代理方，村民身为集体财产的根本所有者有权借助审计来行使对村集体经济组织的知情权，并对其运行状况进行监督。但当前农村审计机构受上级农业主管部门领导，行政意义上属于政府职能部门，只对农村人民政府负责，而无须对村民承担责任。村民们身为集体财产的所有者，却看不到审计结论，不能掌握农村整体的财务、经营状况，所有者、受托经营方、受托监督方三方的关系出现了错位，依旧没有处理好信息不对称问题。久而久之，广大农民会质疑审计的必要性，极大地损害农村审计的形象。

6.农村审计的结果处理还不能有效解决违法违纪问题

按照委托代理理论,农村审计不仅要处理好信息不对称,同时也要保障农村集体正当经济利益不被侵害。在现行的主要农村审计模式下,农村审计站是在政府部门的安排、指示下操作的,独立性略显不足,应对审计结果时往往容易受领导意愿的左右。如今的乡镇政府和农村集体经济组织存在一种微妙关系,考虑到各方关系或权衡利益,乡镇政府可能会消极应对审计发现的问题,走形式轻描淡写地处理,甚至干脆置之不理,不作为,根本症结在于现行的农村审计站模式行政强制性、独立性不足,审计工作者职业水平也有待提升,农村审计机构无法摆脱农村行政干预等其他因素的干扰,查处腐败的成功率与惩罚力度得不到提高,所以不能有效地杜绝腐败等违法违纪现象。

三、新农村建设资金审计问题分析

(一)农村财政资金审计方法

1.涉农财政资金审计的发展历程

我国农业农村审计开始于20世纪80年代,经历了改革开放以来的近40年历程,随着改革开放的逐步深入以及我国社会主义经济制度的越发完善,我国政府对农业农村建设与农民各项保障越来越重视,建立一个长期有效的涉农财政资金的日常监管体系显得尤为关键。涉农资金审计一般是指国家审计机关安排的对中央、省、市、县投入的涉农资金的审计。从同级审计到上审下、交叉审计的逐步运用,说明国家对涉农财政资金审计独立性的日渐重视,而在党的十九大以后的乡村振兴背景下,涉农资金的项目更为全面、农户保障体系更为健全、财政投入资金量更大,因此,对农业农村的审计是国家审计机关的一项重点任务,审计署设立农业农村司并内设五个处室,地方各级审计机关目前也建立对应的农业处、农业科,专门开展涉农财政资金审计项目。

2.农村财政资金审计的方法

涉农财政资金的审计方法经过多年的发展,已形成大致明晰的审计思路与脉络,审计人员首先采用资料查阅的办法,翻阅近年来台账数据,需要得到国家、省、市制定的有关乡村振兴财政资金方面的文件制度、规定,组织专门时间集中学习几个重点专题的规定,了解地方制定的政策中是否有违反上级规定以及未按照要求执行政策;其次,在掌握大体规定的基础上,重点把握具体量化指标内容的条文,依据可量化的指标数字直观地发现存在的问题;最后,资金审计的重点方法是数据对比分析法,将上级拨付的资金与资金的用途、时点、项目数据比对分析,必要时采用大数据分析方法辅助审计。

(二)涉农财政资金绩效审计的现状

1.涉农专项资金现状

随着国家对于农业、农村和农民问题的重视,财政每年都投入了大量的资金推动农业建设,且投资数目稳步增长。根据国家统计局官网相关统计数据显示,2015年国家财政投入17380.49亿元的资金扶持农业发展,到了2018年,投入21085.59亿元,增长了3705.1

亿元，2015年地方财政农林水事务支出15875.53亿元，2018年支出22037.75亿元，增长了6162.22亿元，从趋势来看，地方政府投入逐步高于中央财政投入，国家、地方每年在农业建设上的大量投资，若能真正落到实处，那么可以极大地促进农村经济的发展，完善农村的基础设施建设，并且还能保护农村的生态环境，带动农业健康持续发展。

但是涉农专项资金也存在着现实困境：第一，虽然国家实施的农业扶持政策种类很多，但是资金分散，涉及农业农村、住建、生态环境等诸多政府部门，因此，部门涉及过多，很容易在现实中导致涉农资金管理效率不高，规模虽大却难以精准落到实处。第二，在部门工作时，有些地区的工作人员尚未树立起科学合理的财政资金管理思路，也没有能够调动起对涉农项目的工作热情，导致实际工作效率较为低下。第三，财政涉农资金在申报、拨付、使用等一系列过程中存在一些漏洞，例如，惠农资金没有及时拨付，甚至挪用资金用作其他与农业发展无关的项目上。再如，涉农财政资金涉及的项目领域是比较多的，申报过程中有重复申报、项目之间交叉、重复设立的问题存在，以及在涉农财政资金拨付并用于具体项目建设后，为了保障后续管理有效，相关主管单位在实际操作中未能及时形成对资金后续拨付的监管与项目后续维护的有效管理。

2. 涉农财政资金绩效审计现状

首先，涉农资金绩效审计在具体实施中涉及多个主管部门业务。涉农财政资金绩效审计目前主要以审计机关具体工作为出发点，通过审计取证揭露和查处涉农财政资金在投入、管理和使用中存在的问题，而新农村建设过程中会出现许多的新问题、新情况、新事物，需要审计人员有敏锐的眼光和洞察力，审计过程中也会涉及各部门单位的具体业务，特别是农业农村、生态环境、城市管理等业务部门，审计人员需要投入时间去学习相关政策法规。

其次，涉农财政绩效审计的理论研究主要集中在资金的绩效审计评价方面。加强对涉农财政专项资金的管理是实施乡村振兴战略的重要部分，对这方面审计理论的探索与完善很有必要而且意义深远。现在理论研究的立足点是政府财政资金的绩效审计和涉农财政绩效审计评价等方面，对涉农财政专项资金绩效审计评价指标体系的构建研究仍然不够深入。

3. 乡村振兴背景下涉农财政资金绩效审计目标

涉农财政专项资金绩效评价，是指根据设定的绩效目标和评价指标，遵循统一的评价标准和原则，采用科学、合理的评价方法，对财政资金使用效益、效果、效率等，进行客观、公正的比较和综合评判。乡村振兴战略的实施是我国在新时代实行的重大惠农改革政策，关系着群众的切身利益，也是社会关注的热点焦点，在乡村振兴的背景下，开展涉农财政资金审计有利于保障国家拨付资金真正用到实处，切实发挥资金作用和实效，乡村振兴背景下的涉农财政绩效审计目标包含以下两个方面。

（1）对乡村振兴资金安全和绩效情况进行监督检查

对涉农财政资金审计的首要目的就是对基层涉农资金的管理和运营状况进行廉政监

督,应对涉农资金从上级拨付到后期下达的全流程进行有效管控,在审计中要尤其注意在农村三资管理、农村土地占补平衡、各项惠农补贴资金发放过程中,存在的各种违纪违规与腐败情况。对于农村基层组织机构运营过程中存在的侵犯农民利益的腐败问题,需要抽丝剥茧地进行审计分析,首先是中央财政资金方面,对中央财政安排的涉农转移补助专项资金与地方政府补助资金,应该严格按照中央资金管理规范的要求,进行规范化的管理。其次,对于地方配套资金,应当注意结合当地实际,遵守地方资金使用规范。最后,对于乡村振兴资金,应该结合5个目标任务,进行有效分类,并对资金的使用效果、效率情况进行分析,得出乡村振兴政策资金在基层的使用情况,保障涉农财政资金有效、安全。

(2)对乡村振兴各项政策措施落实合规性情况进行监督检查

围绕"产业兴旺、生态宜居、乡风文明、治理有效、生活富裕"20字的乡村振兴总体要求,提升农业发展质量、推进绿色发展、繁荣农村文化、加强农村基层建设、提高民生保障水平、打好精准脱贫攻坚战、完善农村产权制度和要素市场化配置、强化人才支撑和投入保障等推动乡村全面振兴的各类政策及措施落实情况,持续性地开展跟踪审计,目的在于找出责任不落实、机制不完善、方法不恰当、弄虚作假等影响政策措施落实的问题,促进各项政策措施不断完善。同时,以推进农业供给侧改革为主要目的,关注生产体系、经营体系,努力构建现代化农业产业体系,完善农业的支持保护制度,强化科技对农业的支撑作用,鼓励适度规模经营,培育新型对农经营主体和服务主体,促进农村产业融合发展,不断壮大乡村产业建设,推进农业绿色发展,保障国家粮食安全,改善农村人居环境,加强乡村生态保护与修复,加强农村基础设施建设和公共服务供给,改革农村集体产权制度,完善农村土地制度等相关政策措施落实情况以及任务目标的完成情况,从而反映出阻碍乡村振兴政策措施落实、制约农业农村改革的主要障碍以及政策制度与基层管理的缺陷和漏洞。

(三)涉农财政资金绩效审计问题

1. 理论实践研究不深入和法律制度建设不完善

(1)缺乏统一的绩效审计系统和理论研究

目前,涉农财政资金的绩效审计工作还处于早期发展阶段,仍有很大的提升空间和完善潜力。在具体审计实务中,审计机关和审计人员对绩效审计的运用依然不够,在某些领域也未能形成统一意见。并且,在绩效审计领域的实践中可以看出,目前绩效审计项目较少,即使有一些绩效审计体系也难以在实践中得到有效应用。

(2)法制建设不够完善,工作缺少约束力

根据修订后的《审计法》规定,审计机关对被审计单位财务收支真实、合法和效益性依法进行审计监督,而"效益"二字还比较务虚和笼统,不足以支撑其国内绩效审计的开展,在查询相应的文件制度后发现,我省还未出台有关涉农财政资金绩效审计方面对应的政策法规,特别是指导性的明细实施细则,虽有一些地方性规章,但是约束力相对正式的法规还是不足,就扶贫资金绩效审计问题,尚未制定针对性的政策法规。

2.涉农财政资金绩效审计的评价指标维度不足且缺乏合理性

（1）评价指标体系的指标维度不够全面

当前阶段，所设立的涉农资金绩效审计评价指标体系中，很多只是包含了资金经济绩效的内容，而其他方面涉及较少，在真正的实践中不足够提供帮助与支撑。根据《中共中央国务院关于全面推进乡村振兴加快农业农村现代化的意见》需要"全面推进乡村产业、人才、文化、生态、组织振兴，充分发挥农业产品供给、生态屏障、文化传承等功能"，因此，传统的绩效审计对于文化、生态方面的考量不多，生态方面如果从单一维度的评价体系进行绩效审计，势必会造成对其他农业项目与后续项目生态的不良影响，这有悖于绩效审计的科学性、完整性，因此应该将其他因素纳入绩效审计指标的考量中，进而使绩效审计评价更能客观、准确地描述财政资金投入的各维度效果。这种缺失也导致绩效审计的结果在很大程度上其实并没有做到真正为政府工作的开展提供足够的帮助和支持，与进而导致涉农资金绩效审计的审计计划安排较少，加之审计人员的经验不足，从而形成一定的工作效率和效果问题。

（2）评价指标权重上不够合理

现阶段，财政专项扶贫资金所设置的绩效审计评价体系，一般运用的方法是专家打分法。这种方法对于专家的选择，有着很高的要求，专家的理论基础是否适应各地的实际状况，专家是否足够了解涉农工作的实际情况，专家是否有足够的基层经验，这些都是需要政府管理人员去思索的，虽然一般来说，多位专家给出的权重比例与赋值方法一定程度上能够给予审计人员思路与帮助，但主观性的问题始终不能够得到解决。在实际的操作中，可能会出现适应困难的问题。

因此，专家应选择真正具有涉农审计工作经验的人，最好是具有基层农村工作经验的人员，最后，这些指标的获取本身也是具有难度的，在获得指标来源的过程中也许会遇到被审计单位的不配合、指标难以量化、指标获得后不便于处理等问题，比如，对农村人居环境的治理方面的指标如何量化，需要审计人员对照相应的法规进行合理评分，这对于审计人员的专业素质、沟通能力和自身技能有着很高的要求。

3.共享平台建设、审计人员专业素养与审计要求还不够匹配

（1）各类绩效审计结果尚未做到部门间的统筹、整合

当下开展的绩效审计工作，一般只是审计机关不同处（科）室各自开展的项目专项资金审计工作，部门之间的沟通交流不多，对于绩效审计的理解也大为不同。比如，涉农资金绩效审计中涉及的农村生态环境审计结果和其他项目，生态环境审计，自然资源资产审计项目结果可以相互应用，但实际操作中，不同业务处室之间档案难以互通，审计结果交流次数较少，而且部门所应用的指标体系一般只服务于本部门人员的工作，未能有一个平台用于对各类别的绩效审计评价指标体系进行有效统筹、整合，从而得出更普遍适用的评价体系。

（2）审计人员专业技能不足，专业素质单一

涉农财政资金的审计与其他方面的审计一样，除需要财经领域的知识外，其他领域的

知识,也就是说需要掌握多行业知识的复合型人才。比如,涉农资金的流向一般是农村的各种惠农项目、公益项目、生态保护项目等,而对于这些项目的审计,需要审计人员具备多领域的知识。在每年的审计局公务员招录中,可以发现,最近几年招录名单要求专业大部分为财会审计专业人才,其次是法律、计算机专业人才,最后一小部分为中文文秘类人才,其他领域人才的不充足与财会专业人员能力的单一造成了目前政策性审计能跟不上形势的发展,审计方法也相对落后,特别是对于计算机、工程、环境保护等技术领域人才的缺失,造成审计时很难将不同行业数据进行比对关联,这影响了审计效果,使审计评价还不能做到真正的全面、合理、有效。

四、农村财务审计工作对乡村振兴战略的作用

(一)增强"三资"利用效率

乡村振兴战略的目的在于提升农村经济发展水平,让村民拥有更佳的物质生活,近年来党中央对地方乡村相继颁布了一系列的扶持政策,加大了财政方面的投入,在一定程度上完善了农村基础设施建设。在这一过程中,农村集体经济得以迅猛发展,越来越多的农民投身到创业大军之中,他们借助于国家所下拨的支助资金,摘除了贫困的帽子,过上了幸福的生活。"三资"主要指的是农村的资金、资产与资源,在乡村振兴各个工作环节中,农村财务审计工作发挥了突出的作用,通过对各项资金的来源及用途进行全面核实审查,保证了资金能够用于关键之处,"三资"也得到了最大限度利用,这对于农村集体资产、资源以及资金的保值增值大有裨益。

(二)营造和谐稳定氛围

在施行乡村振兴战略之后,党中央的政治决策以及社会长期发展背景下的政治使命得以全面落实。究其本质而言,乡村振兴战略方针有着较为广阔的覆盖面积,加之建设周期相对较长,要想确保各项工作的顺利开展,相关政府审计机关就必须充分发挥自身所具备的职能,对整个过程中的财务情况进行全面的监督。通过农村财务审计能够对"四议一审两公开"这一民主决策制度进行执行情况方面的检查,保证农村资源能够正确地用于当地经济发展之中。同时全面监督与检查挪用公款、贪污受贿、搞裙带关系等不良行为,让农村集体财务有着更高的透明度,相关财务数据信息显得更为精准,这对于乡村振兴各个项目的正常运转有着一定的推动作用。

在开展农村财务审计时,一般会邀请专业程度较高的外部审计机构,让农村财务管理体系显得更为完善,提升财务核算水平,让农村能够清楚认识到自身发展过程中的实际收入与支出,正确判定收支的合理性、有效性以及合法性。并且农村两委两会也能够在财务审计过程中树立正确的责任感,严格遵循为人民服务这一根本原则,大力惩治损害农村经济发展的个人或单位,从而有效促进乡村振兴战略的全面实现,在农村内部营造稳定和谐的发展氛围。

第四章 财会应用型课程建设与乡村振兴战略对接

第一节 体现乡村振兴战略的财会应用型的人才培养方法

财会人才的素养定位对于人才培养模式的建立非常重要，这将会影响财会人才培养的方式和方法。财会工作本身具有自己行业的特殊性，但是由于乡村振兴战略要求的特殊性和农村工作环境的特殊性，农村财会人员作为农村经济工作中的重要成员，除了具备普通财会人员必须具备的相应素质外，还必须具备某些特殊的素质，才能适应农村经济工作的实际需要。

一、农村财会从业人员的普通职业素养

（一）专业素养

财会从业人员是一种专业技能人员，其专业素养是财会从业人员开展业务的基础，是财会从业人员的必备能力之一。在我国一系列的财务财会制度中，对于财会目标提出了具体要求，一方面财会工作提供的财会信息既要满足国家宏观经济管理和调控的需要；另一方面也要满足各单位内部管理的需要，此外，还要满足和了解企业内部财务状况和经营成本。要达到这一目标，财会人员就要具备相应的专业素养。在理论上，要掌握国家财经政策、财会原理、财会操作流程、财会法规等方面的知识；在实践上，则要具备相应的专业能力，例如，记账和编制报表的能力、凭证审核能力、财务分析能力、运用财务软件处理账务的能力、纳税和税务申报能力以及领导财会相关工作的能力。专业素养的养成是一个长期的过程，也是一个动态发展的过程，需要财会人员坚持不懈地进行教育学习，不断提高自身的专业素养，以符合社会发展的需要。

（二）职业道德素养

财会的职业道德是财会人员的职业品德、职业纪律、专业胜任能力及职业责任的总称。财会人员作为企业的核心成员之一，与企业的发展紧密相关。财会报表是企业决策的依据之一，决定着企业的发展方向和发展计划。财会人员要爱岗敬业，依照财会制度，财会人员的工作包括审核记账凭证，要做到内容真实、凭证合法、手续完备、数据准确；还

要做到账目健全，及时记账算账，并如期报账、按时结账、定期对账，保证所提供的财会信息准确、真实、合法、及时、完整。财务职业纪律是指约束财会人员职业行为的法纪和戒律，包括财会人员应当遵循的财会职业准则和国家其他相关法规。财会从业人员有义务遵守国家法规、保守企业机密。财会的职业责任是指财会人员要始终坚持忠于职守、在工作中要实事求是，要有迎难而上的精神、要自觉抵制不良风气、要切实遵守法律和财务制度的规定，拒绝非法行政命令，要坚守自己的职业操守，努力发挥财会职能作用，为建设中国特色社会主义市场经济保驾护航。学者朱丽新指出：财会是属于专业性、操作性、实践性都比较强的学科，财会从业人员经常跟数字、金钱打交道，同时在财会信息中还会涉及国家秘密及商业秘密，因此财会人员必须要具备十分严谨的工作态度和高尚的职业操守。

（三）法律素养

2014年10月，中共十八届四中全会首次专题讨论依法治国问题。随后，《中共中央关于全面推进依法治国若干重大问题的决定》发布，指出，依法治国事关我们党执政兴国，事关人民幸福安康，事关党和国家长治久安。在党的十九大会议报告中，又特别指出："全面依法治国是国家治理的一场深刻革命，"要"坚持党的领导人民当家作主依法治国有机统一。"可见，全面依法治国在国家发展中具有高度的重要性，中国正在向依法治国的目标前进。在经济领域，国家也不断出台各种法律，对各企业的各种经营活动进行约束并提供保障。财会人员作为从事经济工作的人员，必须具有强烈的法律法规意识，一方面，法律法规是保障国家经济秩序得以正常维持的根本，只有遵守法律法规，才能保证企业的经营活动合法合规，也才能保障国家各项政策得到落实；另一方面，法律法规也是财会人员自身权益和安全的保障，法律法规不仅规范了企业的行为，而且也给相关从业人员提供了保护，只有依法办事，不参与违法活动，才能在各项经济活动中保持廉洁、保持独立，并切实贯彻国家经济政策，既保证国家的财政收入，又保护了自身的安全，避免触犯法律而受到法律的惩罚。另外，财会人员还应具备相应法律素质，一方面是要充分了解普通的法律，例如《中华人民共和国宪法》《中华人民共和国刑法》方面的知识；另一方面，还要特别了解财会工作领域的法律法规，财会法律法规包括财会法律、财会行政法规、财会规章、地方性财会法规和财会规范性文件。例如，《中华人民共和国财会法》《中华人民共和国公司法》《中华人民共和国企业所得税法》《企业财务财会报告条例》《企业财会准则》《财会基础工作规范》等。

（四）现代信息工具素养

现代社会是信息社会。一方面，现代信息传输和加工工具不断涌现，大大地改变了人们的日常生活和工作方式；另一方面，网络传输不断发展，速度不断提高，世界正在联结为一体，人们越来越依赖现代信息工具和网络进行工作和生活。以计算机为例，它的出现大大地改变了财会人员的工作方式，将此前运用纸本记账，用算盘运算的传统财会工作方式变革为计算机的财会电算化方式。相对于纸本记账、算盘运算而言，计算机在财会工作领域的使用大大提高了运算的速度、准确性以及便利性。虽然农村财会人员工作的地域在信息工具的使用上会相对少一些，但这也是财会人员必须具备的一项技能，是现代财务工作必不可少的技能之一。随着经济管理一体化要求的提出，各种办公、税务申报、税收缴纳等都必须使用现代信息工具，通过互联网来进行信息的处理、申报。同时，现代信息工具具有运算速度快、效率高、操作规范的优点，具有传统记账、运算工具所不具有的优势，它可以大大提高工作效率。因而，信息素养也是农村财会人员必须具备的技能之一。在计算机的使用上，一个合格的财会人员应该具备文字处理能力、计算机数据处理能力、常见故障排除能力以及网上办公能力等。

（五）外语素养

有学者指出，在我国加入WTO之后，国际商业交往日趋频繁，越来越多的国内企业也开始实施"走出去"战略，对境外进行各种直接或间接的投资。这就对财会专业毕业生提出了新的要求，他们不但要掌握财务财会专业知识，还应具备一定的外语交流能力。在全球化快速推进的现代社会，国与国之间的交往日益频繁。近年来，我国提出了"一带一路"倡议，强调各国之间的互联互通，在相互交流合作中共同发展，这更是给从事经济工作的财会人才提出了新的挑战——外语能力已经成为财会专业技术人员必须具备的一项技能。在当今的中国，财会人员无论是在繁华的大城市工作，还是在相对落后的农村环境工作，都有可能接触到国外商人和进行国外商贸。即使是农村财会，也会有机会与国外商人打交道，因为有些农产品的客户有可能是国外商人。而即使是在日常的专业工作中，外语也是经常要使用的工具，例如，一些计算机软件上也经常会有外语，一些财会操作流程也需要认识外语。所以在交流高度发达的全球化社会，外语知识已是财会技术人员所必须具备的技能之一，掌握一定程度的外语知识，具备一定程度的外语应用能力，对于财会工作的开展也有一定的益处。

（六）良好的身体素养和心理素养

健康的身体是从事各种工作必要条件，只有健康的身体才能提供旺盛的精力和清醒的头脑，因而身体素养对于财会工作是第一位的。财会人员的工作涉及面广，琐碎繁杂，尤其是农村财会从业人员，工作条件相对艰苦，工作任务繁重，有时在做好财会工作之余，还要承担额外工作任务，因而必须具有强健的体魄，才能为工作提供充足的动力。当然，身体素养还包含良好的心理素质。良好的心理素质是保证人们在处理各种事务中保持冷静、顺利开展工作的必要素质。农村财会从业人员也需要具备较强的定力，在工作中心态平和，平静地对待各种现象，始终以积极向上的态度进行工作。因此，财会人员要重视自身的身体状况，要具有良好的心理素质，这是他们开展工作的基础，这就需要财会人员有意识地加强体育锻炼；同时，对生活工作保持积极心态，上进、乐观、坚持不懈，并有效处理好工作和生活中的各种关系，会劳动，也会休息，并善于调整心理状态，养成良好的生活规律。

二、农村财会从业人员的特殊职业素养

农村财会从业人员的特殊职业素养是由乡村振兴战略实施的特殊要求和农村的特殊环境决定的。一方面,乡村振兴战略的实施需要作为农村工作人员之一的农村财会人员具有农村情怀,热爱农村,并且具有乡村振兴战略的政策素养,才能全心全意地、高效高质地服务于这一战略。另一方面,相对于城市而言,农村发展的步伐较慢,交通、网络等各项条件都处于较为落后的状态。此外,农村人员由于教育层次较低,文化知识较少,在沟通上会有较大的困难。同时,农村的人员流动也非常之大,各类人员聚集,情况也比较复杂。而农村财会更多的是涉及农业经济,在专业性上也有其特别之处。因此,农村财会人员作为在特殊地域工作的群体,除了要具备上述的财会基本素养之外,还必须具备一些特殊的素养,才能适应农村财会工作的需要。

(一)热爱农业农村的素养

在乡村振兴战略中提到,要培养爱农业、爱农村的农村工作队伍。农村财会的工作岗位定位于农村,每天所接触的是农业农村知识,只有具有爱农业、爱农村的情怀,才能真正地掌握农业农村的知识,才能解农业发展和农村发展之所急,理解农民之所需,真正地开展好农村工作,全心全意地为农业和农村服务。这是基于乡村振兴战略实施的特殊性要求当前农村财会人才所必须具备的特殊素养之一。

(二)掌握乡村振兴战略政策素养

乡村振兴战略是中国共产党人的创新举措,前无古人,其政策的提出和具体实施都是需要在不断摸索中前进,只有切实把握好政策,才能把党对农村、农民的关怀和支持落实到位,才能如战略中所提到的全面发展农村、全面发展农业,因而作为农村工作队伍中的一员,农村财会人员还必须领悟乡村振兴战略的内涵,具备深厚的乡村振兴战略政策素养。

(三)特别的人际沟通素养

虽然,人际沟通无论是在城市还是在农村都是必要的能力,但是相比城市财会从业人员,农村财会人员面临的情况更加复杂。一方面,农村企业的财会人员由于企业规模较小,为节约成本,管理人员数量有限,通常并无细致的分类,小型企业的财会人员要一人包揽财务相关的所有事务,在业务开展的过程中,既要与政府财会管理部门沟通,还要与企业的管理人员沟通,还会涉及各种企业中的工人等基层人员,它们属于各类、各种层次的人员,素质参差不齐;另一方面,由于农村教育和思想意识相对落后,有其特别的心理特点,而很大一部分人法律法规意识淡薄,唯利是图,比较难以相处,这就要求财会人员要具有较强的人际沟通能力,以应对各种复杂的形势,处理好各项事务。

(四)特别的领导素养

在一个企业中,财会主管工作属于领导岗位,不仅需要进行财会核算和财会账务处理,对企业和各项财务工作负责,还需要对企业的经营提出相应的建议,专业性极强,其领导地位无可替代。同时,财会人员也是企业的主要管理人员,在农村企业中,除了财务

工作之外，有可能还要从事一些额外的管理工作，在企业的各项岗位中显得极其重要。此外，农村财会工作面临的人员成分复杂，因而，一名合格的农村财会从业人员也应具备较强的组织能力、计划能力、协调能力和激励能力。

（五）特别的农业、农村知识素养

农村财会的工作经常会涉及农业。农业作为我国国民经济中一个重要产业部门，土地资源是其进行生产的基础，其经济活动主要是培育动植物产品、生产食品以及工业原料等。农业经济涉及国家农业政策、农村的诸多事务，因而作为农村财会从业人员，必须要了解农村，了解农业，掌握农业的特别知识。只有具备特别的农业和农村知识，充分了解农村和农村经济状况及相关知识，农村财会才能在日常工作中练就过硬的本领，在工作中得心应手，管理好农村企业的财务及各项工作。

第二节 构建乡村振兴战略的财会应用型人才培养课程体系

一、课程理念

课程理念是教育理念在课程层面的体现，其确立过程亦是明确课程价值观的过程，是蕴含在课程之中文化的形成过程。课程目标及其内容是显性的，贯穿其中的价值观念则是隐性的。

（一）在知识传授和能力培养之中传递价值

坚持把立德树人作为根本任务，全力培养社会主义建设者和接班人，培养社会发展、知识积累、文化传承、国家存续、制度运行所要求的人，是高校应当坚持的育人基本方针，同时，健全全员育人、全过程育人、全方位育人的体制机制，则是确保育人目标实现的基础保障。课堂教学始终是高校对学生开展思想政治教育的主要途径。在"立德树人"视角下，传递核心价值观不仅是思政类课程的重任，各类专业课程教学也责无旁贷。在知识传授和能力培养的过程中融入价值塑造，在一些实践类课程中尤其具有突出的重要意义。

在知识传授、能力培养、价值塑造有机融合的教学过程中，培养学生过硬的专业本领的同时，需要给予有温度的思想政治教育。要想传递价值观，首先要让课程吸引师生，才能成为价值传递的有效的平台和载体。价值观的传递要做到润物细无声，则需要依托课程创建合适的微观育人情境，具体表现为在丰富课程内容基础上，通过形式多样、模式灵活，为教师提供得以构建育人情境的素材和条件，依托丰富多样的课程资源，教师才能构建问题情境，引导学生做相应的探索和尝试，增强实践体验，在这个过程中领悟相应的道理，培养求真务实的学风。

（二）工匠精神：蕴含具有普遍意义的职业道德与工作伦理

工匠精神严格来说是从2010年前后在中国兴起的新概念，其字面含义与职业技能有密切联系，这一概念内涵在传播过程中，不断被赋予新的内容和含义，最终泛化为一种以敬业和专注为基本内涵的工作伦理。随着国家对工匠精神的大力倡导，2016年该词首次被写入政府工作报告，在此之后，逐步得到全社会层面的关注。"工匠"一词总让人联想到"手工艺"或"手工方式"，看似和新时代的会计职业工作关联性不强，实际上"工匠精神"已经逐步演化成为一种具有普遍意义的职业道德或工作伦理。工匠精神是工匠对自己生产的产品精雕细琢、精益求精、追求完美和极致的精神理念。其内涵则主要体现在：对于所从事的工作秉承高度敬业的精神，在工作过程中能够保持一丝不苟且耐心专注的态度，始终体现对精益求精的不懈追求。

工匠精神所蕴含的爱岗敬业、专注专业的职业精神具有普遍适用性。会计职业道德的要求随着职业的发展越来越重要。当常规的工作逐步被机器系统所取代，从业者需要从事更具有原则性、创造性的工作，在这种工作任务中，职业道德操守变得更为重要。对于经济业务实质的把握，需要以证据为支持，然而搜集和选择证据具有强烈的主观性，主观性的判断则与职业道德操守密切相关。

（三）在学生的"学"与"困"中促其形成发展创新能力

最典型的形式当然是理论上的突破和实践中的发明，这是创新创造培养的理所应当追求的最高形式。但是为了达到这样的目标，对在校学生而言，应当是强化训练基本方法，逐步养成基本的素养。

创新能力并不是学生与生俱来的能力，在专业领域范围内，创新能力不仅需要具备一定的知识体系、经验方法，还需要特别注意在课程层面中，创新能力强调个体的视角，而不是整体的视角。通俗一点说，学生能应用以前不会的一套逻辑体系解释现象，能运用以前未掌握的一系列方法解决问题，对这个学生而言就体现为一种创新能力。不能过分地强调这套逻辑体系、这一系列方法的绝对性、独创性、新颖性。以这种方式来审视应用型本科教育中的"创新能力"所承载的教育目标，就会发现在现有的专业课程、日常校园生活实践中存在大量的开展创新创造基本方法训练的单元。

《中庸》将"知"分为"生而知之、学而知之、困而知之"。面对既定的学生，对于他们"生而知之"的问题，点到即可。重要的是创造条件促进其"学而知之"，这是一个学生必须参与的学习过程。最后，还要用"困而知之"来考验和升华之前"学而知之"的过程。通过这样的循环，学生直接认识现象、直接处理问题的能力将会有所提高，之前"生而知之"的范围也随之扩大。这就是一个良性的、循环上升的、不断成长的过程。因此，从这个意义来说，为特定学生设计"学而知之""困而知之"的情境就显得尤为重要。创新创造的能力和素养就是在经历了一个又一个这样的情境中不断形成和发展起来的。

（四）课程数字化表现为新时代的专业课程建设的新形态

课程数字化意味着一个转变的过程，不仅指课程内容的数字化，或者更为狭隘的观念认为的那样，课程数字化就是在网络课程平台上设置在线课程，或者将所有的授课内容录制为视频。课程数字化的意义远不止于此，课程全面数字化是新时代课程实现现代化的重要特征之一，这不仅体现在课程内容的数字化，也包含课程实施和教学过程中的数字化。课程数字化主要体现为一个变革的过程，其方向将导致课程内容更加丰富、动态、多样，基于课程的共享范围更广，教学也更为有效，最终促使课程教育质量的显著提升。

课程数字化的变革过程具有多个方面的重大影响，课程整体形态会发生变化，从课程的目标、内容、评价来看，都会与传统课程有所不同。课程数字化也将催生新的教学设计方案，以及更多的创新课程教学实践，从而新的教学模式也会应运而生。课程数字化不仅需要具有数字意识和能力的教师积极推动，也会对现有师资的专业定位、能力要素、团队协同等产生深远的影响。课程理念就是要在课程建设与教学改革中形成具体贯彻的共识，突破困境，谋求发展，首先需要形成共识，形成以先进课程理念为内核的共识，然后才会有进步。以先进课程理念为内核的共识的构建会给课程的可持续发展提供源源不断的力量。

二、课程目标

课程理念的突破、重构和创新是推动课程教学改革的原动力之一，课程目标在所有的课程要素中是最集中体现课程理念与价值观的要素。课程目标应当具有明确的育人价值底色，并与培养目标形成明确的对应关系。

（一）课程目标首先要明确育人价值底色

课程目标的基本来源是学习者的需要、当代社会生活的需求、学科的发展。这三个方面成为课程建设的基本维度，对这三个基本维度的关系的不同认识集中反映了不同的教育价值观。课程目标明示着课程的价值定位及其基本架构，因而它与国家主流意识形态之间存在着一种近乎"天然"的联系。在所有的"课程范畴"中，课程目标乃是在价值观念上与国家主流意识形态之间吻合程度最强的一个范畴。因此，目标对一门课程来说是至关重要的，没有它，教学就会显得不相关和无效用。

大学担负着为国家培养合格的社会主义建设者和接班人的重任，课程育人价值的体现，最密切的课程要素就是课程目标。仅仅以"加强专业知识的教学和专业技能的训练"作为课程目标，显然已经与当前社会的人才需求和人的全面发展理念相去甚远。对于应用型本科人才培养目标而言，培养"核心职业素养"成为当前时代课程目标诉求的"最强音"。课程目标逐渐由知识本位向素质本位转化。因此，在确立课程目标时，要明确的重点就是在课程层面如何能找到社会主义核心价值观的落脚点，也就是要充分发掘课程育人价值。结合会计职业特点，应用型本科会计专业应当将诚信品格、责任意识、守法观念纳入课程目标首要考虑的价值理念，这也是与会计职业能力框架要素相一致的。

（二）课程目标与人才培养目标促进知识能力素质的协调统一

课程目标与人才培养目标的对应关系确保课程目标与人才培养目标的一致性，结合课程实际进一步细化人才培养目标的落实，并注意与其他课程的衔接和互补。来自未来的挑战，来自机器的替代，不得不让人们重新思考人在执业过程中的定位与价值。创造性的工作不是空中楼阁，必要的知识与技能是其根基。专业学习者作为职业新手，虽然学习的最终导向是指向职业关键能力，但正如人们无法一步跨越河山到达目的地一样，到达终点的路径是多样的。

如果人才培养目标按照专业领域来构建，并在专业领域内部显示某种结构。传统的结构一般为：知识、技能、素质，参照会计职业能力框架，可以确定入门、初级、中级、高级的层级结构。课程目标应当体现与人才培养目标相统一的结构特征。

（三）课程目标确立应当突出学生的主体地位

对于高效课堂而言，学生并不是一张白纸，他们总是带着一定的学习经验与专业基础进入课堂，教师以促进理解和提升体验为核心，通过与课程资源的互动，设计专业化的学习路径，在课堂上与学生进行深度互动，并引导学生主动与课程资源互动，最终实现学生新的专业性的成长。

在教学实际过程中，教师与学生的不同，更多地体现了专家与新手的区别。因此在学习单元教学设计的过程中，应当更多地关注新手的体验，进而开发出适合的项目，设计良好的问题帮助其成长，而不是一味地尝试将专家脑海中的东西完整地呈现出来，现实中较难实现，因为专家的那种认知结构以及与身处情境的动态联系，实际上是很难符号化予以呈现的。因此，学习单元的设计应当以学生利用某种技术工具能动地解决特定工作中的问题为基础。

（四）课程目标应当反映认知目标的对应关系，核心是理解

课程目标应当回答一个基本的问题，学生通过课程的学习不仅知道了什么、记住了什么，更重要的是理解了什么，能运用课程所获得的东西做什么。过去的课堂，过多地关注学生记住了什么，并不关心他们能应用所学解决什么问题，当然，也缺乏充分的引导，尽可能为其创造良好条件。

重点是确定学生应当知道什么、理解什么、能够运用什么。理解是连接知道与应用的关键一环。理解就是将知识联系和结合起来的关键，从而弄清事物的含义，如果没有理解，可能只会看到含糊的、孤立的或无用的事实。理解一词意味着行动，而不仅是心智活动。正如布鲁姆（Bloom）在他的目标分类法中讨论应用和综合时曾指出的那样，理解的核心是表现性能力。理解意味着能够智慧地、有效地应用与迁移——在实际的任务和环境中，有效地运用知识和技能。"理解了"意味着学生能够证明自己有能力转化所学习的知识。当学生理解时，他便能够灵活自如地运用知识，而不仅是僵化刻板的回忆和再现。

（五）课程目标应当对学习结果进行结果性描述学习

结果描述不再以"使学生……""提高学生……""培养学生……"的教师视角进行描述，而是以学生自身的视角进行描述，着重于课程学习完成后，学生自身应发生的变化。只有在说清楚"学习是什么"之后，才能明确"教学如何做"。课程目标的制定需要清晰界定学习者的变化，这是明确学生经过课程学习之后，当学习行为按照课程目标设的预期发生了，学生应当会产生变化的假设。作为课程的实施，教学则是在过程之中创造学习发

生的条件，搜集学生学习发生变化的各类证据，最终是为了证明课程目标的达成，或者，用以调整课程目标或改进课程教学。

学生对课程目标的认识，不仅是知道"我要学习什么、要做到什么"，更深层次的要求是：学生能认识到自身现状与课程目标要求的学习成果之间的差异，以便明确课程目标达成的标准和路径，激励自己努力开发出个性化的方式来监控和改进自身的学习。这种能力对于有效的终身学习者而言至关重要。

三、课程内容

课程内容的选择是"根据特定的教育价值观及相应的课程目标，从学科知识、当代社会生活经验或学习者的经验中选择课程要素的过程"，在课程建设过程中以下原则将有利于课程内容形成良好的结构。

（一）于精微之处阐发意义

课程内容一般指特定形态课程中学生需要学习的事实、概念、原理、技能、策略、方法、态度及价值观念等。课程内容的选择有三种基本取向：学科知识、当代社会生活经验、学习者的经验。无论教师教授哪类学科，务必使学生理解该学科的基本结构，有助于学生解决课堂内外所遇到的各类问题。学习这种基本结构就是学习事物之间是怎样相互关联起来的。掌握学科的基本概念架构，有助于学生对学科知识的记忆保留，并促进学习的迁移。

课程内容选择一方面要关注到一定的范围覆盖，另一方面，也要关注到某个点的深入挖掘，这样纵横结合，才能用良好的结构支撑起总体概念框架，促进学习的迁移。在纵横结合的过程中，能巧妙地找到切入点，从精微之处阐发意义，是课程建设的重要突破领域，也是课程内容中必不可少的点睛之笔。就像一部引人入胜的剧作，让人回味无穷的总是那些关乎剧作想要体现的基本价值观念的某段情节或某些场景。

（二）形式与本质的辩证统一

2018 年教育部推进的"金课"建设的本质特征"两性一度"：高阶性、创新性、挑战度，则可以作为课程内容选择所遵循的原则。根据人才培养目标指引下的课程目标作为依据，有利于透过表面形式，探寻到课程内容的本质性特征。

由于信息技术的突飞猛进，计算机语言的发展速度是惊人的。对于会计专业而言，了解和熟悉计算机运行原理成为应对未来的必备技能之一。对于会计专业的学生而言，学习编程语言主要是要理解程序编码的基本规则、变量参数等基本概念，熟悉程序基本结构，了解如何在定位错误发生的过程中掌握程序调试的基本方法，这些通用性的知识和原则才是课程内容所要体现的"本质"，而究竟选择代码形式的 Python，还是与财务领域应用密切相关的 VBA（Visual Basic for Application），抑或是近年来异军突起的图形化 RPA 编程工具 Uipath。这些不同的语言或者工具，在面对具体问题解决的时候，由于自身特征的影响，思路可能有所不同，但是对于编程理念的理解和把握是基本一致的。利用好形式，体现满足学生需要的本质，实现形式与本质的辩证统一，这是课程内容选择始终需要遵循的基本原则，也是课程建设、改革过程中可以依赖的一种策略方法。

（三）在内容的比较变化中构建层级

学校教育不同于职业培训，更应当注重帮助学生形成专业的概念框架。在课程内容的选择上，除了要体现"新"，还要适度地体现"变"，除了要找到"同"，还要善于发现"异"，要能从那些变化的内容中，挖掘有助于促成学生概念框架形成的有意义的、具体的、典型的内容主题。《大学》中讲"物有本末，时有终始，知所先后，则近道矣"也是讲这个道理。

在中级财务会计课程教学中，随着准则规定的变化，很多会计业务处理的方式是变化了的。哪些变化具有促进学生加深专业理解的作用，选择哪些业务处理变化来展开，需要考验课程建设者的智慧。会计职业发展随着经济发展持续变化，会计专业课程不仅要关注最新的内容是什么，还要适度通过回顾性、历史性、比较性的方式，在发展变化、结构对比之中，切换不同的视角和思维方式，构建层次丰富的内容体系，以便拓宽加深专业课程的专业深度。

（四）在内容的联系组合中创造真实

课程目标总体上是要在学生在校学习的有限时间内，强化学生对专业的深层次理解和过程性体验，真实感不可或缺。近年来，多媒体技术、虚拟仿真技术、模拟技术等都能有效提升内容的可视化程度和仿真程度，但是需要注意的是，对于专业课程学习来说，首先是内容的真实感，其次才是在技术手段上让内容更加逼真、更加形象、更加易于理解。

课程的目标当然是要指向系统化的、全局的、端到端的多任务构成的集合，任务只要是明确的，就应当是可以细分的，可以分步骤实施或完成。为了防止任务间缺乏必要的联系而导致学生理解得支离破碎，在课程内容选择的过程中特别要关注任务之间的关联，而课程目标就是贯穿任务的隐含的线索。

在确定课程内容的时候，不仅要注重内容要素（知识点或技能点）自身，还要关注内容要素之间的关联。课程内容如果是以碎片化呈现的，不仅不能帮助学生形成统一的概念、整体的框架，反而对形成概念和框架造成损害。这也就意味着确定课程内容的时候，内容要素具体为何，以及要素之间的关联性也应当是课程内容确定考虑的问题。

良好、均衡、合理的课程结构体系不仅能最大限度地发挥课程育人的功能，促使人才培养目标的达成与实现，也能通过科学、严密、系统的组织优化，保障诸多课程之间形成最大合力，充分发挥课程体系的整体育人效能。

四、课程评价

教与学是相互依存的状态，课程评价应当包含对教和学两方面联系起来的总体评价。课程建设中讨论课程评价，不是终结性的，而更应当是一个由"评价—反馈—改进"构成的闭环。评价的设置是为了获得反馈，进而能更好地改进课程目标的设定、课程内容的选择、课程组织与落实。

（一）学习评价的视角

课程评价的任务是全面评估课程所取得的成效，并将课程达到的实际效果与预设的目标做比较，以确定目标是否实现的过程。课程建设视域下的课程评价，主要是围绕学习评价，包括学习行为评价和学习成果评价。学习行为和学习成果并不是两个独立的变量。关注学习行为能更好地改善学生的学习，促进学生发展，但是，对学习行为的评价要达到效果且有效率地进行，如何量化学习行为使之成为可靠的学习评价的基础，涉及的因素还是很多的，包括如何看待和理解学习行为，如何记录和测量学习行为，如何将学习行为和有效的学习关联起来等。虽然，对学习行为的量化是具有一定难度的，但是，教师在课程建设的过程中，仍然要关注在本课程领域内，学习行为如何发生，怎样发生，状态如何，关注这些问题有利于从学习视角来持续优化学业评价。

由于对于学习成果的评价，不仅涵盖学业成就，联系课程目标，更关注的是经过课程学习，学生的变化情况，即在知识、技能、价值观念、态度情感方面的变化。可以通过以下途径：其一，对学生进行知识能力方面的测试评估，这是传统考核的基本关注内容；其二，利用作品、项目、工作任务等完成情况来评估；其三，通过学生对照课程目标所进行的自我评价来进行。

（二）基于证据的评价

围绕学习的评价，针对学习行为或学习成果，采用定量或定性的方法进行评价，基本的落脚点都是基于证据。评价是基于证据的，对定量评价而言，证据是确定的，对定性评价而言，可能更多地依赖师生的观察或主观判断。证据源于教学过程中的记录，对于评价证据的搜集，是确定教学过程开展何种学习活动的依据之一。从学习评价开始的逆向思考，有助于教师在不同学习内容中进行选择，进而确定需要搜集评价的证据来源。如果对于学生通过课程学习的收获一无所知，那么就无法明确在此过程中应当采用哪些素材，实施什么样的教学活动。有些课程依赖固定的教材、特定的教学方法来组织课程，教师大多只关注自己的"教"，而不是学生的"学"，这时候，很多时候他们会花大量的时间思考的是：自己要做什么，如何解释或示范那些素材，要求学生做什么，而不是首先思考为了达到课程目标，学生处于的状态是什么，需要什么。在课程建设的过程中，尤其要在课程目标的指引下，将课程中的评价与教学有机融合起来，形成证据，形成链条，才能充分反映学生在课程中的变化。

（三）应用技术进行诊断

在传统课程评价的实践中，评价被狭隘化为考试，仅仅用一张试卷来衡量学生的学习。经过良好设计的题目，也能从一定侧面考查学生是否理解相关知识点。面向未来培养能够解决问题的专业人才，一张张试卷构成的课程评价，显然无法帮助课程建设者确定课程目标是否达成。另外，一些课程也通过提交项目报告、小组作业、案例分析等方式来考查学生学习，但是往往评价是针对提交成果的特征进行评价，例如：内容清晰、呈现方式、逻辑结构、创新性等方面，判断的标准往往是依赖教师或学生的主观感受。

多元的评价贯穿于教学过程中的多次评价，显然是有利于真实地反映学习行为和学习成果，与此同时，评价方式、评价指标、评价次数的增加都会加大教师的工作量。在课程评价中，可以将基于标准的客观的评价工作，交由系统或机器完成。课程建设者或教师来决定针对课程目标，应当采用什么评价方式，确定在哪些课程内容节点上开展评价是最合适的，评价的过程如何尽可能地划分为标准化的部分，标准化的评判交由机器完成。

（四）评价的去中心化

课程评价是针对教与学的评价，核心是学习评价，是对学习行为和学习成果的评价。在高校的课程教学中，评价不完全由教师个人主导，也因此即便同一门专业主干核心课程在具体课程目标设定、内容选择方面存在的显著差异。

大学生的自主学习的能力相对较强，因此，专业课程的评价中学生参与的作用不可低估，也有利于课程中教与学的互动。在基于项目的分组学习中，生生互评或小组互评的方式，也作为学习评价的重要组成部分。生生互评作为大学课程常常采用的学习评价方式，一定程度克服了教师视角、学生个人视角的局限性。课程评价的确立、完善和相对稳定的过程，不是一个课程建设者或教师权威主导的封闭的过程，而是应当吸纳各方的意见，特别是学生的意见而在实践过程中逐步完善的。

第三节 设计乡村振兴战略的财会应用型人才培养教学形式

长期以来，我国农村财会人才的培养主要有学校培养模式和社会培养模式。它们各有特征，各有各的优点和不足，共同担负起我国农村财会人才培养的重任。

一、会计行业应用型人才培养目标

所谓"应用型人才"是指能够将专业知识和技能应用于所从事的专业社会实践的一种专门的人才类型。以培养这样的人才为使命的教育体系，就是高等教育应用型人才培养体系。应用型人才培养的主体是教学型高校，教学型高校应建立起相应的应用型人才培养模式。

（一）应用型会计人才培养的目标

应用型会计人才培养目标的确立应充分考虑市场对人力资源需求的现状，"科学技术就是生产力"。知识经济时代社会经济发展的直接动力就是人，人是科学技术的创造者，最先进生产力的代表者。应用型会计人才，其一是经济信息的主要提供者，其二是实施会计教育行为的结晶。考虑和研究市场对人力资源的需求现状，首先可以使社会得到所需的应用型会计人才；其次可使学校实施的教育实现社会效益最大化。任何一种行为，只要使社会效益最大化，即使没有眼前的经济效益，也会实现一种良性循环，最终实现经济效益和其他效益的最大化。

（二）适应经济环境变化的需要培养应用型会计人才

经济环境的变化使应用型人才的培养目标成为学校和用人部门共同确定和研究解决的问题。

高中阶段教育之后进入社会之前所接受的教育，其培养目标的确定要着眼于如何将培养出的人才推向社会。推向社会是基本的定位，要想推向社会，其方式方法很多，但最基本的是社会用人单位和部门对人才的需求，要把学校的培养行为转变为学校和用人单位的共同行为，例如由学校招生实施教育，接受教育结束，把学生推向社会这一行为转变为企业定人才类型、人才规格、数量，委托学校招生和教育的"定单式"教育行为或过程。

应用型会计人才的继续教育，其培养目标的确立要着眼于如何提高被教育者的理论水平，实践能力，开拓被教育者的专业思路。经济体制改革和我国社会主义市场经济的发展和完善使终身教育成为必然，后续教育是终身教育的重要组成部分。终身教育有被动接受者和主动接受者两种类型，然而无论是被动还是主动的都是由于用人部门或单位所需的人才和拥有的人才产生差距而急需改善人才状况所造成的。

改变应用型会计人才培养的思路，才能真正找到培养适应经济体制改革需求的应用型会计人才的途径。学校依托企业大学或干脆转变为企业办学校，成为应用型人才培养的主要思路，应用型会计人才作为经济活动、经济信息提供的主体，其培养活动的市场依赖性将会更强，例如，现有经济发展条件所需的"收银员"与计算机技术普及前需要的"收银员"在知识结构、理论水平、操作能力上的要求就有许多不同之处。

二、按人才类型确定各层次应用型会计人才的培养模式

从会计职业的特点和会计从业人员的特点结合人才的分类提出了应用型会计人才可分为三类：即工程类应用型会计人才、技术类应用型会计人才、技能类应用型会计人才。他们分别具备不同的理论水平、实践能力、知识结构和实践技巧。

（一）工程类应用型会计人才

以开展财务管理活动为主，亲自指导会计实践，集财务管理和会计核算为一身的应用型会计人才。这类会计人才要全面掌握现代企业经营管理知识；要具备对企业经济活动进行事前预测、事中控制和事后考核的能力；要能依据已搜集到的各种经济资料，设定某些经济参数，采用一定的管理会计方法，对企业某一方面的经济活动趋势做出事前预测或规划。通俗来讲，这类会计人才能融理论和实践于一身；能指导全局性、整体性财务工作；能为企业财务管理进行整体规划；能解决实际工作中遇到的突发事件；能为企业管理提供意见和建议。

（二）技术类应用型会计人才

以从事会计核算工作为主，并进行适当财务管理和财务分析的应用型会计人才。该类

会计人才，其工作的侧重点仍然是进行会计核算，但在会计核算的过程中注重智能运用，能根据所产生的会计信息进行财务分析、财务预测、财务决策，要有较敏锐的洞察能力和分析问题、解决问题的能力。

（三）技能类应用型会计人才

以从事会计核算工作为主的应用型会计人才。该类应用型会计人才工作的重点是进行会计的核算、反映和监督，具备一定会计基础知识，较好地掌握会计核算能力和熟练的计算技术，能够操作计算机和使用会计软件，并最终能编报真实可靠的财务会计报告。这类会计人才主要依赖操作技能来完成工作任务，从事执行性会计工作，成为我国国民经济发展的一支中坚力量。因此，大量具有一定会计基础知识和会计专业操作技能的应用型会计人才是我国经济管理工作中不可或缺的人力资源。

三、应用型会计人才学校培养模式

学校毕业生是各类人才的主要来源，在财会人才来源上也是如此。我国的绝大多数学校都是由国家进行投资的人才培养单位，具备完备的财会教育体系，在国家政策、国家财政投入、教育场所、师资和培养经验上都占有优势，每年都为财会工作岗位培养了大量的财会人才，因而，学校财会人才培养是人才培养中最重要的阵地，是农村财会人才来源的主体。经过多年建设，目前我国在财会人才培养教育上已具备了从中专、大专、本科和研究生各个层次完备的教育体系。根据教育部统计数据，2017年财会专业的毕业生人数已达到92万之多，总体上基本满足了当前经济蓬勃发展所产生的财会需求，甚至根据一些学者的就业调查，当前如此庞大的财会毕业生人数已对就业状况造成了一定的压力。然而，具体到农村财会专业的设置上，只有一些农林专业院校在财会主干课程的基础上，另开设有与农业相关的部分课程，农村财会人才的培养远远未能跟上农村经济发展的步伐，尚不能满足农村经济发展的形势之需。在教育部门进行相应的改革，做好农村财会人才的培养是非常有必要的。在学校培养模式中，当前农村财会人才培养呈现出这样的特点。

（一）通识财会理论知识教育是教学的核心

财会理论知识是财会从业人员必须具备的知识，包含了财会专业理论知识、财会法律法规知识、信息技术知识、国际经济贸易知识等方面，是财会人员核心素养形成的基础，是财会从业人员执业的根本，体现了财会从业人员的专业知识价值。因而，在学校教育中仍然要突出财会人员的理论知识培养，以夯实他们的知识基础，为将来的就业和工作做好准备。在素质教育的要求下，当前人才培养单位在制订教学计划的过程中力求做到知识门类齐全，系统全面，为学生提供了知识获取的渠道。同时，培养单位也正在健全各类激励机制，以鼓励学生在平时的学习中积极向上，不断努力学习，以掌握扎实的财会理论知识。此外，根据国家要求，各高校还在鼓励加强财会教学人员在财会教育、教学方法上的研究，以学生为中心，以不断提高课堂教学效果为目标，帮助学生高效地、系统地掌握理论基础知识。

（二）财会实践能力的教育日益受到重视

财会工作属于技术技能工作岗位，仅仅具有扎实的理论知识只是"纸上谈兵"的阶段，一名合格的财会人才要能学以致用，具有优秀的实践能力。要培养合格的农村财会工作人员，强化实践能力的培养必不可少，这就需要教师在日常教学工作中正确引导。一是在日常教学活动中给予学生更多的实践机会，加大课堂实践动手操作的比例。例如，在平时的作业任务中加入实践要求，比如，在课堂教学中多讲实践实例，比如在课堂上将一些实践操作交给学生。二是进行模拟教学。当前，很多财会教学部门都设置仿真实验室，可以模仿整个财会工作的操作流程，这是一个非常好的实践教学模式，通过模拟财会工作的流程让学生在课堂教学中边学习、边摸索，可以让学生获得较多的实践技能。三是尽量创造机会让学生到企业进行实践学习。当前，很多高校在教学中已非常注重企业实践学习的这一环节，即通过校企合作，让学生花费一年或更多的时间到企业进行实习，形成理论与实践结合的教学环节。通过一段时间真正地接触工作流程，让学生能够将此前所学到的理论知识与具体的工作进行融合，加深他们对于财会专业知识的理解，学以致用，使用财会理论知识能够服务于企业生产实践。

（三）有针对性地开展农村财会人才的培养工作已经开始

乡村振兴战略代表着国家决策部门的态度，随着乡村振兴战略等多种鼓励农村发展举措的推出，教育部门和各院校已经开始转变观念，重视农村经济发展，调整教育发展方向，进行教育规划，在培养方向上指引着农村财会人才的培养。我国是传统的农业大国，农村人口人数占绝大多数，农业关系到国家的稳定和发展，农村问题历来是重要问题。可见，农村的发展已被提升到了前所未有的高度，农村经济的发展受到了党和国家前所未有的重视。一方面，在农村经济蓬勃发展的状况下，产生了更多的农村财会需求；另一方面，加大农村财会教育方面的投入也将促进财会专业毕业生的就业状况改善。从教育部门来说，对农村财会发展的正确引导将带动培养单位的观念转变，适应国家农村战略需要；从培养单位来说，转变财会培养观念既是国家经济发展的需求，也是财会培养单位得到发展的一次机会。当前，农村财会人才的需求扩大已经引起各院校的高度重视，有针对性地开展农村财会人才的培养工作已经开始。

四、应用型会计人才社会培养模式

农村财会人才培养的另一种方式是社会力量办学模式。社会力量办学是指为减小政府负担，经过政府教育部门的批准，运用社会各方面力量开办学校教育。在1997年颁布的《国家教育委员会关于实施〈社会力量办学条例〉若干问题的建议》中指出，县级以上的各级行政部门要引导社会力量面向本地区兴办职业教育、高级中等教育、学前教育、成人教育。在2017年，教育部等14个部门更是印发了《中央有关部门贯彻实施〈国务院关于鼓励社会力量兴办教育促进民办教育健康发展的若干意见〉任务分工方案的通知》，在通知中指出，国家积极鼓励和大力支持社会力量办学，鼓励和吸引社会资金进入教育领域举办学校或投入项目建设。社会力量具有充足的资金和人力，可以为教育提供更多的资源，是对学校教育的有益补充，因而，在大力加强农村财会人才学校培养的同时，我国农村人才的社会培养工作也一直在进行。农村财会人才的社会培养当前主要是通过如下的渠道进行的：

（一）通过继续教育培训培养农村财会人才

继续教育培训是社会培训的一种方式，通常，政府财政管理部门每年都会要求企业财会人员进行继续教育培训，以不断充实原有知识，加速知识的更新，以跟上时代发展和国家政策发展的步伐。这类财会人员继续教育具有"强制性、在职性、大规模性、长期性、循环性、新颖性、专业性、开放性、社会性、服务性、现代性、多形式"等特点，当前，这种培训针对国家经济发展形势，不断拓展财会的服务能力，有助于财会人员财会能力的发展，以适应工作要求的变化，这种培训在主观愿望上是好的，但调查发现，在实践上，目前这些培养更多的是流于形式，没有完全发挥培训所应有的作用。造成财会继续教育培训的窘境有多方面的原因：一方面由于管理的缺位，针对培训效果并无监督和检查措施，很大一部分农村财会人员参与培训只是应付了事。另一方面也有财会从业人员自身认识的原因，他们觉得财会人员的继续教育并不重要，通常只是当作一种任务，而不是积极主动地参与。同时，农村财会人员通常比较繁忙，也限制了他们参加继续教育培训。当前农村财会从业人员的继续教育状况令人担忧，这对于财会人才的成长极为不利。因而，一方面，财会管理部门要加强监管，进行继续教育的效果检查；另一方面，要加强教育培训的宣传，让农村企业管理人员和农村财会人员充分了解继续教育的必要性，从而端正学习态度，积极主动地不断吸纳新的知识。

（二）通过社会力量开办财会学校进行财会人才的培养

学校教育的规模有限，在当前的状况下并不能完全满足农村财会人才的数量和质量要求，因此，在政府组织的继续教育培训之外，我国当前还鼓励社会力量开办财会培训机构。当前，社会上已经有了这类培训机构，它们通常是以财会培训班的方式存在，虽然主要是以盈利为目的，但在客观上也培养了一些财会人员，强化了他们的知识体系和实践应用能力，为财会从业人员的培养提供了更多渠道。然而，由于这些社会培训机构属于私人培训机构，在培养设施、师资等方面差别较大，为保证农村财会人才的需求：一方面应该允许和进一步鼓励这种社会培训方式的存在，以更快地为社会培养出所需要的农村财会人才；另一方面，也要加强这种培训机构的监管，提高他们法制意识和社会服务意识，规范他们的培训流程，提高他们的培训质量，引导他们为农村财会人才的培训发挥更大的作用。

（三）通过自学成才的渠道培养财会人才

长期以来，我国都存在着城乡差别，相对于城市的工作条件，农村企业在社会环境、工作设施、工作环境、薪酬待遇等方面都有较大差距。虽然，近年来，农村的各项条件都得到了很大的改观，但差距仍然存在。这种差别导致了很多毕业生并不愿意到农村企业工作。因而，少部分农村企业只能使用非专业人员来承担财会工作。而到高等教育机构接受正规的财会教育不是每个人都可以具备的条件，因而在这种情况下，提供农村财会人才自学成长的渠道就非常重要。一方面，要不断完善自学考试体系，让对自学成才感兴趣并愿意努力学习的人员通过努力学习可以获取学历和财会资格认证；另一方面，也要完善财会人员学习的后勤体系，例如提供相应的图书资料、发布相应的信息等。同时，要加强财会学习相关信息的宣传和传达，让相关人员充分了解财会人才的成长之路，从而采取正确的学习方式，更加快速地成长。

五、典型课例分析

会计专业课堂融入课堂思政的根本目的是要为国家培养真正德才兼备的会计人才，培养会计人才的过程中要发挥教师的主导作用，教师要通过创新教学方法，结合学生的心理需求和认知规律，把思政元素真正融入会计课堂中，并建立长效的考核评价机制，只有这样才能充分利用课堂教学的育人作用，以达到立德树人的目的。

（一）"基础会计"课程融入课程思政的过程

1. 基础会计课程授课教师团队的组建

基础会计课程的授课应该要组建一个教学团队，教师是课堂这块阵地的指挥人员，是基础会计课程融入课程思政最关键的内在因素，要使课程思政要素真正地融入课堂里就要对教师进行有目的地培养规划。首先，要组织专业教师拜访课程思政改革不错的财经院校，和他们的专业教师进行深入的交流，学习他们课程思政改革的思路和方法；其次，要邀请自身院校马克思学院的专业老师给我们的教师做讲座，给我们传授课程思政改革的经验，把思政元素真正融合进专业课程的授课过程中，培养出真正德才兼备的会计人才；最后，在进行课堂授课之前，授课教师要进行集体备课，充分发挥集体的智慧，把基础会计课程中每一个思政元素都挖掘出来，并运用巧妙的教学方法把思政元素融入专业知识和技能的传授过程中，使基础会计课程与思想政治理论课同向同行，形成协同效应。

2. 基础会计课程教学方法与课程思政意识的融合

基础会计课堂教学比较常用的几种教学方法有案例分析教学法、任务驱动教学法以及讲授归纳法等，授课教师要真正地把课程思政元素和教学方法融合在一起，在最常用的案例分析教学方法融入课程思政意识，可以用现实生活发生的反面案例来警示学生在以后从事的会计岗位中不要因为品行问题而犯错，比如，授课教师可以在讲授收付款凭证填制方法的举例，出纳人员就是因为利用企业的内部控制漏洞，违反法律，受到法律的制裁，让同学们注意填制收付款凭证的时候，要在金额前面加人民币符号。相关责任人员必须进行签字盖章，如果在审核原始凭证中发现有错误，必须要求相关人员及时退回重开，特别是如果出现金额的差错，还要对相关人员进行详细地询问。通过这样的案例进行基础会计知识的讲授，就可以将思政意识传达给学生，使同学们意识到作为会计岗位人员必须要定期盘点，仔细审核并认真分析。

3. 基础会计课程思政要素的挖掘

通过基础会计授课教师团队的集体备课，集思广益，对基础会计课程的教学内容所蕴含的课程思政要素进行了深度挖掘，从会计的发展、会计恒等式、会计凭证、企业经营过程、会计清查、会计账簿以及会计报表填制等内容来挖掘课程思政要素，这样就可以培养学生诚实守信的价值观，脚踏实地的做事风格，甚至在继承和发扬中华民族传统文化方面，也能起到积极的作用，见表4-1。

表4-1 基础会计课程内容和思政要素对应表

序号	专业知识	思政要素	融入方式
1	（1）会计的概念、发展； （2）会计岗位的设置及分工	（1）国家认同； （2）文化自信； （3）诚实守信	（1）通过介绍西周司令的设立和四柱清册制度来体现我国会计发展的历史，提升学生的文化自信。 （2）通过介绍相关会计造假案例来使同学们意识到会计是有着监督职能的，如果会计造假不仅会使企业造成损失，还会损害投资者、政府、银行等相关信息使用人的利益，因此会计信息必须真实，从而融入思政要素——诚信守信
2	（1）会计要素； （2）会计恒等式； （3）会计核算假设	（1）脚踏实地； （2）付出总有回报	（1）通过分析会计恒等式：资产＝负债+所有者权益，引导学生认识到我们在得到一样东西的时候要付出另一样东西，不可能鱼与熊掌兼得。 （2）通过分析会计假设使同学们意识到万丈高楼平地起，做任何事都要付出自己的努力，激励学生努力学习将来报效父母和国家
3	（1）借贷记账法； （2）记账凭证； （3）会计账簿	（1）做事认真； （2）遵守规则	（1）通过分析借贷记账法的记账规则"有借必有贷、借贷必相等"，使同学们认识到即使差一分钱都会使借贷不平衡，从而教育学生做事必须按规则办事，要遵纪守法。 （2）通过观看几个伟人的小视频，引导学生脚踏实地去做事，不要只是空想，只有认真的态度才能做成事
4	企业经营过程业务核算	（1）严谨敬业； （2）客观公正	通过分析不同经济业务的知识来引导学生思考人生，例如累计折旧就要求一个人的知识是需要不断地更新；应交税费反映了一个人的诚信；资本公积就如同个人价值溢价

续表

序号	专业知识	思政要素	融入方式
5	（1）财产清查的概念与作用； （2）财产清查方法； （3）财产清查账务处理	（1）求真务实； （2）廉洁公正； （3）自我反省	通过分析企业需要定期和不定期进行财产清查让学生认识到人生也要像财产清查一样定期对自己进行反省，同时可以列举朱熹《朱子语类》第40卷："曾子一日三省，则随事用力。"教育学生人生需要不断反思，照镜子，正衣冠，及时纠正缺点
6	编制会计报表	（1）客观公正； （2）坚持准则	通过让学生亲自编制资产负债表和利润表，编制过程中必须保证原始凭证、记账凭证和账簿的数据必须真实、合理、完整、正确、及时。从而报表才能融入客观公正、坚持准则的信息

4. 基础会计课程思政考核体系的设立

基础会计课程考核主要是以会计专业知识考核为主要考核内容，导致学生所有的重心都放在专业知识的掌握上，即使平时授课过程中融入了课程思政要素，也不会引起同学们的重视，巩固不了基础会计课程的思政教学目标，因此要将思政要素纳入基础会计的课程考核，建立基础会计课程思政考核体系，考核可以分为两个部分：一是平时考核；二是期末考核。平时考核中根据课程思政目标增加思政考核项目，并赋予分数权重，具体考核评价体系详见表4-2。

表4-2 基础会计课程思政考核体系

考核项目	考核内容	考核具体内容
平时考核（40%）	学习态度（60%）	课堂出勤（40%）
		课后作业（60%）
	思政要素（40%）	团队合作、小组讨论（50%）
		项目操作表现（细致、认真、谨慎）（50%）
期末考核（60%）	专业知识（80%）	基本知识、应用能力、技能考核
	思政要素（20%）	课程报告、总结、体会等形式

（二）基础会计课程思政单元教学内容实践案例

1. 案例导入

授课教师播放一则某企业存货缺失报案的视频来导入"存货的清查"的新课，通过公安机关的缜密调查，发现是该企业保管人员李某监守自盗，并依法对其进行了惩罚。用这个案例来加深同学们对存货清查要性的认识，同时授课教师可以将思政品德教育融入存货清查这个专业知识点，引导学生认识到做任何工作都要遵纪守法、爱岗敬业、诚信待人。

2. 学生思考

授课教师通过任务驱动法向学生展示两组数据，一组是通过期末盘点库存得到的存货的数据，另一组是存货账簿登记得到的数据，请同学们进行仔细地观察两组数据的差异，然后思考问题：存货清查对企业的意义、存货清查的时间和方法等问题。通过大概十分钟的观察，大部分同学能很快发现两组数据的差异，也能明白应该在期末对存货进行清查，存货的清查对保护企业存货有着至关重要的作用，在盘点结束还要编制存货实存账存对比表，以便反映企业目前存货的真实情况。

3.讲授新课

内容分为三个部分，第一部分如何理解"待处理财产损溢"，第二部分存货盘盈盘亏的账务处理，第三部分进行课堂实训。

①如何理解"待处理财产损溢"。这里主要理解损溢这两个字，首先要告诉学生这里的溢是有三点水的溢，也就是水要漫出来的意思，表明我们进行存货清查的时候发现库存的存货比账面登记存货的数量要多，就是我们会计用语的盘盈的意思。而损的意思和溢的意思刚好相反，损就表明库存的存货比账面登记存货的数量要少，就是我们会计用语的盘亏的意思。教师引导学生通过对汉语言文字的理解和掌握，强调并增强学生的文化自信。

②理解存货盘盈盘亏的账务处理。存货盘盈盘亏的账务处理分为调查原因前和调查原因后两个部分进行处理，不管是盘盈还是盘亏在调查原因之前的处理都很简单，例如盘盈的时候就表示实际库存的存货比账面登记的存货多，应该借记存货相关的科目，贷记"待处理财产损溢"，而盘亏就是做相反的分录。在调查原因后，根据不同的情况做不同的处理，同时，授课教师就要引导学生进行思政意识的培养，例如盘盈的时候让学生认识到虽然存货多出来了，但是不能把多出来的存货纳为己有，要按照相关的准则制度规定进行账务处理，使同学们意识到做人做事一样要实事求是，脚踏实地，不属于自己的千万不能起贪念。盘亏的时候要让学生认识到实际的存货减少了，一定要查明原因，特别是由于管理不善造成的，要有把企业当成自己家一样的责任感，不能瞒报，以防止贪污舞弊行为越来越严重，更要使学生认识到以后不管做什么工作都要爱岗敬业。

③进行课堂实训环节。授课教师在学习通平台布置存货的清查实训任务，要求同学们在规定的时间内完成，在同学们操作过程中帮助有错误的同学进行讲解，在实训过程中鼓励学生进行互相讨论，培养他们的团队协作精神和沟通精神，等学生完成实训任务之后，先让学生之间进行互评，培养他们互为人师的意识，取长补短，授课教师选择一些同学进行点评，对出错的地方再次自主讨论进行修改，更是强调无论是在工作上还是生活上，每件事都要有精益求精的精神，才能从容地应对成长道路上的方方面面。

第四节 实施乡村振兴战略的财会应用型人才培养实践教学

高等农业院校农业经济管理专业财务系列课程是面向乡村振兴战略，围绕农村新型经营主体，研究解决农村新型经营主体的财务核算、财务活动和财务关系的一系列相关课程。地方高等农业本科院校发展定位为应用型本科教育，是农业经济管理专业财务应用性课程建设必须遵循的标准。依据农村经济社会发展对乡村振兴一线应用型人才的需求，培养适应乡村振兴农村社会发展需求的财务人才是课程建设的核心。围绕应用型人才培养的要求，探讨农业经济管理专业本科教育财务应用性课程建设与乡村振兴战略对接问题，寻求农业经济管理本科教育财务应用性课程建设路径。

一、乡村振兴战略对财会系列课程建设要求

面向乡村振兴战略，山西省人民政府办公厅2021年12月10日公开发布山西省全民科学素质行动规划纲要实施方案（2021—2025），针对乡村振兴战略实施，明确提出，实施高素质农民培育计划，大力提高农民科技文化素质，构建乡村产业体系，发展农村社会事业，服务农业农村现代化的基本要点，对推进培育新型农业主体带头人、农村创业创新青年带头人以及家庭农场、农民合作社、农业社会化服务组织等新型农业经营主体和服务主体发展提出新的要求。《关于加快推进乡村人才振兴的意见》提出，引导城市人才下乡，推动专业人才服务乡村，吸引各类人才在乡村振兴中建功立业。高等农业院校培养人才如何能有效地服务于农业农村现代化，不断为新型农业经营主体和服务主体发展输入高质量人才是目前高等农业院校培养人才亟待解决的问题。而服务于农业农村现代化的财务核算与财务管理是核心，为此，乡村振兴战略实施对财会系列课程建设提出了新的要求。

（一）制定乡村振兴一线财会应用型人才培养目标

围绕如何服务于农业农村现代化，农业经济管理专业财务系列课程——《成本会计》《财务管理》《管理会计》和《财务会计》依据农村经济社会发展对乡村振兴一线应用型人才需求，培养适应乡村振兴农村社会发展需求的财务人才。

乡村振兴一线应用型人才培养需要全面了解农村地区经济社会发展状况和发展趋势以及相应的农村产业发展情况对乡村振兴一线财会应用型人才需求的规格和数量。即为新型农业主体、农村创业创新以及家庭农场、农民合作社、农业社会化服务组织等输入财会应用型人才所需要的规格和数量。

融入乡村振兴一线财会应用型人才培养内容在农业经济管理专业培养方案中，形成一个明确的乡村振兴一线财务应用型人才培养目标，对培养应用型财会人才的目标定位明确、培养规格明确。即明确农产品成本核算和"记账、算账、报账"财务核算的反映监督过程培养；"规划、组织、控制和评价"和"组织财务活动和处理财务关系"的财会过程培养。

（二）彰显乡村振兴一线财会应用型人才培养特点

农业经济管理专业财务系列课程——《成本会计》《财务管理》《管理会计》和《财务会计》依据应用性本科教育规律和本质特征，彰显农业经济管理专业人才培养方案、课程体系、教学形式、实践教学等应用性特色，围绕农产品成本核算和"记账、算账、报账"财务核算的反映监督过程培养以及"规划、组织、控制和评价"和"组织财务活动和处理财务关系"的财务管理培养，构建农业经济管理专业财会应用型人才培养方案、课程体

系、教学形式、实践教学活动等。

二、财会应用性课程建设与乡村振兴战略对接

面向乡村振兴战略，围绕乡村振兴一线财会应用型人才培养特点，构建财会应用性课程建设内容。

（一）体现乡村振兴战略的财会应用型的人才培养方案

修改调整农业经济管理专业人才培养方案，融入乡村振兴战略的应用性特色课程设计要点。突出强调财务系列课程——《成本会计》《财务管理》《管理会计》和《财务会计》是乡村振兴战略的应用性特色课程的核心，是乡村振兴一线财务应用型人才培养的重点课程。

（二）构建乡村振兴战略的财会应用型人才培养课程体系

围绕农业经济管理专业所体现的乡村振兴一线财务应用型人才培养方案，构建财会应用型人才培养课程体系。培养学生核算、管理能力和思维的训练，要求学生具备解决核算、管理复杂问题的综合能力和高级思维，满足学生对财会核算方面和财会方面知识、能力、素质有机融合的基本要求。

（三）设计乡村振兴战略的财会应用型人才培养教学形式

围绕财会应用型人才培养课程体系，设计财会应用型人才培养教学形式。创建丰富的教学形式，呈现多种形态的教学形式。

在财会应用型人才培养课程体系中，呈现引导行为的教学形式。在课堂教学过程及教学活动中，呈现最前端、最先进的理论技术研究动态，展示知识、能力、素质有机融合点教学过程，同时将知识、能力、素质有机融合点与乡村振兴战略的应用点对接。成本会计理论方法展示＋行为引导成本核算＋培养核算成本规范行为能力＋体现核算成本客观而公正的职业素质；财务会计理论方法展示＋行为引导"记账、算账、报账"＋培养"记账、算账、报账"客观行为能力＋体现"记账、算账、报账"客观的职业素质；管理会计理论方法展示＋行为引导"规划、组织、控制和评价"＋培养"规划、组织、控制和评价"客观行为能力＋体现"规划、组织、控制和评价"客观的职业素质；财务管理理论方法展示＋行为引导"组织财务活动和处理财务关系"＋培养"组织财务活动和处理财务关系"客观行为能力＋体现"组织财务活动和处理财务关系"客观的职业素质。

在财会应用型人才培养课程体系中，呈现服务应用项目的教学形式。在课堂教学过程及教学活动中，呈现乡村振兴战略的现代企业财会发展和现代农业财务管理发展动态，融入展示知识、能力、素质有机融合点教学过程，同时将知识、能力、素质有机融合点与乡村振兴战略的服务应用项目对接。成本会计理论方法展示＋服务成本核算应用项目＋培养核算成本服务应用能力＋体现核算成本服务的职业素质；财务会计理论方法展示＋服务"记账、算账、报账"应用项目＋培养"记账、算账、报账"服务应用能力＋体现"记账、算账、报账"服务的职业素质；管理会计理论方法展示＋服务"规划、组织、控制和评

价"应用项目＋培养"规划、组织、控制和评价"服务应用能力＋体现"规划、组织、控制和评价"服务的职业素质；财务管理理论方法展示＋服务"组织财务活动和处理财务关系"应用项目＋培养"组织财务活动和处理财务关系"服务应用能力＋体现"组织财务活动和处理财务关系"服务的职业素质。

在财会应用型人才培养课程体系中，呈现技术和方法的教学形式。在课堂教学过程及教学活动中，呈现乡村振兴战略的现代教学理念、技术和方法，融入展示知识、能力、素质有机融合点教学过程，同时将知识、能力、素质有机融合点与乡村振兴战略的技术和方法对接。成本会计理论方法展示＋组织成本核算技术方法教学活动＋培养核算成本规范技术操作能力＋体现核算成本规范技术操作的职业素质；财务会计理论方法展示＋组织"记账、算账、报账"技术方法教学活动＋培养"记账、算账、报账"规范技术操作能力＋体现"记账、算账、报账"规范技术操作的职业素质；管理会计理论方法展示＋组织"规划、组织、控制和评价"技术方法教学活动＋培养"规划、组织、控制和评价"规范技术操作能力＋体现"规划、组织、控制和评价"规范技术操作的职业素质；财务管理理论方法展示＋组织"组织财务活动和处理财务关系"技术方法教学活动＋培养"组织财务活动和处理财务关系"规范技术操作能力＋体现"组织财务活动和处理财务关系"规范技术操作的职业素质。

在财会应用型人才培养课程体系中，呈现互动方式和环节的教学形式。在课堂教学过程以及教学活动中，呈现乡村振兴战略的互动方式和环节，融入展示知识、能力、素质有机融合点教学过程，同时将知识、能力、素质有机融合点与乡村振兴战略的亟待解决问题对接。成本会计理论方法展示＋组织各种农产品核算讨论小组教学活动＋培养核算成本相互沟通、相互共享能力＋体现核算成本沟通的职业素质；财务会计理论方法展示＋组织"记账、算账、报账"师生角色互换教学活动以及"记账、算账、报账"讨论小组教学活动＋培养"记账、算账、报账"相互沟通、相互共享能力＋体现"记账、算账、报账"沟通的职业素质；管理会计理论方法展示＋组织"规划、组织、控制和评价"师生角色互换教学活动以及"规划、组织、控制和评价"讨论小组教学活动＋培养"规划、组织、控制和评价"相互沟通、相互共享能力＋体现"规划、组织、控制和评价"沟通的职业素质；财务管理理论方法展示＋组织"组织财务活动和处理财务关系"师生角色互换教学活动以及"组织财务活动和处理财务关系"讨论小组教学活动＋培养"组织财务活动和处理财务关系"相互沟通、相互共享能力＋体现"组织财务活动和处理财务关系"沟通的职业素质。

（四）实施乡村振兴战略的财会应用型人才培养实践教学

促使财会应用型人才培养课程体系与乡村振兴战略的财务核算、财务管理实践对接，调动学生学习财务应用型人才培养课程的积极性，激发解决财务核算、财务管理实践问题的潜能。

1. 相互关联、协调的乡村振兴战略的财会应用型人才实践教学设计

围绕应用型人才培养课程体系，在课程教学中体现高级思维的培养力度，针对知识、

能力、素质的有机融合，对实践教学内容筛选；对应用型人才培养课程体系的线上和线下实践教学过程相关知识点讲解；线上组织实践教学讨论话题的安排；线上布置实践教学作业和测验；线上和线下实践教学问题解决的类型等方面，设计与高阶思维所对应的实践教学项目类型等。

2.乡村振兴战略的财会应用型人才实践教学内容

根据财务应用型人才培养方案要求，充分考虑乡村振兴战略前沿问题与现实乡村振兴战略紧密结合进行筛选，融入应用型人才培养课程实践教学大纲；围绕应用型人才培养课程实践教学大纲，将应用型人才培养课程前沿问题与现实乡村振兴战略紧密结合具体体现在知识、能力、素质有机融合点的课程教学教案中。

3.乡村振兴战略的财会应用型人才实践教学过程与实践

教学活动围绕财务应用型人才培养课程的具体知识、能力、素质有机融合点，根据应用型人才培养课程实践教学教案，在财务应用型人才培养课程线上和线下教学过程中予以体现：在线下财务应用型人才培养课程中，在讲授理论知识基础上，全面讲授实践应用，做到财务应用型人才培养课程前沿问题理论和现实乡村振兴战略实践相结合。根据财务应用型人才培养课程学习线上前沿问题资料与现实乡村振兴战略资料，在线上学习通速课中讲解，并在线上校园网页链接上进行展示。围绕财务应用型人才培养课程前沿问题资料与现实乡村振兴战略资料，线上学习组织实践教学讨论话题；围绕财务应用型人才培养课程前沿问题与现实乡村振兴战略有待需要解决问题的要求，线上布置实践教学作业和测验。

4.乡村振兴战略的财会应用型人才实践教学问题解决的类型

围绕财务应用型人才培养课程线上和线下问题解决的类型：根据财务应用型人才培养课程前沿问题与现实乡村振兴战略紧密结合，分别贯穿到线上和线下实践教学案例分析中，具体体现财务应用型人才培养课程的应用性。

5.乡村振兴战略的财会应用型人才实践教学学习结果

围绕财务应用型人才培养课程前沿问题与现实乡村振兴战略紧密结合所筛选的实践教学内容，围绕财务应用型人才培养课程具体知识、能力、素质有机融合点的实践教学大纲、课程实践教学教案，课程实践教学学习结果具有探究性和个性化，强调实践教学自主性、实践教学学习方法和实践教学问题解决能力的培养；教师主导的财务应用型人才培养课程实践教学体现探究性，财务应用型人才培养课程实践教学设计注重问题和问题解决场景的设计，让学生自主学习和合作探讨。教师引导学生利用财务应用型人才培养课程各种学习资源，发挥个人、小组、集体的智慧，激发学生去探究，寻找财务应用型人才培养课程问题的答案，财务应用型人才培养课程实践教学为学生提供自由表达、质疑和讨论的机会。

三、典型案例

新型职业农民学历教育，需要在专业设置、师资力量建设、实践条件建设、课程体系建设、考核评价制度建设、人才培养模式等方面进行改革和创新。以农村财会实用人才培养为案例，对新时期新型职业农民学历教育进行积极探索。

（一）设置符合农村需要的新型职业农民学历教育专业

1. 专业设置的基本要求

《关于实施乡村振兴战略的意见》明确指出要"支持高等学校、职业院校综合利用教育培训资源，灵活设置专业（方向），创新人才培养模式，为乡村振兴培养专业化人才"。然而目前农村实用人才中的专业技术类人才比例较低，仍以北京市为例，专业技术类人才仅占农村实用人才的2.66%。因此，新型职业农民学历教育必须紧密结合农村发展需求，以农村经济社会发展对人才的需求为导向进行专业设置。承担新型职业农民学历教育的各类教育机构和部门，必须在广泛调查的基础上，深入研究农村实用人才职业发展规划及职业能力细分化需求，将新型职业农民人才培养细分为若干个培养方向，设置相应的专业，充分满足农村经济发展的需要。人才培养方向的细分及专业的设置，也正是"精准扶贫"在农村实用人才培养方面的贯彻落实，是教育服务社会、服务经济发展的重要体现。目前，涉农高等院校和中等职业学校、农业广播电视学校、地方农业培训中心等是新型职业农民学历提升教育的中坚力量，这些院校或机构均具有一定的农业教育基础。新型职业农民学历教育的专业设置，需要符合这些院校或机构的建设总体规划，突出传统与特色，以已开设相关专业为依托，形成更加科学合理的专业结构和布局，提高新型职业农民学历教育的教学质量和办学效益。

2. "农村财会"专业设置的背景

（1）发展农村经济必须管好、用好农村各类资金

农村财会工作为农村经济的发展提供核算基础，是农村经济管理的重要内容。伴随国家对农业、农村、农民的高度重视，伴随农村改革的不断深入，各种财政支农政策不断推出，涉农资金规模不断扩大。培养农村财会实用人才，进一步规范农村财会管理工作，管好、用好资金，对于促进农村社会和谐稳定、推动社会主义新农村建设、实施乡村振兴战略具有重要意义。

（2）农村经济的发展对农村财会人才提出了更高的要求

目前，农村财会人员年龄普遍偏大，业务素质能力普遍偏低，专业知识结构老化，对现实法律法规和财政支农政策了解不够，不能适应农村改革、农村社会和经济发展的需要。为了更好地贯彻落实财政支农政策，推动农村经济全面、健康、可持续发展，必须大力加强农村财会人员职业教育，尽快提高农村财会人员的职业素质和业务能力，培育一批懂财会、会经营、能管理的农村管理型人才。

（3）农村财会人才后备力量有学历提升及继续教育的需求

农村财会工作专业性强，业务综合性强，知识更新快，作为农村财会的后备人才力量，广大农村青年对于专业知识学习和职业技能提升的需求迫切。由于参加培训的机会不多，他们迫切希望有机会参加继续教育、提升学历。现行的技术入户、文化驻乡、科技帮

扶等农业短期培训及活动能在一定程度上解决农村青年对继续教育的个别需求，但是短期培训或活动多数以农业技术培训为主，无法从根本上满足农村财会人员对学历提升及职业综合素质培养的渴望。

3.农村财会人才需求预测

近年来各类从事农业生产、服务的新型农业经营主体已然形成健康快速发展的格局。2017年全国农户家庭农场已超过87万家，依法登记的农民合作社188.8万家，农业产业化经营组织38.6万个（其中龙头企业12.9万家），农业社会化服务组织超过115万个，这些新型农业经营主体需要大量的财会专业人才。此外，为了提高镇、村两级农村集体资产"三资"管理水平，做好产权制度改革后的集体经济收益分配、维护和保障农民利益，必须大力加强农村集体经济组织的财会和审计工作，因而也需要大量财会专业人才。

（二）明确新型职业农民学历教育的人才培养目标

1.培养复合型财会人才

近年来，国家对新型农业经营主体的政策支持力度不断加强，继2013年《中共中央关于全面深化改革若干重大问题的决定》中明确提出要加快构建新型农业经营体系之后，2017年中共中央办公厅、国务院办公厅印发《关于加快构建政策体系培育新型农业经营主体的意见》，进一步明确了要从财政税收、基础设施建设、金融信贷、保险、营销市场、人才培养引进等方面建立健全支持新型农业经营主体发展的政策体系。在多项国家政策支持下，各类从事农业生产和服务的新型农业经营主体不断发展壮大，经营范围已从传统的第一产业延伸到第二、第三产业。不断延伸的产业链条、越来越复杂的经营业务，均对农村财会人员提出了更高的要求，特别在当前财会转型、人工智能、大数据等背景下，必须重新审视农村财会新型职业农民学历教育的培养目标。根据当前农村经济组织、各类新型农业经营主体以及涉农事业单位等会计主体的业务特点，考虑具体财会核算及财会工作岗位要求，结合当前财会行业的新变化，农村财会新型职业农民学历教育的培养目标应当定位于培养懂业务、能核算、会分析、助决策的复合型管理人才。培养的农村财会人才，其基础岗位包括以上单位的收银、出纳、会计、审计助理等。

2.根据岗位需求确定人才培养具体目标

根据农村财会岗位需求，新型职业农民农村财会学历教育的具体培养目标为：熟悉农村财会工作环境，在掌握财会工作与其他部门和组织的关系的基础上，能够实现业务辨析、财会处理以及管理创新，拥有财会核算与财会能力、财经法规应用能力、经济数据统计分析能力、农村"三资"管理能力等专业能力。

（1）知识目标

农村财会人才应具备基础知识和专业知识。基础知识主要包括思想道德修养与法律基础、形势与政策等政治理论知识；文化、哲学及写作知识；信息化技术及常用办公软件使用知识；管理学知识；商业礼仪知识等。专业知识主要包括农业政策法规知识、财经法规知识、农业企业经营管理知识、会计核算及财会知识、农村审计及财会监督知识等。

（2）能力目标

农村财会管理人才应具备职业通用能力和专业技术能力。职业通用能力主要包括信息采集与处理能力；公文写作能力；语言表达、沟通交流、人际交往能力；团队协作、组织协调能力；办公软件操作能力等。专业技术能力主要包括财经法规政策解读与应用能力、财会核算与财会管理能力、农村"三资"管理能力、农业项目投资管理能力、涉税事项处理能力、经济数据统计分析能力等。

（3）素质目标

农村财会人才应具备较高的综合素质。拥有良好的思想道德素质、基本的科技和人文素质，能够正确处理人际关系，有创新精神及创业意识。具有良好的会计职业道德，熟悉财经法规与农业政策，遵纪守法，爱岗敬业，坚持原则，具备严谨、求实、创新的会计职业素质，利用所学专业知识积极投身乡村振兴事业。

（三）改革人才培养模式

应当借鉴职业教育先进理念，采用"农学结合""工学结合"方式，对人才培养模式进行创新。

1. 重组课程体系，精选教学内容

新型职业农民"农村财会"学历教育的课程体系，应区别于传统全日制专业，充分考虑农村财会实际工作的需求，以"够用、适用"为原则重组课程体系，精选教学内容。全面开发理论实践结合的一体化课程，突出实践技能培养，实践教学学时应不低于总学时的60%。课程设置可分为文化素养课、职业素养课、专业核心课、专业拓展及实践课、专业选修课、毕业实习六大类。

文化素养课包括毛泽东思想和中国特色社会主义理论体系概论、形势与政策、思想道德修养与法律基础、财经应用写作等课程。职业素养课包括农村政策法规、管理学基础、人际沟通、职业生涯规划、乡村文化、办公自动化、现代农业经营管理、经济法基础等课程。专业核心课程包括基础会计、农业企业会计、农村财会管理实务、成本核算与管理、农业企业会计模拟等课程。专业拓展与实践课程包括出纳实务操作、报表编制与分析实践、农业投资项目管理实践、农业涉税事务实践、农村审计案例分析、财会信息化实践、Excel财会应用案例、农业经济组织融资需求调研与思考、农村统计与调查实践、农村集体经济组织财会制度设计等课程。专业选修课包括农民合作社会计实务、农产品网络营销、证券投资实务、政策性农业保险等课程。毕业实习要求学员掌握农村财会相关岗位的岗位职责、工作内容、工作流程，根据实践企业从事企业农业生产、经营、服务的领域，结合财会工作岗位的特点，综合运用所学知识解决农村财会工作中的实际问题，形成实践调研报告，提高实际操作能力和解决问题的综合能力。

2. 加强校企合作，创新实践教学

实践教学条件直接影响新型职业农民学历教育中实践教学的质量和效果。承担新型职业农民学历教育的各类教育机构和部门，除了根据教学要求建设校内实训室与实训基地以外，还应根据学员"半读半农"的特点，与农业企业、农民合作社、家庭农场、集体经济组织等农业经营主体进行深度校企合作，建设多个校外实训基地。如果能将学员的工作单位建设成为校内外实训基地，则完全能够满足新型职业农民对实践技能培养、顶岗实习、毕业实习和社会实践的需求。学员可以通过校内"模拟工作环境"、校外"真实工作环境"提高自己的实践技能及知识运用水平，还可以通过"企业专家进课堂""技能比赛"等多种形式的实践活动开阔专业视野，提升农村财会职业技能水平，培养终身发展能力。

实践教学应采用任务驱动教学法，学员利用校内实训室信息化设备及相关技能软件平台，模拟真实的工作环境，完成理论实践一体化工作任务；利用校内外实践教学基地企业真实工作任务，提高综合分析和解决实际问题的能力，提升职业素养，掌握农村财会管理核心职业能力。

3.建设"双师"队伍，提升教学水平

新型职业农民学历教育的承担院校和机构，应制定相关政策，鼓励教师参与农业企业或其他新型农业经营主体的实际工作，培养"双师"资格教师；鼓励教师潜心教学，针对新时期职业教育特点，研究新型职业农民教育教学方法；鼓励教师在深入农村调研的过程中，为农业企业、农业大户、农村集体经济组织、农民合作社等解决实际经营问题，提升教师的农村财会管理实践能力。教师在积极投身"三农"服务的过程中，也能够与农村建立密切的联系，在农民职业培训方面不断积累教学经验、丰富教学资源。此外，为满足人才培养需要，师资队伍中应包括行业专家以及来自农村财会工作管理岗位的一线人员。

（四）创新授课方式，改革考核制度

新型职业农民的学历教育，应改变传统的集中授课方式，充分利用信息化教学手段，采用集中授课、远程网络教学、教师到学员工作单位辅导等多种方式灵活授课。充分利用移动互联网平台，搭建实时交流平台，方便师生交流，教师辅导。

为了满足人才培养需求，必须对新型职业农民学历教育的考核评价制度作出改革。改革方向包括三个方面：一是对教师教学效果的评价。教学效果的评价以教学目的为中心，以是否实现了学员技术应用能力和岗位实践能力为主。具体可以从教学目标、教学内容、教学条件、教学方法、教学效果等几个方面进行评价，并注意评价标准及各指标的权重是否科学合理；二是对学员课程学习效果的评价考核。针对授课对象的特点，不应单独评价理论知识，而是通过技能操作检验学生对理论知识的掌握程度，同时根据农村实用人才需要的岗位技能，与一线行业专家一起制定与实际工作完全接轨的技能评价标准，分层次对基础技能、核心技能进行评价；三是在评价方式上，不仅要注重"过程评价""指标量化"，还要注意多元主体评价，即教师评价、学员参与、企业加入、社会考评等多种方式结合。

第五章　服务乡村振兴战略财会应用型人才培养改革的必要性

第一节　会计专业培养方式与乡村振兴融合度低

财会专业人才作为乡村振兴的重要支撑，无论是其理论知识还是实践技能都需要与农业农村实际发展状况相结合。针对乡村经济建设环境，因地制宜，让学生在日常学习中明确农村发展过程中该专业需要努力的方向。目前，财会职业教育对学生该方面的培养有所欠缺，所学知识大多针对的是城市中企业财务的核算与管理，对农村企业的财务状况及发展桎梏所知甚少，导致专业知识与乡村振兴发展方式融合度低，势必会造成日后所学无法积极作用于乡村经济建设的现象。

一、培养目标同质化，没有体现农字特色

各高校的财会专业人才培养目标决定了财会人才的培养类型和培养方向，并直接或间接影响到教学手段、教学方式和教学内容。高等应用型大学涉农财会人才教育具有很强的行业针对性和发展特殊性，与一般高等院校财会人才培养目标相比，有其自身特色。但通过对我国部分应用型大学培养方案的比较，以及与综合性院校、财经类院校财会人才培养方案的对比，我们发现，一方面，大多数高等应用型大学与综合类、财经类院校之间的财会专业人才培养方案中的培养目标及主要课程大同小异，另一方面，高等应用型大学与综合类、财经类院校的培养目标及主要课程也极为类似。

可见，高等应用型大学财会学专业在确定培养目标时大多参考了财经类院校的财会学专业培养目标或者稍作修改，没有体现出满足涉农企业（包括农垦企业）对相关财会人才需求的特殊性。通过比较可以发现，绝大多数应用型大学的财会人才培养方案中都没有具体涉及"涉农"财会人才的培养目标及方法，而是笼统地归纳为"培养具备管理、经济、法律和财会学等方面的知识和能力，能在企事业单位和政府部门从事财会实务以及教学、科研方面工作的学术研究型人才和复合应用型人才"。

这种"宽"而"泛"的人才培养目标定位使得高等应用型大学人才培养目标与财经类、综合类院校的同质化倾向严重，直接导致了高等应用型大学财会人才培养的培养过程要素、培养内容方式体系、教研保障体系等模块的生搬硬套。既不能形成自己的办学风格

和特色，无法培养出为"三农"服务的专门人才，也无法适应财会人才市场差异化需求。

二、课程设置套路化，涉农财会教材缺乏

高等应用型大学财会人才培养方案对高等财经类院校财会人才培养方案的照搬照套直接导致了课程设置的套路化。通常情况下，我们可以通过衡量课程体系的总量与课程类型、课程体系的综合化程度、结构的平衡性、设置机动性和发展的灵活性研究课程体系构造形态。

在针对高等应用型大学毕业生中，大部分的毕业生反映在校学习时使用的财会专业类教材更注重理论知识，实务操作性不强，还有一小部分毕业生认为学校专业教材的选取上缺乏农业财会类教材。反映了应用型大学财会人才培养中教材的选取重理论而轻实践，对于涉农财会课程重视程度不够。此外，由于部分课程内容重复，使学生学习任务加重，也占用了学生自我发现问题和将理论付诸实践的时间。

一直以来，重核算、轻管理，重理论、轻技能是多数高等院校财会专业人才培养的通病。在这样的背景之下，地方应用型大学普遍注重通用型财会专业的课程的建设，其财会课程的设置与财经院校、综合性院校区别很小，甚至直接套用其财会专业的课程设置。主要课程集中在宏微观经济学、管理学、统计学、基础财会学、中高级财务财会、财务管理、成本财会、管理财会、审计学等。没有涉及农业生产管理、农产品营销以及涉农企业管理等农业与经济管理方面的知识，更缺乏农业财会、农村财务管理等体现涉农财会特色的课程。因此高等应用型大学中的农业财会教育内容越来越稀少，一定程度上导致了能适应农业经济发展的财会专业人才供应的减少。

与忽视涉农财会课程相对应的，是涉农财会教材的缺乏。在20世纪90年代初期，我国执行行业财会制度。因此，那时的农业财会教材相对丰富。而随着我国制度设计、专业建设及课程设置方面逐渐淡化了行业财会之后，与农业财会课程相关的教材建设也随之越来越少。由于很少有高校开设涉农财会课程，因此市场上很难看到适合应用型大学培养涉农财会人才的专业教材。即使出现少量的农业财会类教材，其中的农业特色也并不突出，无法满足农业财会课程教学的特殊需要，这无形中忽视了农业行业对专业人才的特殊要求。

三、存在院校偏见，就业指导教育不够

（一）社会偏见

从目前就业及社会需求情况来看，高等应用型大学财会专业毕业生还没有被社会和企业广泛认可，社会上普遍存在一些对应用型大学财会专业的偏见。这种偏见比较集中地体现在社会招聘中。在招聘财会岗位人员时，一般性的企业往往会在筛选简历或综合比较中首先筛除应用型大学的毕业生。一方面是由于社会普遍在主观上认为高等应用型大学的财会专业属于弱势专业，教学水平低、学生基础差；另一方面由于院校人才培养模式的问

题，学生的财会核算及对企业财务的判断和管理决策能力确实相对较弱，致使应用型大学财会专业毕业生就业率低于综合类和财经类院校的财会专业毕业生。

由于现阶段社会对应用型大学及其财会专业毕业生的偏见，在调查中我们发现，不仅一般性企事业单位存在这种观念，涉农企事业单位也存在对应用型大学背景财会毕业生的质疑。虽然我们看到用人单位对应用型大学背景的财会人才还存在一定偏见，但是也可以看到应用型大学培养的财会人才正在慢慢被社会尤其是涉农企事业单位所接受。

（二）学生偏见

近年来由于高校持续扩招，应用型大学的生源质量有所好转，但第一志愿上线率仍然偏低，农业高校在争夺一流生源中仍处于明显的劣势地位。通过对高等应用型大学财会专业毕业生理想行业和实际工作行业的调查可知，目前应用型大学毕业生普遍存在"轻农"思想。毕业生目前所从事的行业中，在经济金融行业工作的毕业生接近半数，商业贸易行业次之，达到18%。由此可见，应用型大学财会专业毕业生轻农、弃农思想较严重，没有端正就业心态，一味追求经济金融行业和行政事业单位，忽视了农业经济发展为涉农财会人才带来的机遇。同时，也体现了应用型大学财会专业毕业生缺乏就业指导教育，其就业观念有待调整。

第二节 忽视职业价值观教育

财会人才作为乡村振兴的重要支撑，要持续不断地服务乡村企业、乡村经济并为乡村创造价值，他们更需要"工匠精神"。目前该专业的培养过程中，更多地追求速度与效率，加强专业技能培养，缺乏对大学生返乡创业就业的引导，缺乏对价值观与工匠精神的塑造，使学生缺乏服务乡村、心系农村的热情。殊不知，只有出于对乡村的热爱，对财会工作的热爱，财会人员才能时刻心系乡村企业经济利益，主动深入一线，发挥自身主观能动性，掌握各类经济业务核算流程，辅助管理者提高经济效益。

一、职业教育助力乡村振兴的现实意义

实施乡村振兴战略，是党的十九大作出的重大决策部署，是决胜全面建成小康社会、全面建设社会主义现代化国家的重大历史任务，是新时代"三农"工作的总抓手。作为具有鲜明"地方性"特征、以服务区域发展为宗旨的职业教育，在乡村振兴战略中必然扮演非常重要的角色。而所谓角色其实是一个社会学概念，它可以被定义为处于一定社会地位的个体，依据社会规范和社会期望，借助自己的主观能力适应社会环境所表现出来的行为模式。角色分析理论认为，来自自身的角色认知和来自外部的角色预期共同作用，就形成角色的体现和行为主体最终的角色定位。

（一）职业教育在乡村振兴中的角色认知

角色认知是行为主体认识自己权利、义务和行为模式的过程，需要回答好"我是谁"和"怎么做"两个方面的问题。就职业教育而言，其在乡村振兴中的角色认知大约可以从三个方面来体现。

1. 服务乡村发展是职业教育自身的历史传承

100年前，陶行知先生在《生利主义之职业教育》一文中就明确提出，"凡养成生利人物之教育，皆得谓之职业教育，凡不能养成生利人物之教育，皆不得谓之职业教育"。而"国无游民，民无废才，群需可济，个性可舒""富可均而民自足"，即为"职业教育之主义""职业教育之责任"。百年以来，职业教育作为面向人的教育，本身就是乡村教育的重要组成部分，在推进教育公平、促进就业民生、服务乡村发展中发挥了重要的作用。可以说，乡村建设和发展，职业教育一直都参与其中并持续发力。

2. 面向乡村办学是职业教育发展的重要方向

2005年发布的《国务院关于加快发展职业教育的决定》要求"各县需要办好一所职教中心，各区市要办好一所职业技术学院"，明确了职业院校在服务面向上的"地方性"。从各校公开发布的质量年报中在校生分布情况看，乡村生源比例也的确比较大。"地方性"作为职业教育的重要内在属性，天然地为职业教育注入了必须面向乡村办学的基因。事实上，职业教育在精准扶贫和脱贫攻坚中一直并将继续发挥不可替代的重要作用。

3. 融入乡村振兴是职业教育改革的使命担当

让农业成为有奔头的产业，让农民成为有吸引力的职业，让农村成为安居乐业的美丽家园，是新时代乡村振兴的根本目标。而"人"的问题是乡村振兴能否如期实现目标任务的关键。如何有效实现国家战略，加强新型职业农民培育、加强农村专业人才队伍建设，培养更多乡村本土人才，充分发挥出科技人才在乡村建设发展中的骨干和支撑作用，是职业教育的责任所系、使命所在。同时，乡村振兴的宏伟蓝图，不仅为职业教育发展提供了更加广阔的空间和舞台，也成为职业教育重新审视办学定位、深化内涵建设和创新发展再出发的新契机。从这个意义上说，积极、主动、充分地融入乡村振兴，是职业教育改革发展的必由之路。

（二）乡村振兴战略对职业教育角色预期

对职业教育而言，在乡村振兴战略中应该发挥并彰显出来的应该是其适应功能和建构功能，而这种适应和建构应着眼、聚焦、服务到"人"。

1. 立足乡土人才规划，建构人才培养新体系

乡村振兴是国家发展战略，也可以说是一个浩繁的系统工程。对于强化乡村振兴人才支撑，《中共中央国务院关于实施乡村振兴战略的意见》已经提出了大力培育新型职业农民、加强农村专业人才队伍建设、鼓励社会各界投身乡村建设、创新乡村人才培育引进使用机制等五个方面的明确要求。未来，按照乡村振兴战略规划要求，因地制宜，充分发挥自身资源优势，加快建构适应、支撑和服务乡村振兴的人才培养新体系，是职业教育改革

发展必须承担的重任。这个人才培养新体系，至少应呈现出几个方面的特征：一是在专业设置上体现出前瞻性：人才培养紧密契合乡村振兴战略实施的现实需求；二是在办学模式上体现出适应性：校企合作、校村合作既要符合教育规律，也要符合乡村发展实际；三是在学制安排上体现出灵活性：教育教学和考核评价方式需要跳出传统办学的窠臼；四是在社会培训上体现出问题导向性：加强校内外资源整合系统提升解决实际问题的能力。

2. 聚焦乡土人才培育，建构人才培养新内容

在乡村振兴战略实施和推进过程中，必须要强力打造一批有文化、懂技术、善经营、会管理的技术技能型乡土人才。从人才培养规格和标准来看，这种目标预期与职业教育的契合度非常高。关注学生职业生涯和可持续发展需要，以专业课程衔接为核心，以人才培养模式创新为关键，推动教育教学改革与产业转型升级衔接配套，推进行业企业参与人才培养全过程，强化教育教学实践性和职业性……职业教育在人才培养上的这些基本特质和长期实践，为做好乡土人才培育奠定了坚实的基础。但对职业教育而言，需要在实践中切实聚焦乡土人才培育，要不断创新建构人才培养的内容。这种建构，至少应该体现以下三个方面：一是加强课程建设开发，围绕区域产业发展实际和乡村经济社会发展需求，提升课程建设的针对性和实效性；二是加强教学资源建设，既要呈现行业发展前沿动态，又要符合区域发展的实际，提高资源使用率和使用效果；三是加强教学模式创新，更加突出项目驱动、任务导向，更加注重教育与生产劳动、社会实践相结合，坚持做中学、做中教，不断改进和提升教学效果。

3. 服务乡土人才成长，建构人才培养新渠道

在城镇人口迅速增加和农村人口持续减少的背景之下，我国农村的发展出现了若干制约瓶颈，其中尤以"新三农"问题，即"农村空心化、农业边缘化、农民老龄化"最为突出。应对这"三化"突出问题，需要建立一支数量充足、结构合理的乡土人才队伍。在服务乡土人才成长和发展上，职业教育显然是有更大的参与空间和更多的参与渠道。从现有政策运行体制机制来看，职业教育在乡土人才培养新渠道建设上具有得天独厚的优势。这种优势集中体现在三个方面：一是在服务面向上能够"接地气"，与区域经济社会发展联系紧密；二是在人才培养上"接地气"，面向生产经营管理服务第一线的定位要相对精准；三是在社会服务上"接地气"，职业教育一直是现代职业农民培训和农村劳动力转移培训的主力。

（三）乡村振兴中职业教育的角色定位

随着产业转型升级的全面提速，职业教育在国家层面被摆在了越来越突出的位置，并日益成为中国国家战略中的重要一环。角色理论认为，社会中的行动者占据明确的位置，遵守规范，服从权力的安排，调整各自的反应以适应对方。行动者由于各自不同的自我概念和角色扮演技巧而拥有独特的互动方式。作为与区域经济社会发展联系最为紧密的教育类型，基于对自我的角色认知，同时面对乡村振兴战略下的角色预期，准确找到并在实践中不断强化自身的角色定位，必然成为职业教育改革发展的一个重要且迫切的课题。乡村

振兴是一个全局性系统性的综合工程，需要社会各部门的主动和有效参与。而职业教育因其自身特色和优势，在其中的角色定位则是非常清晰和明确的。

1. 职业教育是技术技能人才供给的"主渠道"

推动乡村产业振兴，要紧紧围绕现代农业发展，围绕农村产业融合发展，构建乡村产业体系。而服务区域产业集群建设和转型升级，是职业教育办学宗旨和服务面向所在，也是职业教育的办学传统和经验所在。在乡村产业振兴中，职业教育必须发挥好技术技能人才的"主渠道"作用。这种"主渠道"至少可以体现在三个方面：一是加强本土化人才培养，积极争取地方政府和教育行政部门的政策倾斜和工作支持，在招生中优先向乡村投放或面向乡村开展定向招生，扩大本土化生源比例，为乡村产业建设和发展培养亟须技能人才；二是推进毕业生本地化就业，与本地企业尤其是龙头企业深化合作办学、合作育人、合作就业、合作发展，切实提高职业院校毕业生在本地就业比例；三是做好本土人才培训服务，紧紧围绕乡村经济建设和社会发展的现实需求，建设一批针对性强、实用性高的培训服务，提高职业院校培训服务的实效性。

2. 职业教育是精准扶贫脱贫攻坚的"生力军"

作为社会扶贫系统工程中的重要组成部分，职业教育对于开发农村人力资源、在根本上解决农村的贫困问题具有重要意义。职业教育可以充分依托和发挥自身资源优势，成为精准扶贫和脱贫攻坚的"主力军"：一是在教育扶贫上，积极创造条件，主动接纳贫困家庭孩子接受职业教育，实现一人就业全家脱贫，有效阻止贫困代际传递；二是在产业扶贫上，通过帮扶结对，支持贫困乡村因地制宜发展特色产业，吸纳更多贫困劳动力就业；三是在技术扶贫上，组织教师针对乡村产业建设发展中亟待破解的技术难题开展攻关，并着力培训乡村本土的"土专家"和"技术能手"；四是在智力扶贫上，整合校内外资源为乡村基础设施建设、产业发展规划等方面提供专业咨询服务。这些形式，在职业院校办学中都已处于卓有成效的探索和实践中。

3. 职业教育是产业培育企业成长的"助推器"

产业振兴是实现乡村振兴的关键。乡村产业有着广阔的发展空间，蕴藏着推动农村经济社会发生深刻变化的巨大潜力。而职业教育通过稳定就业、提高劳动生产率、提升人力资本质量、带动技术创新等来促进产业结构升级。作为产业培育、企业成长的"助推器"，职业教育在乡村产业振兴中的定位应当从三个方面来认识：一是在专业设置上加强与乡村产业发展的对接，加强战略性和前瞻性规划，通过技术技能人才培养有效发挥专业建设对产业发展的服务、支撑甚至引领、带动作用；二是在人才培养上加强与本土行业龙头企业的合作，在课程建设和教学模式等方面不断探索创新，利用地方特点充分借助现代学徒制在推行工学一体、工学交替上的优势，提升人才培养的针对性和实效性；三是在办学模式上积极发挥职业教育集团化办学的平台作用，有效整合政府、园区、行业、企业、院校等多方资源，提升职业教育产教结合的质量和水平，实现职业院校在乡村产业发展和企业成长中的有效参与和深度介入。

4. 职业教育是乡风文明传承创新的"能量场"

有学者认为，在信息社会，"人"的介入、创新型人才的培养目标、现代科学精神的追求等，成为职业教育传承与创新职业文化的新起点与新境界，也凸显出职业教育促进社会发展的独特作用和时代价值。因与乡村的联系千丝万缕，职业教育在乡村振兴中对于培育文明乡风、良好家风、淳朴民风同样具有天然优势和不可替代的"能量场"作用。这种"能量场"作用大致可以从四个方面体现出来：一是职业教育人才培养本身大幅提升了乡村人口接受教育的质量和水平，一批又一批既有技术技能又有职业素养的职业院校毕业生在美好乡村建设的主战场上发挥作用，对于乡风文明建设无疑具有极其重要的现实意义；二是职业院校学生的志愿服务和社会实践活动，很多都是活跃在乡村建设一线，活跃在农民群体中，他们的努力就是在播散和传播文明的种子，其产生的影响远远超过活动本身；三是职业教育在非物质文化遗产的传承和创新中正在发挥越来越大的作用，有力地推动和促进了乡村技术尤其是技能积累，这对于建设优秀传统文化传承体系、增强乡村文化自觉和文化自信具有深远影响。

二、职业教育助力乡村人才振兴的现实困境

（一）职业教育助力乡村振兴中人才培养体系不健全

目前，我国城镇人口占全国人口比重为64.7%，而农村常住人口近5亿，其中大专及以上文化程度占比不到2%，总体来看文化教育程度偏低。同时，由于全国区域发展不平衡，各地农业农村经济社会发展水平还存在较大差距，职业教育在助力乡村人才振兴方面面临着人才培养体系不够健全的挑战：

1. 人才培养目标不够明确

职业教育对人才培养和乡村人才培养的对象存在区别，培养目标的不同源自乡村对实用人才的需求多样性。不同地区、不同层次的人才所需求的知识结构、技术技能水平也是不同的，目前职业教育人才培养的对象主要面向的是学生群体，而职业教育服务乡村劳动人口所面向的对象则具有多样化的需求，例如，对传承的手工技艺培训，职业教育所针对的是传统手工技艺培训的理论、知识和技能的掌握，而对乡村人才培训则更多侧重于实用性和产出效果。

2. 人才培养功能定位不清晰阶段

目前，职业院校多以专业人才培养为主，对乡村人才所需要具备的综合能力和素养了解不到位，针对性不强，开展的乡村人才培养活动不多，也不够深入。乡村人才的培训应主要侧重于实用性，从乡村实用人才培育的角度出发，要打破常规职业院校培育模式，从基于乡村实用人才需求和类别进行培训，培训的内容要和乡村实际情况相关联，这样才可以增强培训的吸引力和实效性。

3. 人才培养方法较为传统

由于职业教育助力乡村振兴服务的培养对象多为对知识理解力和接受能力较弱的群

体,对信息化运用能力较弱,培养方法较为传统,虚拟仿真等信息化技术尚未得到有效运用。同时人才培养方法单一,在人才培养的速度和覆盖面均不足以支撑乡村振兴战略的实施。在信息化快速发展的时代,乡村振兴对人才培养提出更高的要求,需要采用丰富多样、符合农村实际状况,更为科学的方法,才能更好地适应乡村人才振兴的发展需要。

(二)乡村振兴中面临优质人才短缺,人才培养质量有待提升

随着农村经济的快速发展以及乡村对人才的需求加大,对职业教育人才的培养质量提出了更高要求,需要培养更多的专业技术型人才,然而目前存在乡村人力资源总体老龄化严重、人才培养质量不高的问题:

首先,乡村人口"空心化"现象比较严重,老年人和儿童在农村占比较大,乡村建设发展的中青年、优秀人才持续外流,这种状况整体降低了整个农村人口的素养水平。据国家统计局发布的《2021年农民工监测调查报告》显示,2021年全国农民工总量为27395万人,比上年增加501万人,增长1.9个百分点。

其次,职业教育担负着管理、育人、培训等多重功能,对乡村人才的培养和培训的质量有待提高,尤其对乡村人口的培训的力度不够,效果不佳,产生实际效果也难以监测。

总之,职业教育的人才培养质量不高,人员培训的力度不够和考核机制不健全等问题的日益突出,不利于激发乡村人口发展内驱动力和活力。

(三)专业技术技能人才缺乏,区域结构失衡

1.农村专业技术人员缺乏,限制了农业农村可持续发展

总体来讲,专业技术人才数量偏少,缺乏系统性继续教育培训,对于新形势下的设施农业、高效农业、互联网农业等知识储备不足,年龄结构老龄化,基层专业技术人员流失严重。比如,在乡村旅游方面,很难找到旅游专业技术型人才,因此对当地优秀传统文化和红色文化的宣传不到位。如果农村拥有专业技术人才,对当地的丰富的文化进行挖掘和宣传,就会吸引外来人员投资建设,也会对整个农村经济的发展产生较大的影响。

2.乡村技术创新能力区域结构失衡

科技强则农业强,科技兴则农业兴。如山东省紧扣现代农业发展的关键问题,强化科技研发和创新,加强成果转化和推广,2021年农业科技进步贡献率预计达65.8%。同时,我国部分地区科技进步贡献率较低,与经济发达地区相比差距较大,其主要原因在于缺乏稳定技术支撑团队,科技成果转化率较低以及农业科技与生产出现脱节。

(四)职业教育助力乡村振兴教育资源较为匮乏

目前,我国城乡之间、东西部、贫困与非贫困地区之间收入差距较大,乡村基础设施较为落后,发展资金不够充足,教育资源的配置在一定程度上也会影响其发展,乡村地区存在教育资源匮乏的问题,归纳起来主要有以下几个方面。一是国家虽从政策上把人才振兴提到实现乡村振兴的战略高度,职业教育作为乡村振兴的重要抓手,势必在实践乡村振兴战略中发挥更大效能,但在推进职业教育服务乡村人才振兴方面,相关部门在实施过程中缺少细化的方案和专项资金支持。二是缺乏专业的师资团队。职业教育教师具有理论

和实操的先天优势，但与农业农村发展所需人才要求还存在差别。乡村职业教育依然是职业教育发展中的洼地，存在教师数量不足，生师比偏高、学历水平不高等问题，也存在乡村职业教师流动性大，双师队伍区域发展不均衡和教师评价机制不完善等问题，难以满足乡村振兴需求。加之农村的教育氛围不浓，教育环境不佳也使得很难留住好的师资。三是人才支撑平台不足。人才服务平台具有集聚、吸纳、培育各类人才，进而赋能乡村振兴的重要作用。乡村振兴策略实施以来，全国各地先后建立了一些人才资源平台，如全国有30余个高校与地方政府、行业企业等联合成立乡村振兴人才培训学院，还有一些地方县（区）镇两级联合挂牌成立乡村振兴人才驿站，推动人才集聚，体现了各地对人才的重视程度。但是从区域乡村人才振兴发展需要来看，存在总量不足，发展不平衡、平台运作模式不清晰、运行机制不够完善、缺乏长期发展规划等问题。

第三节　教师对乡村振兴的认识与参与不够

目前财会专业教师的实践范围主要以企业为主，对农村产业发展和当地特色农业经济状况缺乏了解，使教师在教学过程中忽视该专业对于乡村振兴的参与度，无法引导学生进行该方面的学习。

一、教学方式脱离涉农用人单位实际需求

在教学方式上，我国高等应用型大学普遍采用单一的"填鸭式"灌输型教学，导致学生只学不思，在课堂上处于被动记忆的状态，缺乏主动的独立思考和课堂讨论的机会，忽视了对学生自学能力的培养。究其原因，可能与中国的教育主客体的教学观念有关，普遍认为课堂应由教师主导，中国学生也习惯于在课堂上处于被动接受的状态，且学习主动性较差。

一面是农业经济迅速发展，另一方面是涉农财会人才的培养一直延续传统的教科书式的单一教学方式。在教学中不仅在课堂学习环节对学生进行"满堂灌"的理论知识灌输，而且在作业和考核中也都偏向知识点的死记硬背，缺乏与农业财会相结合的教学方式方法。导致了不少学生形成上课忙于记笔记、下课忙于做练习、考前忙于背重点的不良学习习惯，直接导致了学生的"高分低能"。他们往往仅会应付考试内容却严重缺乏实际操作涉农企事业单位财会工作的能力。这种单一的教学方式也扼杀了学生的创造性、发散型思维，导致了学生一直处于被动接受知识的状态，阻碍了学生理解问题和分析问题能力的提高。

同时，由于缺少贴近实际农业经济管理工作的生动的教学案例，学生的学习兴趣和分析、决策能力得不到激发和锻炼。加之目前应用型大学所选用的财会类教材中多以工业企业生产加工销售过程为案例，使学生缺乏对涉农企事业单位财会工作的认识和实际研究。这种脱离实践的纯理论教学导致学生不能胜任实际的涉农财会工作。这在某种程度上也说

明了如今高等应用型大学的涉农财会人才培养脱离了涉农用人单位的实际需求。而脱离了市场需求的人才培养模式必定如无源之水、无本之木，必将在竞争中被淘汰。

二、涉农会计师资格力量薄弱

会计教师在高等农业院校涉农会计人才培养过程中担任着重要的角色。优秀的教师应具备扎实的理论功底及丰富的实践经验，这样才能带领学生更好地将理论与实践相结合。

首先，目前有相当一部分财会教师没有涉农企事业单位或金融财会类等行业的工作经历。教师缺乏实际工作经验的情况不仅存在于高等农业院校，很多其他高校的会计教师也都是主要从高等院校应届毕业生中直接选拔，导致大多数教师缺乏会计工作经验，尤其是没有在农业企业或农业经济部门从事会计实务方面的经验，导致在教学过程中只能是纸上谈兵，不能与企业经济活动的实务紧密结合，也非常不利于培养高素质的、顺应社会需求的涉农会计师资队伍。

其次，农业院校会计专业教师数量较少，专业基础不扎实。会计学专业在地方高等农业院校起步较晚、发展较慢，属于年轻型专业，尚未形成一定规模和特色。因此会计专业教师数量较少，且大部分会计专业教师的第一专业为经济管理、统计学等而非会计学，这导致了教师会计专业知识水平不扎实，不能很好地将会计学与农业经济方面的知识相融合，直接导致教学质量难以令人满意。

最后，农业会计实训基地缺乏。目前的涉农会计课程仅仅局限于理论教学，而极少有相应的农业会计实训基地。毕业实习也主要是学生自己联系单位，没有或极少建立校外实习基地，学校也没有统一组织安排。究其原因是农业院校的会计专业的实践基地多为会计师事务所或工商企业，与涉农上市公司、农经管理部门、农民专业合作社的联系不够紧密，这不仅造成了教师不了解农业会计实际情况，也造成了涉农会计课程缺乏实训基地。

第六章　服务乡村振兴战略财会应用型人才培养模式改革的措施

第一节　提升财会专业培养方式与乡村振兴融合度

职业院校的办学宗旨是服务发展，同时职业院校更是承担着技能人才"加油站"的功能。针对乡村经济发展不可或缺的财会专业，在人才培养过程中需结合实际情况，利用地域优势及资源优势，在当地建立与乡村众多中小微企业的长期合作，结合现代学徒制等先进理念，将日常的理论学习与企业实践融合，使学生在校期间就能及时准确地了解乡村经济发展状况及农村财会核算与财务管理的方式，不断提高专业综合能力，为企业输送高质量财会专业学生，为今后乡村振兴发展储备人才。同时，专业学生到农村实践能够活跃乡村建设，这本就是一种知识与文化的传播，其影响远超过活动本身。

一、统一乡村会计队伍管理主体

（一）提高思想认识

随着乡村振兴的持续推进，大量财政惠农资金涌向基层农村，一时之间给乡村会计工作带来了新的挑战。可以说，乡村会计队伍有着乡村财务管理和农村事务管理的双重属性，是各项政策落实的直接执行者，是党和政府联系广大群众的桥梁和纽带，有着不言而喻的重要地位。但是目前，有些地区尚未完全认识到乡村会计这一群体的重要性，甚至存在将乡村会计简单地等同于报账员，直接听命于村（社区）书记的错误思想。这一现象在村民、村（社区）、乡镇甚至市级机关均不同程度地存在，甚至村会计本身也未能充分认识到这点，对于自身的职责定位模糊不清。这种现象带来的弊病是，即使乡村会计发现了村（社区）两委在资金使用、分配等环节上的问题或是有更好的建议，但出于这种"领导让我怎么做我就怎么做"的心理也不敢指出，容易引发更大的问题，造成不良的社会影响。因此，仍需进一步提高思想认识，明确主体地位，认清乡村会计与其他村干部的区别，将乡村会计作为村委会班子成员来参与重大资金事项的讨论决策。同时，还要积极发挥传统媒体和新媒体的力量，做好正面宣传工作，积极宣传乡村会计队伍在乡村振兴中的重要作用和具体工作，形成正面效应，为乡村会计创造更好的工作环境，激发乡村会计队伍干事创业的热情。

(二)强化制度保障

国有国法,家有家规,对于乡村会计队伍建设而言也是如此。不论是涉及会计工作的具体业务制度,还是涉及会计人员的管理制度或是内控制度,都需要进行有效且合理的完善,才能让乡村会计队伍建设有章可循。

首先,要健全农村财务管理制度。相关政府条口应根据农村经济发展过程中出现的新情况、新特点,结合实际出台并完善相关管理法规。各乡镇结果也要结合实际,在充分调查研究的基础上因地制宜地制定符合本地区发展情况的政策,不能简单转发上级下发的文件,在政策出台前还要广泛征求村民意见,比如,财务管理实施细则和目标考核办法等。

其次,针对管理制度和内控制度比较缺乏的实际情况,要进一步明确乡村会计的管理主体。可从整体角度出发,在规章制度层面对现有财政部门、农业部门、乡镇等多方涉及乡村会计的相关规定和文件进行统一的梳理,明确一个主管部门,并形成口径统一的指导意见,对乡村会计这个独立的主体进行管理。

最后,根据内部控制理论,用人单位需要采取某些方法和措施对内部工作人员的行为进行约束,从而保护集体资产不受损失。因此,还要完善内控制度,按照全面高效的原则对村集体资产资源、合同等进行全面梳理,制定工作台账,明确专人管理并定期核对,根据风险点对不相容的岗位进行分离,形成内部制约的内部控制制度,进一步增强抵御风险的能力。

(三)完善管理体系

现阶段,乡村会计多数将乡镇和村视为管理主体,再到农业农村部门和财政部门。对此,建议建立一套系统完善、条理清晰的管理体系,对乡村会计的管理主体进行进一步明确,让"多头管理"的现状得以改善。比如,在财政资金保障的前提下,探索由市委、市政府购买服务的方式,通过公开招聘确定乡村会计人员,并对人员分配、流向等进行统一管理。又或者,考虑到村(社区)特殊的行政属性,其本质上属于集体经济组织,乡村会计与企业会计、政府机关会计等不同,市委市政府还可以尝试将乡村会计从庞大的会计体系中剥离出来,作为独立的主体。比如,可依据《会计法》的规定,探索由财政部门主管农村会计的道路,并将现有的乡镇财经中心人员一同划归财政部门,作为财政部门的派出机构,设立于各乡镇(街、区),与乡村会计进行对接。

二、提高乡村会计队伍履职能力

(一)强化职业素养

对于乡村会计而言,职业素养的内涵较为丰富,包括作为村干部应具备的基本政治理论水平、法律素养和作为会计应具备的职业素养等。

就政治理论而言,乡村会计作为党中央各项决策部署的直接落实者,应自觉贯彻落实上级各项部署要求,熟悉上级最新指示精神,严格按照上级文件精神开展工作,做到在思想上、行动上与上级政府保持一致，不折不扣地完成上级要求。

就法律素养而言，我国是法治社会，依法治国的理念深入人心，基层群众的法律意识也越来越强，在此背景下，村会计的工作与群众利益息息相关，日常工作中经常直面群众，其言行代表干部形象，说话做事更应该体现其法律素养。同时，对于当地政府出台的各项财经纪律法规等也要做到烂熟于心，在实际工作中要善于发现、敢于指出违反财经纪律的行为，充分发挥村会计的副手作用。

就职业素养而言，一方面要遵守职业道德，自觉做到服务大局、服务群众，勇于担责、履职尽责，遵规守纪、严以律己。另一方面也要提高专业能力，除原有的单纯的记账报账功能外，还要具备财务管理思维，要以管理的思路来长远考虑，让经济工作更加科学有效，实现乡村资产的效益最大化。还要逐步提高电算化水平，让业务能力在乡村振兴的大格局中与时俱进，借助"互联网+"信息技术让乡村财务管理更加高效。

（二）提升培训质量

面对培训教育实效不强的问题，应加强培训管理，切实提高培训实效。可以从以下几方面入手。

1. 从主管部门上抓

主管部门应选派懂会计业务、懂农村实际的人员担任培训讲师，要求他们根据工作实际科学合理有侧重地安排培训课程，事前对培训课程进行试讲，防止出现讲课内容不合适或课程内容重复等。同时，主管部门应强化培训的过程管理，严格检查签到和课堂纪律，杜绝代人上课、上课玩手机等现象。对于屡教不改的听课者，要将课堂情况反馈至该村、该镇（街、区），起到以儆效尤的效果。

2. 从听课人员上抓

可通过加强宣传、纳入考核等方式来提高听课人员的思想认识，让听课人员真正认识到岗位培训的必要性和重要意义，真正提高工作的责任心和职业感，从而让培训内容入脑入心。

现阶段，部分村民对于乡村会计专业能力的认可度还不高，特别是在新形势新要求下，认为自己尚不能熟练使用电脑进行会计电算化办公的更不在少数，建议乡村会计队伍着重提高履职能力的呼声也比较强烈。可见，提高履职能力是乡村会计队伍面临的一个较为严峻的问题。因此，还应借鉴山西省的优秀经验，要精选培训内容，结合乡村会计的岗位新要求、新形势、学识经历、实用技能等，以有利于乡村振兴为导向，注重查漏补缺，将经济上、政策上、法规上、技术上的多方面内容传递给乡村会计，在培训内容上涵盖实操训练、电脑运算等，比如，对扶贫项目和扶贫资金管理、三资管理、清产核资、一事一议奖补等具体业务内容的操作，现场进行会计核算练习，并对优秀账目进行评比。

3. 从培训预算上抓

要适当增加培训预算，编写《会计操作指南》《财经纪律》等工具书向乡村会计进行发放，方便其随时查阅。还要创新培训方式，从农村需求出发，从乡村会计实际出发，以市委党校、党员干部教育基地等为主阵地，通过建立乡村振兴大讲堂、乡村会计大擂台等载体，改变灌输式和观摩式的传统教育方式，结合案例教学、情景模拟、辩论研讨等多种形式，切实提高培训的针对性和实效性。要激发乡村会计的内生动力，鼓励他们实现自我学习和自我改造，让学习意识深刻植根于乡村会计的内心。

（三）加强业务指导

现阶段，部分乡村会计认为财经中心的业务指导主动性不足。财经中心人手有限，工作开展依赖于村会计定期来报账，下乡实际考察情况的次数很少。乡村会计在工作上存在疑惑时向财经中心请教也不一定能得到有效的解答。对此，乡镇财经中心作为管理农业和农村的职能部门，要提高思想认识，深刻认识到培训乡村会计、强化乡村财务管理是其应尽的职责。乡镇财经中心的工作人员还要加强自身的业务素养，及时掌握最新的工作要求，才能在乡村会计工作出现问题时能够提供有效的培训辅导。要强化责任意识，以高度的责任心和使命感严格落实各项工作要求，对乡村账目进行监管，发现问题要及时指出并要求其进行改正，切实为农村财务把好关、尽好责。

此外，建议乡村从市级层面出发，理顺乡村会计纵向对接条线，乡村会计向上对接乡镇财经中心，再向上对接哪个部门或哪个科室，应予以明确，这样在乡村会计工作中遇到问题时才能"求援有门"。财经中心工作人员也要对乡村会计的工作加强业务指导，市委、市政府应统一对乡镇进行部署。比如，各乡镇适当增加财经中心人手，并对财经中心与乡村会计的对接进行硬性规定；比如，对村（社区）进行划分，明确专人专账专管；比如，每个月或每个季度到对接的村（社区）进行实地查看等；比如，提高财经中心人员的业务水平进行提高，凡是涉及村（社区）会计业务的培训，财经中心的人员有条件的情况下也要参加，确保财经中心的工作人员与乡村会计之间做到人员、业务、情况彼此熟悉，更好地加强业务指导。

三、完善乡村会计队伍结构

（一）做好人才规划工作

人才的重要性不断凸显，各项工作的落脚点最终都着眼在人才，因此，对于乡村会计队伍，要有计划地做好人才培养。有些地区目前并没有将乡村会计纳入人才规划范围内，在人才规划上还有很多工作要做。可以参照山西省的先进经验，通过提高待遇、积极宣传等方式吸收高素质人才进入村（社区）会计队伍，并对有意向从事相关工作但目前条件尚不成熟的人员进行农村后备财会人员培训并颁发证书，将这些人员纳入乡村会计后备干部库进行归档管理，储备后备力量，吸收优秀人才进入乡村会计队伍，让有财务管理能力的年轻人从事相关工作，从源头上减少直至杜绝兼职和空岗现象，为乡村会计队伍注入新的活力。同时，还要建立退出机制，对年纪较大、连续考核不合格、因违背财经纪律导致集体资产损失受到相关处分、不符合岗位要求的人员进行清退调整，保证队伍质量。

（二）保持队伍稳定

从长远发展的角度来看，乡村会计队伍应保持一定的稳定性，因人员变更导致的交接不善在村（社区）屡见不鲜。但部分村（社区）主要领导习惯于任用"自己人"为村会计，一旦换届选举时村主要领导发生了变化，容易波及会计。可以从队伍整体角度出发，对于村会计保持十年一换的频率，避免受到换届选举的干扰。但对于任职时间较长的，可以在全市的各村之间进行内部流动，既要保证队伍的稳定性也要防范腐败风险。同时，还要严把会计交接关，要严格按照会计交接办法，办理交接手续，前后任会计需逐一核对明细，掌握详细情况。移交内容不仅包括财务资料，对于非财务资料也要移交，重点事项要特别交代。移交时要有监督人、移交方和接收方三方在场，要将移交资料情况记录下来，一式三份给监督人、移交人和接收人签字保存，避免日后的推诿扯皮。

（三）做到专人专岗

上面千条线，下面一根针，说的是上级的多个科室、多项工作到了基层可能对应的仅仅只有一人。作为乡村会计，与其岗位职能对应的、需要对接的科室应该是乡镇的财经中心、审计办、统计办和部分有业务交叉工作任务的职能科室。乡村会计的主责主业应该是财务会计工作，包括报账记账、收支预算、财务公开等等。同时，乡村会计作为村干部的一员，可能还需要承担一些村（社区）的中心工作如秸秆禁烧、环境整治、创文创卫、防汛抗洪等，但不应该出现乡村会计兼任统计员负责企业年报、兼任妇女主任负责计划生育、兼任劳保协理员负责低保社保等现象。也就是说，要强化岗位职能，明确岗位职责，让乡村会计做应该做的事，而不是像一块砖一样，哪里需要哪里搬。

为此，可在明确会计岗位职责的基础上，适当为村（社区）减负，不能任何事情都层层下压，将压力全部转移到基层，给乡村会计造成更多的工作负担。村（社区）领导要充分认识村会计工作职能，不能遇到什么工作都布置给村会计，让乡村会计承担了很多不该承担的工作。乡村会计岗位应当做到专岗专职，避免兼职现象。只有这样，才能让乡村会计聚焦主责主业，做好乡村财务管理工作，研究村集体经济发展，更好地发挥财务的管理功能。

四、完善乡村会计队伍选聘方式

（一）明确准入门槛

当前乡村会计队伍建设中的一个突出问题是入口关没有把好，虽然相关文件中要求从事会计工作需要具备一定的能力，但对于能力定性、判断标准等都没有明确，这就出现了乡村会计似乎人人可做的假象。另外，有些村民对于会计入口关的把控不够满意，农村地区急切地需要一批懂农村、懂业务、懂管理的乡村会计队伍。因此，应尽快出台乡村会计的从业标准，提高其准入门槛，让乡村会计的选聘有章可循，可以参考山东省济南市的经验，将会计人员持证情况作为硬性要求。可从中吸取经验，立足基层实际，建立乡村会计从业标准。

从业标准中，应明确对乡村会计的年龄、学历、专业背景等作出要求，比如，可以以会计从业资格证考试为时间节点，根据是否取得会计从业资格证来分类考虑。特别是，对于没有取得相关资格或职称但有意向且愿意学习并具备学习能力的人员，财政部门可统一组织培训考试，教给他们基本的会计操作技能，然后通过笔试、面试、考察等环节进行筛选，对于表现优秀、能够从事乡村会计工作的，给予统一的任职资格证明。日后村会计岗位有空缺时，可从具备资格证的人选中择优选用，实现"专业的事情专业的人做"。

（二）拓宽选聘渠道

准入门槛提高后，还需要解决"合适人选哪里找"的问题。当前，我国有些地区乡村会计人员选聘主要还是沿袭"固定本村内选人、固定本村内任职"的传统模式。本村任职的传统模式固然有着更加熟悉本村村情的优势，却也带来了选拔视野不开阔的弊端，不适应新形势的要求。考虑到乡村会计岗位的专业性，要提高人员适配度，对于乡村会计的选拔应在村（社区）干部选拔的基础上加上对专业能力的考察。这样，在本村找不到合适人选的情况下，就要放宽视野，不应拘泥于本村甚至是本地人，外村人甚至是外地人，只要符合要求的也应纳入考察范围。因此，建议乡村要进一步扩大选人范围，除现有的村干部外，还要综合考虑退伍军人、外来务工人员等各种群体。每年年初，各乡镇可根据各村（社区）的实际情况谋划组织选聘考试，全市范围内有意向且符合条件的人员均可报考，通过扩大选拔范围来进一步筛选出更为优秀合适的人员，并积极探索邻村交流等工作机制，从而避免"近亲繁殖"的现象。

同时，还可从市级层面，立足本土实际，充分开发高校资源，开设"农村财务会计"专业，培养一批具备农村会计业务知识的高职和大专类人才。这样一方面可以解决乡村会计招聘难的问题，另一方面也提供了更多的就业机会。

（三）加强政策激励

根据人力资本理论，为充分调动人的主观能动性，可以借助激励、培训和环境激发的力量来提高人力资本。该理论在乡村会计队伍建设中也适用。举例来说，人既有低级需要也有高级需要，保证生存的基本需要如水、阳光、空气、环境等可称为低级需要，低级需要得到满足后，高级需要应运而生，主要是为了满足精神需求、为了更好地生活和更高的目标。需要是激励人的行为的激励因子。因此，适当的经济待遇、政治待遇等对于乡村会计队伍而言也是激励因子，有助于激发队伍的内生动力。

目前，乡村会计的收入在岗位竞争时并没有多少竞争力，为中等偏下水平，有些地区对于乡村会计的收入也没有出台具体的范围，均参照村干部的标准。建议可参照公务员和事业人员管理办法，辅之以村干部管理办法，为乡村会计完善薪酬体系，内容包括每月的基本工资和年底的一次性奖励，资金来源由村、镇两级财政保障。基本工资与学历、职称、工作年限等直接挂钩，奖励工资由所在村的人口、工作量、考核结果来确定。将收入与考核结果、学历职称等挂钩，也会激发乡村会计学习干事的热情，有助于提高队伍的积极性。同时，在原有基础上适当提高薪酬待遇，给予业务能手、为推动村集体资产增值等作出突出贡献的乡村会计任职村书记、乡镇干部的机会，让乡村会计岗位成为选择职业时的优先项，也会吸纳更多的人进入乡村会计队伍，在进行人员选聘时也会有更多选择。

同时，还可因地制宜设立会计岗位津贴，通过市、镇两级加大乡村财政转移支付额度，运用按照工作绩效分档补贴的方式，对乡村会计实行专项补贴，从而激发乡村会计专心本职工作的热情和干劲。

五、推进乡村职业教育

（一）完善人才培养体系，提升人才培养质量

1. 发挥职业教育作用，深化人才培养模式改革

建立职业教育与农村职业培训有效衔接，促进职业教育和乡村地区产业联动发展。通过高职现代学徒制和"岗、课、赛、训"等方式，充分利用职业教育资源，围绕乡村人才振兴，开展农业科技人才队伍建设、农村专业人才队伍建设、新型职业农民队伍建设、农村乡土人才队伍建设、农村创新创业人才队伍建设等方面人才培训、学历提升、职业素养等服务。持续推进校企合作，让职业教育与人才培养在企业中发挥作用，通过在职业院校中设置相应的专业，针对性进行人才培养，使其适应经济社会发展的需要，快速与企业融为一体，促进企业快速发展。

2. 明确人才培养目标，提高乡村人才培养质量

乡村振兴，本土人才是关键。联合当地政府机关、农业部门、行业协会等，构建产业融合发展体系，打造新的经济增长点。培养一批热爱乡村、敢闯敢干的人才队伍，为乡村振兴提供高素质的人才队伍。同时通过整合校地资源和相关专家，积极开展乡村振兴理论与实践的相关研究，包括乡村人才振兴政策研究、现代农业产业发展研究、城乡融合发展研究等，为乡村人才振兴战略提供决策咨询和项目规划等服务，获得切实可行的咨询研究成果，真正发挥"外脑"和"参谋"的作用。

3. 采用形式多样的人才培养方法，培养农业农村科技人才

开展"互联网+农业"网络课程。借助职业院校的网络课程资源，为农民送去网络课程，实现农民随时随地接受教育培训，让手机成为农民的"新农具"这一创举。开展大学生社会实践教育，创建创新创业孵化基地，培育乡村产业振兴项目。通过大学生参与调研、学生三下乡、志愿服务等活动，让一部分学生在校期间，深入农村、了解农村、爱上农村，最终投入到新农村建设中。在校内外建设创新创业孵化基地，通过组建团队，依托大学生挑战杯、大学生创业项目策划比赛等方式，将新方法和新技术应用到农村，使其成为带动乡村振兴的中坚力量。

（二）结合区域特点，发挥专业优势，开展融入乡土的技术服务

一是根据不同区域对人才需求的特点，利用职业教育专业优势，助力乡村发展。利用高职院校经济、金融、酒店管理和旅游管理、包装、艺术设计等专业技术优势，开展产业发展规划、咨询服务，特色农产品包装设计，打造农业特色旅游品牌，为乡村旅游提供专

业化指导。利用职业院校机电、机器人、自动化、计算机等专业技术资源优势,开展农业生产技术服务。发挥学校在电子信息、机电、经济、管理等学科专业人才优势,开展技术咨询与服务,采用科技创新助推农业快速发展。利用高职院校工商企业管理、电子商务等专业资源优势,建设网红培训基地,面向农村创新创业人才免费培训,成立直播代言带货中心。

二是采用多种方式,实施送教下乡,将优质教育资源输送到农村。高校充分利用职业院校大数据与会计专业、金融专业、工商管理专业、电子商务专业、园林绿化和建筑专业等师资力量之外,还可利用职业院校、各类农林植物研究所,为当地农民开展专业技术培训,满足农民就地就近就需参加学习,使当地农民通过培训,提升自己的职业素养和专业能力。同时借助互联网资源,采用翻转课堂,搭建农村与城市之间知识传授的桥梁,把更多的资源输送到农村,让广大村民受益。

三是实施"互联网+"现代农业行动。将互联网和现代农业紧密结合起来,将农业中各生产要素充分调动,协调政府各部门积极支持"互联网+"现代农业行动。大力开展农业监测预警平台、农产品流通平台、农产品检测、区域性电子商务平台研发,推进农业综合信息服务平台建设。充分利用互联网技术,加大对新型职业农民的培训与教育力度,使其成为建设新农村的主力。

四是开展社区服务。高职院校与村(社区)定期开展清单供需会,由村(社区)提供需求清单和平台对接,高职院校接单并组织大学生以团日活动、党日活动形式走进社区提供专业的服务,充分发挥高职学生金融、法律、财税、计算机、电子、卫检、社区等专业知识,开展义诊巡诊、应急救助、金融防诈骗、公共卫生知识宣讲、法律法规咨询、家电维修等志愿服务活动。

(三)实施乡村人才培育工程,构建多样化人才支撑平台

一是发挥职业教育优势,深化产教融合,成立乡村振兴产业学院。发挥职业教育的专业优势,搭建乡村人才培养与技术创新平台。打造集人才培养、科学研究、技术创新与推广、乡村产业服务、学生创新创业等功能于一体的示范性乡村人才培养实体——乡村振兴产业学院。发挥职业院校教师教育特色优势,培养适应乡村振兴与发展的专业化高素质人才。

二是引导和鼓励职业院校毕业生到农村创业就业。政府和高校要搭建桥梁和纽带,通过政策引导,鼓励高校毕业生到农村创业就业,开辟属于自己的新天地。同时继续大力开展好选调优秀高校毕业生到基层工作的大学生志愿服务计划、"三支一扶"等相关工作,引导人才向乡村流动、在一线成长成才,帮助解决乡村人才匮乏的问题。

三是落实好乡村人才振兴支持政策。鼓励支持广大教职员工开展"送智下乡"活动,让职业技能在农村大展身手以发挥职业教育的作用。通过政策宣讲、走访座谈等多种方式使相关的政策深入人心,从而推动科技进村、入户,做好科技扶贫、对口帮扶工作,助推乡村发展。

四是落实人才培训计划。开展职业鉴定服务，协助人力资源部门认定一批新型职业农民，开展集体经济管理者、农业科技人才等农村实用人才的队伍的培训。对村干部，村民进行全面轮训，了解村民的需求，明确培训的学时和目标，针对性地开展轮训，会取得良好效果。通过举办农业人才技能大赛、宣讲政府对劳动力晋升培训补贴政策，提升农村劳动力技能水平。

五是构建农村终身教育体系。面向村社、农业领域、农民大众搭建以专业本科等一系列函授教育、远程教育等多位一体的农村终身教育体系，扩大农村教育资源规模，采取线上和线下相结合的方式，提高农民思想文化水平，推动农业农村的全面发展。政府相关部门要支持农村素质能力的提升，通过建立农村教师编制、提升农村教师待遇、改善农村环境等措施，从而确保农村终身教育体系的可持续性。

六、创新资源利用方式

根据科研成果转化整合学校资源，多方向推动乡村振兴人才培养发展。针对现阶段乡村振兴学校关键硬件配置标准的缺失，学校应从东北农业大学等其他农业大学引进硬件配置，以保证自身的发展；借鉴优秀教学方法，以弥补自身不足。自主创新对于乡村振兴人才的培养方法、模式按照"走向世界"的方式，让乡村振兴学校塑造的学生能够接受外部优质教学资源的熏陶。要优化资源利用方式，将科研成果转化为学校资源，多方向推进乡村振兴人才培养。

系统构建学校运行机制，科学合理地促进农村人才培养。乡村振兴人才培养必须多方位推进。因此，乡村振兴学校的运行机制必须从较高的系统开始构建。从高校、乡村振兴综合学校等方面，确立全日制学校、继续教育学校等各级乡村振兴服务项目的服务宗旨和日常任务。将乡村振兴学校的投资管理和财务核算纳入学校管理体系，科学推进乡村振兴学校的业务流程和运作。

多方面提高学校基本建设资金预算，在乡村振兴培养上提供充足的资金。一是加大各项税收优惠政策资金支持力度，用好工会、精准扶贫、文化教育、人力资源等行业乡村振兴人才培养的相关资产。二是对于省里发布的发展乡村振兴人才培养的方案实行具体措施，设立乡村振兴人才培养基金。三是高校要按照相关服务项目和乡村振兴发展战略，制定、落实学习培训，支持现行政策规定，对乡村振兴人才培养免收培训费。四是积极开展适用于乡村振兴人才的社会资源培训。

广泛开展基础理论和实践活动科学研究，对乡村振兴人才进行定向有方法的培养。积极引导教师群体举办乡村振兴的集体活动，包括主题活动、社会实践、专题调研等。在活动中以乡村产业振兴为目标，全力研究和学习，凝聚大量精力，开展基础理论科学研究，全方位、广泛开展实践活动，丰富科研成果，扩大学术论坛和经验分享，促进科研专业化和实践活动的深化。要不断完善相关科研工作中的评价和激励机制，促进有效性的应用和转化，使理论基础研究与实际应用相一致。

推进人才培养供给结构,确保乡村振兴优秀人才供需平衡。深入农村开展实地考察,了解乡村振兴未来发展优秀人才短板,按需塑造乡村振兴优秀人才。按照乡村振兴和经济发展的要求,大力培养"三农"经济型懂经营、善管理、能提升的优秀人才。根据乡村振兴发展战略实施乡村规划基础建设的需要,培养以乡村规划设计为核心的专业技术人才。按照乡村振兴必须转变和发展文化教育的要求,着重培养一些能力强的乡村教师,为乡村教育工作添砖加瓦。要顺应农村财务服务工作发展趋势,学校与学校间强强联手,积极开展乡村财务队伍启动工作。

大胆自主创新具有办学特色的知名品牌,不断提高乡村振兴人才培养质量。在乡村振兴人才培养中,要更上一层楼,更要大胆自主创新、因材施教,提高办学水平、办学质量和人才培养水平。要紧紧围绕未来乡村振兴的发展趋势和发展方向,谋划开办符合实际需要的人才培养新项目,为新办学项目夯实基础。活动凝聚特色,不断完善,进一步打造新的知名品牌。要及时总结、梳理、分析和提升办学成效,将特色提炼与基础理论实践活动的科研工作相结合,积极申报乡村振兴人才培养领域成果奖、社会科学成绩突出奖等。扩大学校知名度和美誉度,促进特色形成和品牌文化建设。

七、提供制度保障

自中华人民共和国成立以来,农业就一直是我国的第一产业,是国家高度关注的产业,国务院每年发布的第一个文件通常与农业有关。改革开放以来,不仅是城市获得了巨大发展,中国农村的发展也是日新月异。近年来,中国农村经济发展更是取得了长足的进步。随着乡村振兴战略的实施,中国农业和农村的发展更是前景光明。农村经济的发展需要大量各行各业的人才,农村会计人才是这些紧缺人才的重要一环。因而,农村会计的培养是一个长期的过程,需要整个社会尤其是农村企业主体竭力提供从物质到精神等各种条件,以满足人才的多层次需求,从而在留住人才的基础上,加大力度吸引人才到这一行业。

(一)完善农村会计人才的政策保障

进一步完善农村工作政策,给农村会计人才提供各种保障。根据马斯洛需求层次理论,人们的工作热情和积极主动性往往由某种动机所引发,这就需要让他们不断获得激励,激励的方式就是不断满足人才的各层次需要,保证人才的低阶生理需要和高阶心理需求。经济发展需要政策保障,人才的培养也需要政策的保障。由于长期以来我国城市的发展走在农村发展的前面,城市有更便利的交通、更好的人文环境、更好地接受教育的环境等多种优势,因而传统上到城市工作是我国人才的第一选择。会计工作由于专业性强、要求较高,长期以来在城市也是需求旺盛,因而,对于农村来说,要想吸引更多的会计人才到农村工作,肯定是一项不小的挑战。学者王莹指出:"截至目前,农村会计人员队伍建设的一些深层次问题仍未得到根本解决,尤其表现在待遇方面。"当前,农村会计极少具有事业编制,他们绝大多数以合同工、临时工的形式存在。也就是说,由于农村会计经费没有被列入当地财政预算,在农村工作的会计人员难以跟镇属职工具有同等待遇,他们的收入普遍较低,福利较少。收入不高的现实状况使引进高水平的会计人才更加困难,并且,现有会计人才也会不断流失,人才问题更加严峻。究其原因,主要是因为人才的最基本的吃、喝、住、行的生理需求都还没有得到保证。可见,解决农村会计人才的留住问题,政策是关键。这就要求进一步完善农村工作政策,以法律法规的形式为会计人才提供各种保障,既保障人才的生活环境,又保障人才的发展机会,这样才能够吸引人才、留住人才,为乡村振兴战略的实施助力。

(二)加大农村会计人才的政策宣传

在马斯洛需求层次理论中,认为人的需要具有顺序性,新的需要的出现通常是在低一级的需要的满足之后。通常而言,在满足了生理需要和安全的需要之后,才会有受尊重的需要,并且发展到自我实现和自我超越的需求。国家的乡村振兴战略提出了发展的目标、原则和方式,致力于改变数千年来中国农村发展贫穷落后的状况,为中国农业和农村的长足发展提供了指引,给中国农业和农村发展带来了勃勃生机,也给各种人才的发展提供了广阔天地。其前景令人向往,是非常鼓舞人心的大事。然而,一直以来,农村会计人员由于各方面的原因收入不高,发展前景不好,因而,并没有获得社会各界足够重视,农村会计人员也很少能体会很受尊重的感觉,更不用说自我实现和自我超越的感觉。因而,乡村振兴战略的宣传还有很大的空间,农村会计人才重要性的宣传也还有很大的空间,需要更大力度的宣传,让更多人意识到农业、农村的重要性,让更多的人意识到乡村振兴所带来的机遇。只有全社会都意识到农村会计工作的重要性,在农村工作的会计才能体会到受尊重的感觉,也才能觉得工作有自我实现和自我超越的可能。这样,也就会有更多的人愿意选择农村会计专业,在毕业后也愿意回到农村工作,投入到乡村振兴的行动之中。

(三)提供良好的工作环境

建设美丽乡村,提供更好的会计人才工作环境,这也是满足农村会计人才的生理需要、安全需要和受尊重需要。乡村振兴战略方针中"产业兴旺、生态宜居、乡风文明、治理有效、生活富裕",也有着"生态宜居"的要求。当前,环保的观念已是深入人心,人们也越来越看重工作地域的生态环境。良好的工作环境既包括良好的自然环境,也包括良好的住宿环境和工作环境。在良好工作环境中工作,人们才能以身愉悦,从而获得心理上满足。农村具有广阔的土地,这既是广大的发展空间,也是建设美丽乡村的重大优势。因而,建设美丽乡村,创建清洁、美观、便利的乡村生活环境也是吸引会计人才到农村工作的一个重要方面。

第二节 要深化会计教师对乡村振兴战略的了解

职业院校以培养实用性人才为主,教师中有一定比例的老师来自企业,具有较丰富的工作经验，这些双师型教师可以为乡村企业提供财会、财务管理、审计等方面的培训，充分发挥专业优势，提高教师在乡村振兴中的参与度。职业院校可在此基础上，根据本地特色农业发展的需要，组织专业教师，利用与乡村企业合作的经验，积极调整财会专业人才培养方案，增设乡村企业财会核算、审计及财务管理等对应课程，培养农村经济发展所需专业人才。

第三节 应用型大学会计专业的创新型师资团队建设

创新型专业师资团队建设要明确专业教师定位，展现师德师风、形成团队合力，促进构建产教融合生态，推动形成敬业专业、积极向上、文明健康的育人氛围。

一、明确专业教师定位

教师应当肯定自身在新时代的价值，这是获得主动适应新时代动力的源泉。专业教师的定位描绘了教师在专业课程教学的价值，如果教师在专业教学中的角色和某些功能是不能用机器替代的，则表明教师的价值。

（一）专业教师是课程教学的启发者

社会发展变化是如此之快，20年前的摩托罗拉手机和现在的智能手机是截然不同的，100年前的汽车和现在的汽车也是迥异的，似乎只有大学课堂的样貌经久未变，都是一位教师面对着多位学生。然而，但凡在讲坛上有所经历的教师都坦言：变化依然存在。教师不再是课堂绝对权威，教师也不再是学生唯一的知识来源。知识的传达如何达到高效，可能存在的组织模式并不多。但是由于教学对象的多样性，促进理解的方式一定是多样性的、灵活的、开放的，因此也需要专业教师对之持续优化。

（二）专业教师是教学过程的引导者

专业教师的任务真有点像导游，设计出一段旅程，让人们可以有效地浏览山川的美丽，可能要辛苦地陪着他们攀登，也可能要让他们坐一段缆车，总之，是要让他们能最大程度地领略山川的魅力。专业教师就应该是这样一个引导者。专业教师应当更加注重对学生的实践指导，需要说明的是实践是充分利用技术的。实践的核心要素是不能固守单一的方法，但也不能掉入只注重方法多样性的形式主义，而是要关注方法的典型性和教育上的启迪性。

（三）专业教师是教学情境的建造者

真实的世界有的时候是混杂的，条理未必那么清晰，难以理解。这时候就需要对真实做一点加工，做一点抽象，但要保留那种原汁原味的感觉。专业教师应当充分地运用跨学科的视角持续更新对自身所在的专业的理解，以获得在更宽泛的知识背景下对本学科的深入理解。事实上，专业教师很难在两个及以上的学科都能有深入的研究，因此，必须立足本学科专业，善于发现和利用其他学科学者的智慧，也就是对知识、观点和方法进行重新组合，为我所用。积极参与围绕教学的跨学科、跨校园、跨校企的对话与交流，乐于接纳、分享，与时俱进。如果说，新时代是属于终身学习者和跨界高手的，那么专业教师一定是其中的佼佼者。

二、增进涉农经验

合格的会计人才的培养离不开优秀的会计教师队伍，会计师资队伍的建设是高校会计教学的关键环节。

首先，学校可组织年轻的会计老师"走出去"，到涉农企事业单位锻炼，并利用课余时间充分自学涉农会计知识，了解农业生产管理流程，积累农业会计的实际经验，从而丰富教学内容、提升教学质量，避免纸上谈兵。因此要求并鼓励教师在业务上不断深造，在做好本职工作的同时，积极参与实务工作，可以考虑设立案例中心，积累真实的会计案例。

其次，还可以将拥有丰富涉农企业财务会计工作经验的基层会计人员及高层管理者、知名职业人士"请进来"。可让其担任客座教授、开设专题讲座、担任实习指导老师等，为学生讲授相关实务知识，对学生进行相关指导或提供实践机会，并可实行双导师制，传递市场对涉农会计人才的要求，丰富学生的专业知识，并增长见识。同时，可以从社会高级会计人才和其他相关专业人才中选拔会计本科教师，拓宽寻找会计教师的途径，充实农业院校会计教育的师资队伍，并抓紧建立教育、企业、科研、三者的联合协作关系，尝试校企联合办学。

再次，重视加强教师的继续教育，促进知识更新。教师应始终保持学习、运用、传授新方法和新知识的热情，使自己的视野更开阔，善于了解和掌握新知识，使自己始终站在学科的前沿，以满足会计教育的前瞻性要求。随着市场经济的发展和会计环境的不断复杂，许多新情况、新问题不断出现，高校会计教师应密切注意会计发展的新形式，积极探索和研究新的会计理论和会计方法。同时积极开展科学研究，以科研促教学，同时加强继续教育培训，加快知识更新步伐，如教师参加业余进修或学习，鼓励教师参加会计资格考试，争取成为注册会计师，从提高自身业务素质和专业水平上最大限度地满足会计教育的要求。鼓励教师在国内外名牌会计院校进修学习和深入企业调查研究，促进科研成果产业化。

最后，高校教师必须树立终身学习观念，不断提高自身业务水平。市场经济的发展迫切需要高素质的会计人才，高素质会计人才的培养要求教师不但要有渊博的理论知识，更要有丰富的实践经验。因此，会计学专业教师必须树立终身学习的理念，加强理论研究，不断提高自身业务水平，同时熟练掌握计算机及网络通信等现代科技。

三、形成师资团队协作

专业课程教学团队的建立与运作具有独立自主性，往往围绕某门或某类专业课程建设与教学而开展协作，不仅要制订课程建设发展的方案，还要实施该方案，并在实践过程中予以完善。专业课程教学团队对于专业实现变革具有关键性的推动作用。

（一）教学团队目标构建

高校专业课程教学团队往往围绕主干课程教学或课程建设任务组建，作为基层性的教学组织，在专业转型与变革过程中，应当成为重要的推动力量。教学团队目标构建是一个团队明确发展规划及价值观念形成统一的过程。从教学团队成员组成来看，校内教师往往肩负教学与科研的双重职责，即便是某些应用型高校设置了纯粹教学型的教师岗位，由纯粹教学型教师组成的主干课程教学团队几乎不可能在现实存在。校内教师在专业课程教学中，往往承担2门以上课程教学，有些要求教师学年主讲3门不同课程，因此，虽然从教师个人角度而言，主讲的课程具有类似性或相关性，但从教学团队层面来看，团队成员承担教学任务的课程呈现多样性。因此，高校专业课程教学团队的差异性、多样性的特征是显著的，具体体现在工作任务侧重、能力发展目标、教育价值理念、教学模式风格等方面。这些差异性也会造成高校专业课程教学团队呈现松散的结构特征，团队层面的目标构建就显得尤为迫切。

教学团队目标构建不完全等同于目标选择以及目标表述。完成某个学期的课程教学或者完成课程某个层级的建设任务是教学团队的短期目标，更接近于阶段性的工作任务，并不能成为教学团队目标。由于团队成员的差异性，以及价值理念多样性造成的团队内部的张力，迫使教学团队在多元目标中进行选择并实现一致性认同的过程不会是一帆风顺的。另外，从课程所处的人才培养要求来看，课程本身的教学理念也会随着人才培养价值观念处于发展变化之中，因此，教学团队的发展目标所隐含的价值观念也处于动态调整的过程中，这决定了教学团队目标构建是一个动态发展的过程，其包含了长期目标与短期目标的平衡，以及在成员个人目标与团队目标中保持一致。

有效的团队不仅会根据所处的专业人才培养环境，明确自身的发展规划，进而清晰表述出团队的目标，还应当花时间和精力将这些目标及其隐含的价值观念在团队层面和个人层面得到认可，也就是促成团队目标的一致性认同。有证据表明，如果成员对目标的看法存在差异，就会在整体上导致较低的绩效。强调学习和反思的团队更有可能就共同的目标达成共识，并且当团队成员高度认同团队时，对团队目标的认同也更为容易。促成团队对目标形成一致性认同，需要团队成员间有效地进行沟通与互动，这种沟通与互动不仅发生在言语的层面上，也发生在教学实践之中。

（二）教学协同能力提升

共同目标的构建是团队的力量源泉，然而团队人员结构差异，学缘结构多元，甚至校内外人员共同组成等都为团队有效性发挥带来了巨大挑战。如何打造有效团队，提升教学团队的协同能力，在实践中面临诸多问题和困难。在高校课程教学团队的建设与合作中，可以通过明确规范、塑造角色、化解冲突的方式促进协同能力的提升。团队具有自己的规范。所谓规范，就是团队成员共同接受的一些行为标准。教学团队面临两项基本任务：完成学年课程教学工作、各级各类课程建设项目工作。课程建设的项目性工作可以看成是课程教学持续完善的延展性工作,从这个层面上来看,教学团队的基本任务就可以统一为课程教学工作及其持续改进。

团队目标构建过程中,成员对团队目标的认同程度越高,则团队形成的规范对成员的行为的影响能力就越强。教学团队规范的重要表现形式是课程教学标准或教学大纲。传统的课程教学大纲主要包含课程基本信息、课程内容及其侧重点、课程考核方式等方面的内容。专业认证实践中的课程大纲,更强调在编写教学大纲的过程中确立课程的学习目标,并且将学习目标与课程内容、考核方式及标准建立关联。在学习目标导向下制定的新型课程教学大纲就拓展了教学团队规范的涵盖范围,不仅包含技术性的规范,也包含了价值性的规范。团队在开展课程教学及其持续改进的工作时,成员的角色性会逐步凸显并逐渐稳定下来。对成员角色的识别与塑造,有利于促进团队协同能力的提高。

罗宾斯划分了九种潜在的团队角色,具体包括:创造者、推动者、评估者、组织者、生产者、控制者、维护者、建议者、联络者。据此,在专业课程教学的情境下,团队中的关键角色的涵义可以做如下界定:

①创造者:在课程内容组织和教学设计上产生有创意的想法。
②推动者:拥护与支持关于课程教学及其持续改进的新思想。
③建议者:鼓励寻找课程教学与建设过程中相关的各类信息。
④联络者:负责协调和整合关于课程教学与建设的各项工作。
⑤维护者:强化团队与外部的联系并注重团队外向性的工作。
⑥生产者:依照计划指令或标准规范完成课程教学建设工作。
⑦控制者:注重实施细节的考察并检查规则的总体执行情况。
⑧评估者:对现状及方案进行深刻的剖析并提供诊断性信息。
⑨组织者:在完成团队使命及执行具体目标中提供某种结构。

成功的教学团队会根据成员的能力和特长来有意识地塑造其在团队中的角色,这一塑造的过程依赖于团队成员的自主性,具有来自个体自发的性质。在教学团队中角色赋予更依赖于塑造而非分配,这是由于高校课程教学团队往往属于自我管理型团队。

对于教学团队而言,冲突不可避免。表现为人际关系失调、敌视或恶意行为的冲突对团队的损害是非常大的,但成员之间在任务内容方面的意见不一致所导致的冲突则可能会进一步激发成员之间的矛盾,促进成员之间通过不同视角来评估考察任务执行,这样的冲突具有积极的意义。如果团队成员已经在目标构建过程中,逐步接纳了团队目标,那么在各项任务执行过程中表现出来的冲突则更多偏向于操作层面,只要处理得当,不会影响团队整体绩效。

(三)教学团队数字化转型

数字化工具的应用逐步深入生活与工作的方方面面,高校课程教学团队的形成、维持、发展也不可避免地受到技术的影响。团队作为一种人与人的组织关系,也自然受到技术的影响，处于数字化转型的变化历程之中。教学团队的数字化转型意味着在技术的支持下，团队在网络空间开展以获取、共享和分析数据为基础的教学相关活动，推动以面向、基于和经由数据的团队治理机制形成，实现师资团队内教师间的关系的重构。教学团队的形成无外乎两种模式：一类是以一两位核心成员为主，逐步吸纳和整合其他教师加入而逐步形成的教学团队，这类团队具有自发性；另一类是明确组建由多名教师组成的教学团队，往往具有明显的科层特征。两类教学团队都不可避免地面临成员间关系的不断调整与磨合，网络空间为教学团队围绕专业课程教学及其持续完善的合作提供了便利。网络空间的作用不仅仅在于为教师间的沟通交流提供即时和非即时的工具，更重要的是基于网络空间的课程网站成为教学支撑平台，为教师基于该类平台的合作提供了基础支撑。

教学团队的数字化转型有利于推动数字化课程资源跨界流动，对于提升课程质量和持续完善都具有非常重要的意义。传统模式下，课程资源大多通过教材方式实现共享和推广，目前，基于网络空间的数字化课程平台的支持，不仅能促进课程内容的共享，还能促进教学模式及其教学经验的共享，因为这些教学活动组织过程也被数字化了，成了可以流动的数字教学资源。课程教学资料作为基础性的资源，保持其自由、快速地流动，将会成为推动课程教学质量发展的重要力量。

教学团队数字化转型过程中需要教师具备较高的数字化工具应用能力。具备数字技能的教师能否成为团队的骨干力量，能否将专业及教学均与数字化技术深度融合，往往成为制约着团队数字化转型的瓶颈。数字化能力不仅包括运用数字工具的能力，更重要的是结合专业特点运用数字工具的意识，也就是在专业内容和教学过程两个维度都能敏锐地察觉出数字工具应用的可能性、可行性，提出可行的数字化方案比实施这个方案更加困难。具体的技术实施的问题可以借助第三方技术公司，但如何与专业课程教学相融合则是关键。一方面，教师应当不断提升对数字工具的认知程度，加强自身数字化工具应用能力的培养；另一方面，在团队中应当认真开展关于数字工具应用的讨论、交流、探索、合作，围绕技术应用开展互动和交流，利用团队的力量促进新理念、新方法的形成。从教师个人角度来看，熟练应用数字化教学工具并非易事，但是从团队角度而言，整体数字化能力的提升的实践可能性大大增加。也就是说，在专业领域和数字化工具应用上都具备较高造诣的教师并不普遍，但从团队角度来说，整合这两类教师则较为实际。课程教学资源、教学过程的数字化为教学团队开展基于数据的决策与管理带来可能。

四、激发教师创新活力

无论是课程建设还是教学改革，都需要教师发挥其创造性予以推进，创新驱动即便是经由技术的路径，也最终需要发挥教师的创造力得以实现。教师明确自身定位，以企业家精神作为教师个人及团队的精神内核，是创新活动展现的内在推动力，若要教师持续保持创新活力，还需要考虑学校组织系统的有效支持以及政策制度的切实保障。

（一）理解教学创新的特征

教师承担科研和教学双重任务，都需要教师发挥其创造性。教学创新与科研创新存在一定差异，教学创新在课程建设和教学改革过程之中，围绕解决课程教学的实际问题而展开，在理念、内容、方法、手段、评价等方面进行探究而形成独到见解和有效策略，充满了挑战性。一般而言，教学创新具有以下特征：

1.综合性

教学不仅涉及会计本专业知识技能，还涉及教育学、信息技术、心理、思想政治等多个学科，甚至还要求教师超越一般学科的范畴，对教育哲学或科学哲学具有一定程度的领悟水平。

2.实践性

教学创新总是在教学具体实践中获得其存在价值和意义提升的。与理论研究不同，创新过程不仅仅是理性推理的过程，实践中具备的可实现性、可操作性更是关键。

3.持续性

教学创新体现为一段时间内的持续优化。教学是面向具有个体差异的学生的，这就导致创新始终是建立在合理把握学生差异基础上的，并需要不断依据学生差异来重新评估创新的具体举措的成效，这导致教学创新总是处在不断完善之中。此外，学生的差异性也导致创新成果的推广受到限制。

（二）建立师德长效机制

1.完善师德教育与考核机制

师德教育、教师培训培养与社会服务活动紧密结合。将师德师风教育列为新教师入职培训（岗前培训）、骨干教师培训等各类教职工培训的必修专题，作为优秀教师团队培养及骨干教师、学科带头人和学科领军人物培育的首要内容；鼓励广大教师参与调查研究、学习考察、挂职锻炼、深入三农一线等实践活动，切实增强师德教育效果；将师德表现作为评奖评优的首要条件，在教师职务（职称）晋升和岗位聘用，骨干教师、学科带头人和学科领军人物选培以及各类高层次人才评选中，对同等条件下师德表现突出者予以优先考虑。

2.强化师德监督与惩处机制

建立和完善师德建设督导评估制度。建立健全师德建设年度评议、师德状况调研，师德重大问题报告和师德舆情快速反应制度。严格执行师德"红七条"底线要求，对师德行为失范者进行批评教育和惩处，实行师德考核"一票否决"制，师德考核结果不合格者，其个人年度考核评定为不合格等级。

（三）创新教师培养机制

1.建立离岗创业、兼职创业制度

支持和鼓励教师到乡村企业挂职或者参与项目合作，强化农业企业技术创新的源头支持。农业高职院校、教师、农业企业三方可签订协议，约定工作期限、报酬、奖励、权益分配等内容。教师到企业挂职或者参与项目合作期间,与原单位在岗人员同等享有参加职称评审、项目申报、岗位竞聘、培训、考核、奖励等权利。合作期满,教师返回原学校,学校可以按照有关规定对业绩突出人员在岗位竞聘时予以一定的倾斜。

2.建立校企专家两栖发展制度

采取"走出去、引进来"的办法,鼓励教师下企业,聘请行业企业专家能人上讲台,从而形成企业和校园共通的"双师、双岗"教学团队。对校内专职教师,采用岗位培训、挂职顶岗等方式,到农业行业企业了解信息,甚至直接参与生产实践,通过不间断的田头指导、高效率的农民培训以及全方位的扶持,有效实现专业教师科研教学水平、农民种养技术水平、对接村镇产业发展水平的三重提升。同时从生产科研一线聘请行业企业的领导专家、高级技师和有丰富实践经验的技术能手,作为兼职教师充实实践教师队伍。

(四)建立服务"三农"长效机制

1.组建科技服务团队

选拔技术过硬、有农村工作经验的教师组成科技服务团队,制定工作计划,建立管理制度。在服务"三农"中做到四个结合:服务项目与农民需求相结合,专业建设与服务项目相结合,服务内容与核心课程建设相结合,服务"三农"与自身的发展相结合。做到下乡有任务、服务有目标、回来有总结、定期有交流。安排教师和地方农业科技专家联手合作,与当地示范户建立"一对一"的帮扶体系,搭起农民与专家、科研与生产相对接的平台。

2.整合社会资源

与地方政府、农业生产企业、农业科研部门联合,实现社会资源的有机整合,开展"学校+基地+农户""学校+农企+农户""政府+学校+农户"等多种形式的多方合作机制。高职院校可以利用学院的人才与资源优势,与当地政府、农企共同开展科技帮扶等活动,让教师带着成果去推广,带着技术去服务,使科技成果直接面对企业与养殖户,形成面对面、手把手的服务,实现"研发—示范—推广"的科技推动,解决农业科技成果推广转化的"最后一站"的问题,提高农业科技贡献率,实现育人与服务"三农"双赢。

3.建立激励保障机制

把科技服务"三农"纳入教师目标管理和绩效考核中,把教师科技服务工作的经历作为教师培养、职称评审和职务升迁的重要考核指标,对科技服务团队成员实行目标管理,落实完成工作目标、时限、标准和责任人,实施奖优罚劣。通过政策引导,调动广大教师服务"三农"的积极性和主动性,从根本上解决"下不去、蹲不住"的问题。

(五)传承优秀农耕文化,服务乡村文化振兴

1.培养教师爱农情怀

农业高职教师既是乡村振兴的主力军,也是培养"一懂两爱"农村实用人才的具体实施者,只有真正热爱农业、热爱农村、热爱农民,才会把农业当事业、把农村当家园、把农民当亲人。在全面开展师德师风建设的基础上,要加强面向全体教师的中华传统文化教

育培训，特别是农业传统文化的培训。通过开展农业传统文化讲座、农耕文化展览、农业文化遗产保护、农业文化品牌创意设计等方式，提升农业文化知晓率和知名度。农业高职院校可利用农业职教云平台，开发传统文化教育数据资源，制作新兴媒体传播的传统文化精品佳作。打造富有农业特色的校园文化，通过建设校史馆、农耕文化馆等，用物景重现的方式展示农耕文化源流、农耕器具、乡风习俗、农业技艺等。

2.搭建农业文化研究推广平台

当前由于乡村空心化以及"造村运动"等因素，致使乡土文化变迁甚至解构。在这种情形下，开展"农村文化改革和发展""农耕文化""农村景观文化""茶文化""乡村民俗文化"等方面研究，从文化研究层面为乡村振兴建言献策尤为重要。农业高职院校应积极搭建研究平台，与地方政府、相关企业共建研究基地，固定农村文化观察点，挖掘、梳理人文民俗、自然生态等文化资源，充分发掘农业文明价值，为乡村文化建设提供咨询和培训服务。同时加强学术研究成果的应用、转化、普及和传播，让学术与教育教学实践活动紧密结合，推进农业文化进校园、进专业、进课堂、进实践。通过建立"农业技艺大师工作室"，聘请如手工制茶、盆景艺术、花艺等传统技艺大师、民间艺人走进校园，成立大师工作室，通过开展教、帮、带、传等方式培养青年教师和学生传习技艺，传承文化。通过建设"农事教育体验中心"，结合教学实践及社团活动定期开展师生农事体验活动，同时向地方居民开放，开展"农事体验日"，组织相关培训和比赛，推广农业技艺和文化。

3.参与地方农业文化传承创新项目

鼓励教师与地方政府、行业合作，通过区域乡村农耕民俗文化资源的普查与挖掘，突出农耕民俗文化特点，打造乡土农产品品牌；围绕环境资源开发和农耕民俗文化经营场所的创意设计、农业特色产品的包装设计，推进农业与文化生态、科技、旅游的有机融合，提高农业附加值。同时，结合当地农业文化传统和民俗风情，编演农俗文化节目，通过定期开展送文艺下乡活动，帮助农民群众丰富精神家园，推动农业文化的传播。

第四节　提高财会专业学生工匠精神的培养

财会服务乡村，创造价值，需要的不仅仅是精湛的职业技能，更应注重职业精神的培养。所谓"工匠精神"，就是工作中笃实好学、精益求精、追求卓越的精神。乡村振兴需要各行各业人才的强力支撑，更需要人才发自内心地对乡村建设的热忱与扎根乡村的决心，更需要对所学专业有不断探索、不断进步的态度。财会专业更要注重在该方面对学生的培养，比如通过思政课程引导学生形成正确的价值观，让学生认识到个人所学需要为国家的进步做出贡献，也可以通过财会职业道德课程培养学生的工匠精神，立足专业课教学的同时，不断渗透该职业精神，将该理念贯穿于财会专业人才培养体系中。

一、加强应用型大学学生工匠精神的社会文化培育

加强社会文化培育，将工匠精神转化为应用型大学学生的思想共识和价值信仰。面对中西方文化冲突，要消解其对应用型大学学生价值观的影响；加强应用型大学学生对社会主义核心价值观的践行，加强对工匠精神理论与实践的结合；健全职业法律法规，为应用型大学学生践行工匠精神提供保障；加强社会对应用型大学学生工匠精神培育的氛围营造。

（一）消解中西方文化冲突

对应用型大学学生价值观的影响文化冲突泛指不同国家、不同民族的文化形态与文化要素之间的冲突。为避免中西方文化冲突对应用型大学学生工匠精神培育的影响，应充分利用中西方文化的有利优势，有机结合中西方文化对文化冲突进行消解。

首先，要提升将文化交流和鉴别工作融入应用型大学学生思想政治教育的力度。社会可适时开展公益性课程，加强社会公民与高校大学生对国家网络思政课的学习，清楚区别中西文化和坚定爱国主义立场的重要意义，进而引导应用型大学学生做出正确的价值判断。

其次，通过社会学习引导应用型大学学生领会中西方文化差异的本质。有关部门可牵头举办学术讨论会，鼓励应用型大学和其他院校学生或社会人士积极参与，以自身学习环境、生活环境为立场讨论各自对中西方文化差异的理解，在众多思想碰撞中对中西方文化共性和区别予以分辨，提升学生的思想境界。

（二）加强应用型大学学生社会主义核心价值观的充分践行

加强应用型大学学生对社会主义核心价值观的充分践行，实现个人价值与社会价值相统一的目的，掌握将社会主义核心价值观贯彻落实到个人价值中的重要性，研究当代应用型大学学生缺乏基础价值观的根源并寻求对策，形成应用型大学学生的价值认同。

首先，要提高应用型大学学生的整体素质，借助社会平台展示各大应用型大学的教育成果，用研究成果和优秀作品来激发应用型大学学生的斗志，鼓励应用型大学学生发挥自身优势，"将论文写在大地上"。

其次，要充分利用社会价值规范对应用型大学学生的日常行为进行约束和监督，引导应用型大学大学生树立正确的价值观念。坚持在全社会宣传社会主义核心价值观，并针对不同学校实行不同的践行方案，如对应用型大学学生践行核心价值观的要求是热爱农业、奉献农业，以保障粮食安全、建设高水平农业大学为己任。

最后，社会要对应用型大学内部的价值进一步优化，高校作为育人基地，拥有良好的师资条件和教育资源，社会各界应鼓励应用型大学充分利用优势资源，不断熏陶应用型大学学生自觉践行社会主义核心价值观和培养工匠精神的意识。鼓励应用型大学教师在课余之时利用青年群体的语言和行为与学生进行沟通，深化师生感情，用中国声音传递中国故事，使学生无形地感受中国力量。

（三）健全职业法律法规为大学生的工匠精神践行提供保障

加强对农业知识产权的保护，对激励应用型大学学生持续练就过硬技艺、积极投身于农业发展具有积极作用。

首先，要在原有相关法律《中华人民共和国农业法》《中华人民共和国专利法》基础上，将农产品生产技术专利、科研成果保护等与现实情况相结合，在法律法规的具体内容上完善对农业知识产权的保护，确保有相应的法律依据。此外，有关执法部门也应严厉打击威胁农产品知识产权的一切违法行为，将强化农业知识产权的法律保护与弱化不安因素相结合，为工匠精神的投入提供法律保障。

其次，建立健全农业知识产权管理机制，加大管理力度。区分科研工作者的职业身份和科研成果，明确农业项目科研经费以及科研工作者努力的成果所产生的利益，激发农业科研工作者在创新和认真投入科研项目的积极性，与此同时最大限度避免产权流失，减少乱象。

（四）营造对应用型大学学生工匠精神培育的社会文化氛围

营造对应用型大学学生工匠精神培育的社会文化氛围，离不开政府和有关单位的大力支持。

首先，在解决应用型大学学生的就业压力上，一是要拓宽应用型大学学生的就业渠道，为应用型大学学生提供就业机会和就业平台。相关基层农业单位和涉农企业可与应用型大学加强沟通，在现代农业相关产业转型性的工作上，适时提供就业岗位。二是消除社会对农村的偏见，加大农业人才到农村工作的政策支持力度，鼓励农业人才到农村对农民加强理论和技术教育，为培育新型职业农民作出贡献，为推进乡村振兴和农业现代化建设做铺垫。三是加强社会对应用型大学科研的经费支持，在一定程度上激励应用型大学学生投入农业科研项目，提升学生践行工匠精神的积极性。

其次，在社会对应用型大学学生工匠精神培育的宣传工作上，一是应同时注重对农业杰出人物、基层农业工作者和普通农民的事迹宣传，使应用型大学学生意识到在农业领域即便是平凡的岗位也要注入工匠精神。二是对于弘扬工匠精神不能喊口号、摇旗帜。社会可组织举办农业人才项目交流会或农业高校人才技能培训会和竞赛等，为应用型大学学生提供将工匠精神注入实践当中的展示平台。切实对应用型大学学生深入了解农业领域内或与本专业相关的工匠精神实践活动，为自身对工匠精神的践行做出计划和安排，提供践行的方向。

二、加强应用型大学学生工匠精神的网络文化培育

网络文化的培育方式适应了社会发展的大趋势，要利用大数据充分发挥网络文化在培育工匠精神上的优势，还要创建符合应用型大学学生身心发展的网络文化活动，更要健全网络文化监管制度，避免应用型大学学生在学习实践中受到影响。

（一）充分发挥网络文化优势

要充分发挥网络文化的优势，提升应用型大学学生践行工匠精神实效性。信息技术的快速发展使得互联网得到广泛应用，与现实世界不同的是，网络世界打破了人们在空间和时间上的限制，网络文化的优势就在于能够充分将文化知识与科学技术相结合。网络世界以数据为根基将各种信息资源进行存储，技术的进步使这种信息资源能够被快速整理和应用，大数据应运而生。大数据作为信息技术发展的新产物，对现代社会的政治、经济和文化传播产生了深远的影响。同样，应用型大学对学生的工匠精神培育也需要引进大数据的计算处理方式。

首先，通过购买、开发相关程序或软件，以后台大数据较为精准的快速分析技术，对学生的思维模式及其可能引发的行为进行评估预测，增强学生实施思想教育的科学性。

其次，通过大数据了解应用型大学学生的兴趣和喜好，分析他们感兴趣的研究方向，充分利用每名学生的信息资源，将其与工匠精神相结合，制定出满足学生个性化需求的培养计划，实现工匠精神的落实。

最后，应用型大学注重学生的全面发展，通过大数据分析学生在行为和思维上的发展状况，做出综合评价，并呈现问题和诊断。学生可根据对当前自身状态的了解，从而做出正确的调整，做出人生规划并自觉将工匠精神投入学习和能力的发展当中，为今后寻求更多的工作机会和自我提升做好铺垫。

（二）创建网络文化活动

要创建与工匠精神契合的网络文化活动，提升应用型大学学生工匠精神培育的积极性。对应用型大学的学生来说，工匠精神要求他们在实验室里对枯燥的学习生活要经得住寂寞，面对实验失败和实验对象的周期性培养要耐得住浮躁。所以，相适应的网络文化活动可以为枯燥的学习生活带来片刻放松和乐趣，也可以培养应用型大学学生良好的行为习惯，真正将工匠精神转化为自发性行为。

在网络活动的创办上，一是举办网络学习打卡活动。学校通过微信小程序或公众号，为学生提供制定学习计划的平台，学生在打卡过程中拍摄自己日常学习、实验或其他实践的短视频或图片。二是可以通过网络直播平台，通过学生学习和实验的现实情况，互相监督。此外，工作人员可与参加活动的同学们积极互动，对完成目标或表现尚佳的学生给予奖励，激发学生们面对长期任务实现突破的热情，学生在这个阶段也能够获得完成任务和实现目标的成就感，有利于学生的身心发展。

（三）健全网络文化监管制度

首先，制定网络和信息筛选标准。我国在现有的网络文化产业监管文件中明确规定了经营主体不得提供影响国民身心健康的文化产品和文化内容。但在具体的执行过程中，由于网络文化评判标准不清晰使得对边界模糊网络文化内容的审核常常要经过主观性判断，往往对亚文化达不到较好的控制效果。因此，每一类网络文化信息及产品都应有相适应的审核标准，对题材内容较为敏感的内容要进行备案并分配到专人工作上，做好全流程的事前审核和事后监管，确保网络文化内容分门别类、有据可依，为应用型大学学生工匠精神的网络文化培育提供健康环境。

其次，建立高质量培育应用型大学学生工匠精神的网站，将网络思想政治教育精细化。众多应用型大学学生可通过平台实现互动，进行学术探讨和研究。同时，应用型大学教师可通过该渠道对全国应用型大学学生进行课程教学，提升学习质量，开阔学生眼界，在网络中感受工匠精神的教育意义。

三、加强应用型大学学生工匠精神的校园文化培育

新时代实现应用型大学学生工匠精神的校园文化培育必须要从物质、精神、制度、行为四方面入手，充分发挥校园文化的育人功能，提升应用型大学师生的文化素养，塑造应用型大学的文化形象。

（一）加强应用型大学的物质文化建设

新时代加强应用型大学的物质文化建设，有利于增强应用型大学的文化底蕴，突出应用型大学特色。农耕活动需要长期的精力投入才能有所收获，人们在开垦与播种中收获，因此将工匠精神投入农业领域当中是必然趋势，应用型大学学生工匠精神的培育不仅要从精神上，也要从物质上入手。应用型大学校园风景优美、绿化率高，凸显了应用型大学的特色，但仅从环境方面学生无法学习和领会工匠精神，因此加强应用型大学的物质文化建设就要着重加强设施建设，校园内部应设立与农、林、牧、畜、渔相关的研究成果展厅，或展示学校在国家打赢脱贫攻坚战中做出的成果贡献，并针对每种研究成果设立具体的说明，使同学们在参观的同时得知研究成果的来之不易，体会工匠对研究成果投入的心理。

此外，还可以建立校园内部的农耕文化馆和农耕体验馆，切实增加大学生对农耕文明和农业活动的体验度，从真实情景中培养学生的"三农"情怀和工匠意识。

（二）加强应用型大学的精神文化建设

应用型大学为实现农业现代化发展、攻克脱贫攻坚、推动乡村振兴作出了巨大贡献，因此工匠精神投入到应用型大学对学生的思想教育当中不仅符合了社会主义先进文化的要求，而且符合了社会主义核心价值观对当代大学生的价值追求，在推进工匠精神培育的同时实现了应用型大学学生为我国农业发展献出力量的自我价值。基于此，应用型大学在工匠精神的培育中肩负着重要任务。

首先，营造属于应用型大学的校园风气。将马克思主义注入应用型大学学生的理想信念当中，将马克思主义的理论成果与当前我国农业现代化发展的实际情况相结合，在应用型大学学生的学习当中坚持理论成果对应用型大学学生的实践进行更为密切的指导。此外，应用型大学在学生课业之余可举办以工匠精神为主题的相关文娱活动或戏剧大赛，活动名称突出农业特色如"禾下乘凉，农具匠心"等。举办活动既能以新颖的方式吸引大学生的目光，又能从视觉感受中深刻体会工匠精神带来的思想价值。

其次，打造适合应用型大学培育工匠精神的教学风尚。应用型大学要适当调整学生课

程，紧跟我国农业发展的趋势，树立应用型大学学生关于中国特色社会主义的共同理想，将共同理想与勇挑农业现代化建设的个人理想和使命结合起来，切实充盈学生的思想境界。如华中农业大学自1955年至今不断因时而变地调整学生课程，除随农业生产发展形成相适应的基础课程教育外，还制定现代农业与国际视野模块，为学生提供长远的战略视野，提升学生的内在格局，使学生在学习马克思列宁主义等理论知识以外能够将国际发展的大格局和自身农业特色专业相融合，使学生的理想信念更加坚定。

（三）加强应用型大学的行为文化建设

首先，充分发挥应用型大学优秀教师和优秀学生的榜样示范作用，带动学生加深对工匠精神的吸收和领会。举办"匠人在身边""农校榜样在身边"等活动，宣扬应用型大学优秀师生的人物事迹，使学生切身体会工匠精神对自我学习和成长带来的意义和价值，并激励大学生身体力行。如吉林农业大学李玉院士的研究团队因研发出菌类玉木耳，成功为我国脱贫攻坚战作出巨大贡献，其研究团队中有一大部分是应用型大学学生，作为研究团队的成员他们始终保持工匠精神，深深感动着身边的老师和同学，并有效带动了一部分同学践行工匠精神。

其次，应用型大学可以充分利用土地资源，举办种植蔬菜和水果等趣味活动，通过积极宣传吸引同学们积极参与，使同学们在农事活动中获得与平时不一样的心理体验，感受人们日常所需粮食种植的不易，增强大学生投入工匠精神的动力。最后，加强应用型大学对学生工匠精神践行的行为规范，杜绝大学生作风懒散、拖延的行为。制定应用型大学学生行为细则，对农作物实验和基地实践的技术操作、生活习惯作出评定标准并予以奖惩。

（四）加强应用型大学的制度文化建设

大学作为一个学术组织，必然遵循着组织管理与运行的规则，建立自己的管理制度体系，进而形成具有自身特色的制度文化。为推进应用型大学学生对工匠精神的学习和践行，应用型大学需建立工匠精神的考核和评价机制。

首先，建立应用型大学教师学习和践行工匠精神的考核和评价机制。定期对应用型大学教师对工匠精神的理论学习和实践水平进行考核，在理论学习上可通过笔试、理论探讨进行考核，在实践上可通过技术演示等进行评定。

其次，建立应用型大学教师在工匠精神教学水平上的考核和评价机制。鼓励教师之间通过互相听课、评价，强化教师课程思政的效率，还要适当鼓励专业课教师加强对思政课程的学习。通过应用型大学教师互相进行课堂教学的考核和评价，提升应用型大学将工匠精神融入思政课程和课程思政的水平。

最后，建立对应用型大学学生学习和践行工匠精神的考核和评价机制。定期举办竞赛，如种植技术、操作农机、园艺修剪、农畜养殖、工匠精神学术讨论会等，在教师指导下检验学生对工匠精神学习和践行的效果，不仅能够增进师生情谊和人文关怀，还能够引导应用型大学学生践行工匠精神的正确方向。

四、加强应用型大学学生对工匠精神的主体自觉追求

从无形的渗透到有形的体现，工匠精神归根结底需要应用型大学学生自行体会。只有深刻理解并对工匠精神表示认同，自觉追求并切身践行，才能真正实现工匠精神培育的目的。

（一）培育应用型大学学生对工匠精神的理论认知

首先，应用型大学学生要自觉学习工匠精神的传统价值观和农业外延下工匠精神的丰富内涵。通过阅读书籍和国家会议文件加强对工匠精神的理解，同时将工匠精神带入到专业实验或基地实践中，领悟工匠精神向农业外延的内涵和价值。

其次，应用型大学学生深入了解工匠精神的本质特征。其目的是提升应用型大学学生对工匠精神的辨析能力，根据工匠精神的特征分辨身边人群在学习和生活当中的行为是否属于工匠精神，达到择其善者而从之的状态。

（二）正确引导应用型大学学生对工匠精神的认同

大学生对工匠精神践行是否积极取决于对工匠精神是否认同。应用型大学是为国家培养"三农"人才、作为提升农业科技水平的主力军，在国家农业发展、粮食安全保障、实现中华民族的温饱和富庶等方面作出了重要贡献。

因此，在引导应用型大学学生对工匠精神的认同过程中要让学生们首先意识到他们作为应用型大学学子的重要性。通过了解近年来农业人才为解决脱贫攻坚、巩固脱贫攻坚成果、推动乡村振兴战略实施做出的贡献和成绩，驱使他们反思作为应用型大学学生，只有将自身所学投身到农业科研或农业实践当中才能真正体现出自我价值。在校期间，学生可通过了解学校相关农业科研成果或取得的成就，来增强对应用型大学学生身份的信心和荣誉感，强化学生的责任感。

其次，要让学生们了解这些农业成就的来之不易，对成果研发的过程了解的同时，清楚在工匠精神践行过程中的重要作用，促使应用型大学学生对工匠精神产生正面积极的认同感。当应用型大学学生对工匠精神在情感层面产生喜爱、支持等积极情绪时，就会对推进工匠精神的自觉践行产生催化作用。

（三）培养应用型大学学生工匠精神的践行能力

当应用型大学学生将对工匠精神的感性认知上升为理性认知以后，就会形成强烈的工匠精神意识，达到内化于心、外化于行的效果。而在工匠精神自觉践行的过程中，应用型大学学生需要克服懒散、拖延，并不断自我调节，形成对工匠精神践行的良好习惯。

首先，应用型大学学生可根据所学专业和理想信念制定职业规划或目标，将长期目标分解为众多短期目标，当完成短期目标时就会提升学生想要达成长期目标的欲望。长此以往，学生在实现自己的短期目标中形成自律的意识，并在良好的行动习惯中保持高尚的精神品格和道德素养，将工匠精神融入自己的个体价值观，从而推进工匠精神的培育和践行。

其次，学生也可以通过主动参与学校实践活动培养吃苦耐劳的品质，如华南农业大学充分利用暑假带领学生走进村落田间，使原本空闲的假期得到充实的运用，避免了学生们本可以利用假期休息时间的懒惰心态，通过与农村人民同居同食，感受乡土情怀和农民的艰难与不易，使工匠精神的践行得到一定的内在动力。应用型大学学生工匠精神的培育需多方向共同努力：坚持社会氛围的构建和核心价值观的弘扬以及制度的完善，坚持网络文化内容肃清、活动丰富、环境监管，坚持校园文化全面发展，坚持具有文化素养的家庭教育，坚持具有积极向上的自觉追求。

第五节 建立创新创业平台服务乡村振兴

专业技能是创新创业的基础，然而，具备专业技能的人才在服务乡村振兴的过程中，需要有相应的创新创业平台作为引导，为专业技能型创新创业人才的培养提供孵化器，以便于乡村振兴工作的顺利开展。学校层面应建立创新创业教研室或团队，引入高水平专业教师参与其中，结合日常专业研讨，依据行业发展现状和未来发展方向，不断更新相对应的课程体系，提高整体创新创业教学水平。同时，学校应重视与企业间的合作，学校在合作过程中通过调研、实地考察并结合学生的实践状况，及时获取相关信息，并将其融入日常教学活动中，让学生随时了解专业知识对于乡村经济建设的需求，为乡村创新创业项目奠定基础。

一、构建农业院校大学生创新创业平台的内涵及意义

（一）构建农业院校大学生创新创业平台的内涵

科技是第一生产力，创新能力是竞争优势的根源。所谓创新创业平台，是由政府或某组织通过政策的支撑、投入的引导，汇聚具有关联性的多种创新因素，从而形成一定规模的投资额度和条件设施，便于开展关系到科技重大突破、国家经济稳定长远发展需要的创新活动，以支撑自主创新与科技进步的集合系统。各大高校特别是农业院校大学生创新创业平台的构建更多是由学校统筹，通过基础设施的建设、资金的投入以及师资力量的整合，形成制度管理、基础设施、创新氛围等多方面融合的有效运行机制，从而接纳学生广泛开展涉农方向的科学研究、科技创新活动，进一步培养学生的创新实践能力和创业能力的集成系统。这是培养高校学生创新能力的重要支撑力量，是学生学术原创力培养发展的载体和平台，同时也是高校创新型人才培养体系不可或缺的重要环节。

（二）构建农业院校大学生创新创业平台的重要意义

创新是社会经济发展的不竭动力，国家的创新能力对实现社会经济发展目标起着关键性作用。在国家创新体系中，高校处在创新链条的高端，主要任务是根据创新资源结构的变化，不断调整人才培养模式和科技创新模式，通过培养具有科技创新意识与能力的高级

人才，使学生成为推动国家创新体系建设和发展的中坚力量。高等院校特别是农业院校在学生创新创业培养中应注重对学生的创新精神和创业能力的培养，以创新创业理论知识培训为先导，以农业院校特有的创新创业平台为阵地，为大学生创造更多到农村农场创业实践机会，通过高校及社会的资源整合，营造适宜大学生创新创业的环境，促进大学生在国家农业建设过程中成长成才。同时，积极构建创新创业平台，推动高校毕业生充分就业，对于促进高等教育科学发展，深化教育教学改革，提高人才培养质量等方面有着十分重要的意义。

二、以技能大赛为依托的财会专业创新创业

当前，很多院校都积极参与各种技能大赛，其目的是提高学生实践能力，从而培养更多创新型人才。技能大赛是国家推进院校职业教育发展的一项重大举措。因此，院校要对于技能大赛保持积极引导作用，以技能大赛为依托加强财会专业的建设工作，为培养优质创新创业人才作出贡献。

（一）技能大赛的背景条件

各种形式的技能大赛是衡量和检验教育成果最直接有效的方式，同时也在一定程度上推动高职财会专业课程教学的改革和创新。国家在一部纲要中曾明确地指出要重视职业技能大赛的开展，强调要按照真实环境掌握真实本领为依据开展财会教学，从而形成紧密对接、特色鲜明的财会专业职业教育课程体系。在真实环境下，学生通过参加技能大赛来掌握真实知识，对于以后的创新创业能力的培养有一定作用。

国家推动职业教育发展的重要措施就是开展职业技能大赛，而财会专业的技能大赛的主要目的是培养创新创业方面的人才。所以，财会专业的课程应该围绕着学生的职业技能以及创新创业教育所开展，并且采取有效措施来确保这一教学目标能够实现，从而为财会专业的学生在未来创新创业中，打下坚实基础。

虽然当前我国应用型大学在教育方面已经具有非常完善的体系，但是各高职院校还未能体现专业特点，与其他办学类型区别还尚不明显。因此，财会专业课程教学改革与创新还需要很长的路要走。而对高职院校创新创业教育来说，职业技能大赛的出现为此增添了新活力。作为比赛，就需要具有相应评价标准，而这一标准正好可以将高职院校和企业之间的人才选拔标准统一起来，参加大赛的院校可以依据比赛内容和模式促职院创新创业能力的发展，对财会专业的主要课程进行取舍，对教学目标进行侧重，切实提高高职院校财会专业的专业技能和创新创业教育质量。同时通过技能大赛的举办，各大院校之间的交流会愈加频繁，双方乃至多方之间得以开展更深入的合作，加强资源以及经验共享。

（二）以技能大赛为依托推动财会专业课堂改革

财会专业的课堂教学是培养财会专业创新创业人才的一项必要条件。在当前时期开展各种类型的职业技能大赛已经成为一项极为平常的活动。以技能大赛为依托来推动财会专业创新创业的教学主要有几方面的优势：

1.明确创新创业教学课程的方向

通过举办技能大赛,可以准确、熟练地掌握财会专业的课程和创新创业研究方向。举办技能大赛的直接受益者就是校、企两方,比赛项目和比赛任务是企业对于财会岗位的工作能力需求最为直接的体现,通过参加技能大赛,高职院校可以更为全面系统地了解当前企业所需人才的种类,以便更好地为财会专业学生在创新创业教育上提供良好资源。

2.促进教师创新创业能力的教学

举办职业技能大赛可以在一定程度上提升教师创新创业的教学能力。

首先,在教学方面,应始终将创新创业教学作为基本原则来开展财会专业教学,但是如何适当地掌握好这一原则,使这项内容与其他的专业内容从本质上区别开来,令许多的财会教师感到困扰。技能大赛中对于会计技能的比赛内容和流程以及形式都有着极为详细的介绍,教师可以以此作为参考,整理专业的课程教学内容,并根据整理的教学内容来确定教学模式和教学方法。

其次,在专业技能方面,教师通过参加技能大赛,可不断地提升自身财会专业的创新创业教学能力,并且积极了解相关行业新技能与新知识,从而更好地为学生在创新创业教育上提供更多帮助,从而提升学生对于创新创业的兴趣。

3.激发财会专业学生对创新创业的信心

参加技能大赛,会激励学生更加努力认真地学习,并且对创新创业产生兴趣,以此树立自信。由于近年来的院校在实行大规模扩招,从而导致学生人数增长速度飞快,在一定程度上,学生质量也有所下降。部分学生经常抱着得过且过的心态来上课,还有部分学生只是因为对于学习不擅长,因此文化知识基础不好,导致在上课时常常跟不上进度,造成学习兴趣下降。而使用技能大赛为依托,可以帮助学生明确自身发展方向,从而帮助学生在大学时期将全部精力和注意力都集中在学习上,最终获得知识。

(三)以技能大赛为依托推动财会专业创新创业策略

技能大赛具体包括赛前训练、比赛内容和后续评审等一系列的比赛过程,并且所考察的职业技能与企业财会岗位职业需求是基本相契合的,学生通过参加技能大赛,会提升高职院校财会专业的水平。目前,在我国各大院校已经形成比赛极其普遍的现象,为了更好地借助技能大赛推动财会专业的创新创业教育,有以下几点策略:

1.以技能大赛为标准,重新构建创新创业教育课程体系

应用型大学财会专业的关键内容之一是创新创业的教育课程体系。从财会专业技能大赛设置的比赛项目来说,每一个设置的项目都需要与财会专业的技能知识和专业理论知识有关联。应用型大学还可以根据技能大赛的任务,重点突出对学生会计各项能力的培养,并及时修改和调整财会专业原有理论知识、技能课程以及教学内容。

2.以技能大赛为依托,促进课堂教学上的创新

应用型大学的改革和创新对于财会专业的课堂教学有非常重要的作用。应用型大学应借助技能大赛,引导教师积极探索创新创业教育方式方法。

以技能大赛为依托引出专业知识，并鼓励教师以技能大赛为着手点，贯穿创新创业教育内容于课程始终，优化教学内容和创新教学方式，通过应用各种方式方法来吸引学生主动地深入课堂，如案例法、任务法等，从而感受学习氛围，可以在一定程度上加强财会专业学生的岗位专业技能。

结合技能大赛与专业课程，教师可以在财会专业的课堂理论或实践教学过程中，使用技能大赛的赛制，这样既可以引发学生学习兴趣，帮助学生提高学习效果，还可以扩大技能大赛所覆盖的范围，从而实现真正意义上的全员参与。

以技能大赛为依托促进课堂获得良好教学成果，将技能大赛当作是一种检验教学成果的作用，学生通过参加技能大赛，总结其中发现的不足，使教师及时改善教学策略。

3.借技能大赛打造创新创业人才队伍

应用型大学创新创业教育课程教学改革的中坚力量来源于教师，院校要以打造双室类的教师队伍为前提，选择院校内优秀的教师作为学生参加技能大赛的教师，并为他们的创新创业教学提供更加有力和适合的条件。

首先，由专家进行引导。应用型大学可以邀请技能大赛中专业的学者和专家定期来校内开展演讲和培训活动，帮助教师更加深入地了解教学内容，促使教师踊跃地参与创新创业教育课程的改革中。同时专家具有极其丰富的大赛经验，对于学生积累经验有很好的帮助作用。

其次，提供学习上更多的资源。应用型大学应加大对于创新创业教育的各项投入，为学生创造更适合的学习环境，为教师提供更良好的教学环境，并完善和定期维护技能大赛专用的设备，帮助学生适应比赛环境，教师适应创新创业教育的改革，激发学生对于创新创业的兴趣。

最后，提供真实的实践操作机会。应用型大学采用定期让教师和学生到校企合作的企业进行相关岗位实训的方法，通过真实处理相关业务和电脑操作各方面实训，对提高教师和学生各方面能力有良好的推动作用，使其在实际技能大赛和创新创业教育中展现更好的水平。

三、建立电商创新创业平台服务乡村振兴

乡村振兴背景下，我国农村地区在发展过程当中也迎来了新的发展机会与可能，凭借大数据技术以及现代信息技术的成熟，电子商务在我国农村地区有了广泛发展。电商创业平台的建设是推进我国农村地区经济发展的重要推手，对我国农村地区产业转型和经济发展来说具有重要意义。

（一）乡村电商创业现状

互联网时代的到来为创业的发展带来了新的发展机遇和挑战，使各类产业迎来了新的发展，正是凭借着互联网的东风，让越来越多的年轻人有了更多的工作，一部分人选择返乡创业，积极地带动自己家乡经济的腾飞。根据农业农村部的相关调查数据显示，2021年

我国返乡入乡创业人员达到1120万人，其中有54%以上的人都利用信息技术进行创新创业，足可以见在我国农村地区利用现代信息技术已经成为创业的主要途径。农村电子商务也正是凭借着"互联网+"的东风逐渐兴起和成长起来，用户规模的不断增长，为网络电商在农村地区的发展打下坚实基础。在农村地区发展电子商务的过程当中，也能够进一步带动农村地区就业发展，顺利解决农村地区就业难问题。据相关部门统计报告显示：我国农村电子商务的发展带来了3500万个就业岗位，在我国农村地区将电子商务作为地方经济发展支柱的村庄，共计超过3000多个。

1. 政策的大力支持

在推进乡村振兴战略的过程当中，农村地区发展电子商务最大的优势在于国家和部委出台的相关政策都极力推进农村地区电商的发展。根据相关调查结果，连续5年之内，我国至少出台了30多个与农村地区电商发展有关的政策措施，这些政策措施涉及的领域也十分广泛，包括人才、资金、基础设施等诸多方面，这些政策的落实都为我国农村电商的进一步发展提供了有力支撑。2015年国家实行"农村青年电商培育工程"，这为我国培养了一大批具有专业能力和专业技能的农村青年，让他们能够凭借自己的知识来进行电子商务创业就业。早在2017年，商业部便出台了推动地方商业发展的文件，进一步推动地区农村电商的发展，文件《关于深化农商协作大力发展农产品电子商务的通知》为地区乡村电商的发展指明了一条发展道路，并提供相关的政策支持和保护。让新型职业农民返乡下乡人员能够接受系统的培训，让他们能够学习理论知识、技能技巧等不同层次的知识培训。2018年《关于开展电子商务进农村综合示范合作的通知》出台，其目的是为乡村电商发展提供相关技能培训，让农村地区的创业青年能够有机会接受专业的技能培训，对他们进行农产品包装宣传以及销售等实操技能培训，从而提升企业产业发展能力。

2. 电商巨头带头促进农村电商发展

电商巨头企业在发展城市市场的同时也开始了对乡村市场的竞争。2014年9月，阿里巴巴便将大数据业务、涉农电脑等相关业务作为未来的发展方向，随后阿里巴巴还出台了千县万村计划作为战略支撑。京东于2014年11月也开启了农村电商项目，着力建设京东帮服务店和县级服务中心，以这些服务中心的建立为有力支撑，另外还不断地完善相关售后服务，提高服务质量和口碑。拼多多在2018年上市之后便向农村地区迅速拓展，凭借其低价的优势，吸引了一大批农村地区的忠实用户，市场占有率不断提升。不仅如此，汇通达、万家欢、农信互联等农产品B2B平台也大力向农村地区进军。

3. 农村居民对电商认可度上升

随着人们生活水平的进一步提高，农村地区居民的生活质量也有了很大提升，农村地区百姓生活已经焕然一新，越来越多的中老年人已经能够熟练地使用手机中的各种应用和功能，这也成为电商发展过程当中一个重要的消费群体。根据相关调查报告显示，截至2020年年底，我国农村地区网民数量规模已达到3.09亿，在我国农村地区居民使用互联网完成购物或支付等活动的使用率达到70%以上，并且呈现出用户规模年增长14%的增长趋势。不仅如此，也有越来越多的农民加入互联网创业的大潮当中来，充分地利用互联网所提供的广泛平台来推动农产品的销售。仅到 2018 年年底，我国涉农电商平台共计约有 4000 多个，相关的网店数量更是突破了 3 万多家。这种全新的销售模式的出现为农村地区农民增收减负提供了更多可能，富有地方特色的特色农产品也得以走出狭窄的销售市场。越来越多的农村居民，对电子商务的认识水平也有了进一步提升。B2B 交易平台也逐渐在乡村发展过程当中被人们所熟知，越来越多的农民充分利用 B2B 平台来实现自身创业就业，仅 2021 年，拼多多能够达 610 亿单。电子商务平台的出现，也为贫困地区农民脱贫致富提供了新的发展路径，根据拼多多的内部统计数据显示，我国国家级贫困县当中共计有超过 14 万家商户在拼多多平台上注册，其总年销售额共计超过 160 亿元，这些都足可以见电商平台的出现为农村地区的经济发展提供了新的机遇。

（二）电商创业的典型模式分析——以江苏省为例

根据党的十九大报告提出来的农村发展总体要求，在发展农业的过程当中应当要将农村发展视为一个有机整体，而乡村振兴战略的提出使我国农村电商创业拥有新的发展动能。我国农村电商创业发展通过对于个人和组织所持有的资源，结合当地的实际特点将各地特色产业和工艺进行综合归纳之后进行推广的方法。农村电商的提出是符合我国社会发展趋势以及当前农村社会发展的实际要求的，是农村产业链条的延伸，推动农村地区可持续健康发展的重要举措，其最终目标在于实现乡村振兴。

这种自下而上的创业方式，能够有效地调动起每一个农民的创业积极性，同时也是对农业生产要素的有效激活，在很大程度上是对于传统农业生产方式的一种革新，它带动了农业发展软硬设施的进一步完善和更新，同时也弥补了农村产业空洞化问题。本文以江苏省为例，对江苏省农村电子商务的发展进行分析，对电商创业平台在带动农村电商创业发展的过程中所能够发挥的巨大作用进行分析。截至 2019 年 6 月，江苏省共计有 615 个淘宝村，155 个淘宝镇，其综合排名位于全国第三。江苏省乡村经济发展过程当中充分利用电子商务实现地区经济新发展，推动地方特色农业成长。江苏省各地纷纷涌现出优秀代表人物，推动地方电商创业为地方经济发展注入新的活力。

1. 电商创业平台助推经济发展

电商创业平台在推进江苏省农村经济发展的过程当中，其主要作用是以农业电商服务中心以及电商产业园等品牌作为载体，对当地的特色产业进行综合考量之后聚焦于农村电商发展服务资源，通过不断地完善相关设施，从而逐步地培养起农村电商相关企业，进而形成强有力的辐射带动力量，最终形成具有很强带动作用的电商产业集群，引导地方的优势特色产业进行转型升级。中国南通家纺城在激烈的市场竞争环境之下，相关领导者也在积极地寻找和培育自身新的竞争力。电子商务的出现为南通家纺城的发展提供了新的机遇。通过充分地利用互联网所持有的广泛资源，将涉及家纺行业的诸多上下游企业进行整合之后，形成一条完整的依托电子商务的价值链。仓储、物流信息软件等诸多企业的融合，使这条产业链呈现出蓬勃的生长态势。这一条贯穿上下游的价值链的出现，直接推动了传统纺织业逐步向现代化方向转变。此模式利用电商产业园以及农业电商服务中心将电子商务、设计研发、仓储、物流等诸多产业融纳为一体，这种全新的组织形式以及经营模式延伸了上下游的产业链，带动了传统产业向现代化转型。

2.电商产业园

江苏省为进一步推进农村电商创业的发展，打造了一批电商产业园，也取得了不菲的成果。以苏州东山电商产业园为例，据调查，在东山电商园成立之前，当地的特色农产品一直都由于销售渠道过于单一，导致价格较为疲软，加之对市场需求信息反应较慢，很容易导致农产品积压和滞销现象的出现，给农民带来损失。2016年东山电商产业园成立之后，该产业园区迅速利用其自身所特有的口碑优势，利用当地"中国碧螺春之乡""中国太湖蟹之乡"等名号迅速拓展并逐步地建立起广泛的市场，在当地政府的支持下，由行业协会主导，大力推进当地产业发展综合改革。

2016年，东山镇因东山电商产业园的成立，被评为江苏省农村电子商务十强镇。如今在该电商产业园之内共聚集有小微企业70余家，网店500多家。该电商产业园的成立为当地农民的增收致富带来了新的可能，自该产业园成立之后，东山农民收入普遍提升两成以上。

（1）运作模式

东山电商产业园是半政府机构非营利性质的，其坚持"互联网+特色农产品+旅游"战略方针，通过对三方资源进行有效整合实现地区经济的全新发展。受土地政策的影响，该地的土地较为分散，且个体农户的农产品质量无法得到保证，因此东山电商产业园负责搭建起资源平台，为农户与电商和物流企业牵线。东山电商产业园并不参与双方的谈判过程，仅为双方提供沟通渠道。另外为了进一步地提高运作效率，东山产业园还鼓励农民抱团，以最大可能降低运费和租金，逐步地引导当地形成规模效益，另外为了更好地促进电商产业的发展，当地还引进顺丰、EMS等物流企业。

同时，东山电商产业园的负责人还邀请阿里有关负责人，对当地农户进行专业技能免费培训，仅仅在成立一年不到的时间内，便陆续开展了90多项相关免费培训，共计约有4000多人参加东山电商产业园培训，以这种授人以渔的方式，逐步地引导当地农民改变思想观念，为建设智慧农村打下坚实的基础。同时产业园负责人还积极联络相关企业为地方农户提供技术支撑，保证农户能够自产自销，自力更生。

东山电商产业园凭借年吸引客流量300万人次的优势，在发展旅游业的同时，注重将当地特色农业与之相结合，让地区发展形成一个有机整体，各个行业之间相互贯通。通过门票优惠政策，进一步吸引外地游客来访，同时在一些热门旅游景点周围，开设农产品直营店的方式进一步拓展市场，让本地特色农产品能够被广大消费群体所熟知，刺激消费需求。也正是由于这种曝光度的进一步提升，为东山吸引了一批慕名而来的游客，这为东山休闲旅游的发展带来了福利。

（2）运营优势条件

在东山电商产业园的运营过程当中注重打造统一品牌，以"洞庭山碧螺春""东山湖羊"两个国家地理商标为基础，为当地的特色农产品，例如太湖蟹、枇杷、杨梅等申请商标。通过此举将东山地区农产品的附加价值提高，不仅如此，还为地区农户发展提供了便利，让地区农户能够充分利用地区已拥有的品牌效益进行宣传，降低成本。

此外，东山电商产业园还注重集聚效应，将东山农户聚集起来，以电商产业园为统一机构代表引进流量，农户可凭借电商产业园与下游采购商进行交流。东山电商产业园还积极地促成果农与电商平台之间的合作，由电商平台对农产品进行品质审核，从而保证产品质量，打造地方农产品品牌。

3. 电商服务中心

电商服务中心的建立也是推动地区电子商务发展的重要引擎。当地充分利用电商服务平台，从而搭建起一种全新的"供应链+物流"模式，进一步提升电商物流的服务和盈利能力。利用"供应链+互联网+人工智能+物联网"形成一个供应链物流产业共同体，打造出科技赋能的生态平台，带动物流产业的自动化发展。

同时不断地完善农产品上行的服务体系，通过构建该地区农产品标准服务体系，为农产品的生产提供依据并做好质量溯源服务，保证农产品的品质。此外，还利用直播商业服务平台来进行本地特色农产品品牌塑造，推动地方农产品销售。依托乡村电子商务平台进一步打造出行业供应商高端联盟平台，将各地零散的生产主体进行整合吸收，利用平台云资源，构建起农产品生产供应网络，将各类农产品的生产信息存储在云供应链平台当中。各个生产主体可以利用云资源来扩大销售规模和销售范围，相应地也要进一步完善农村电商服务体系，要保证地区人们日常生活能够得到满足。为农民提供网购知识培训服务以及电子商务培训，为电商创业带头人提供消费维权、打击假冒伪劣，售后服务等相关知识和技能的培训。

第七章　乡村振兴战略的财会应用型人才培养评价考核

第一节　乡村振兴战略的财会应用型人才培养评价考核的差距

一、乡村人才振兴理论内涵

乡村人才振兴评价指标体系是一个多维度的体系，乡村人才数量、乡村人才质量、乡村人才结构、乡村人才投入、乡村人才效能作为乡村人才振兴的有机统一体，需要用系统性的思维来进行统筹考虑。其中，乡村人才数量是乡村人才振兴的重点，是乡村人才振兴的重要保障；乡村人才质量是实现乡村人才振兴的关键，决定了乡村人才振兴的实现质量；而合理的乡村人才结构是实现乡村振兴的基础，能够有效地发挥乡村人才的作用；乡村人才投入是实现乡村人才振兴的保障，反映了对于乡村人才培养与乡村人才发展的支持力度，对乡村人才振兴的发展后劲有着重要的作用；乡村人才效能是乡村人才振兴的根本，是乡村人才作用的体现。这几者之间相对独立而又相互联系，是实现乡村人才振兴目标任务的内在要求所在。

（一）人才数量是实现乡村人才振兴的重点

实现乡村人才振兴，首先就是要有足够多的乡村人才。在中国的城乡二元制结构下，大量的农村劳动力尤其是青壮年劳动力往城市就业迁移，乡村人力资源流失不断加重，"空心村""老人村"等农村社会现象不断涌现。乡村没有足够数量的人，尤其缺乏人才与年轻人，而这已经成为制约乡村人才振兴的首要因素。因此，吸引足够多的人才投入乡村建设是当下实现乡村人才振兴的第一要务，这也是乡村人才振兴评价指标体系指标选取的重点之一。

（二）人才质量是实现乡村人才振兴的关键

乡村振兴，人才先行。人才数量与人才质量二者之间相辅相成。乡村人才质量直接决定了乡村人才振兴的深度与广度，是实现乡村人才振兴的关键。随着新农村建设的推进，现代化农业在不断发展进步，现如今农业已经成为一个越来越"高大上"的行业。农业市场的全球化竞争之下,掌握农业先进科技、核心技术的发达国家牢牢地掌控着农业市场的龙头地位。作为拥有全世界最多农民的农业大国,我国的农业产业虽然产量足、品种多,但是在农业尖端领域却始终与发达国家有着巨大的差距。乡村人才学历水平不高、专业能力不足、乡村尖端人才匮乏是我国农业产业始终无法跻身产业链顶端位置的重要因素。因此,要想实现乡村人才振兴,乡村人才的增量与提质两者缺一不可。

(三)人才结构是实现乡村人才振兴的基础

乡村人才振兴是一个复杂的有机整体,而要实现乡村人才振兴,多元化、多层次、全方面、科学合理的人才结构是不可或缺的。人才结构是乡村人才振兴的基础,只有乡村人才结构科学合理,乡村工作中才能做到人尽其才,乡村振兴的道路才能取得事半功倍的效果。

(四)人才投入是实现乡村人才振兴的保障

乡村人才振兴离不开乡村人才,而对于乡村人才的投入是乡村人才振兴的重要组成部分。"人"只有在拥有足够多的保障和教育培训之后才能成为"人才",而"人才"同样需要足够多的政策、资金、技术支持才能发挥出最大的效用。因此,只有足够多的投入,更多的"乡村人"才能转变为"乡村人才",为乡村人才振兴提供源源不竭的内生动力。

(五)人才效能是实现乡村人才振兴的根本

人才效能简单来说就是人效指标,它体现的是人才的产出。乡村人才效能:一方面体现出乡村人才在乡村的工作中发挥的作用;另一方面也反映了人才在乡村工作中有没有被放到正确的位置,是否做到了人尽其才。人才效能的最终映射是乡村人才振兴的成效,人才效能的高低体现了乡村人才振兴工作的进展,这也是体现乡村人才振兴的根本要求。

二、乡村振兴发展战略规划与财务会计人才培养对接上的差距分析

(一)专业硬件配置标准不够

现阶段,没有设立专业的农学院,也没有设立专业的农业技术专业。因此,农业学校硬件设备标准的基础建设还很缺乏,技术专业的硬件配置标准还不能满足"三农"人才培养的主要要求。

(二)办学机制不健全

乡村振兴学校的工作主要归于职业技术教育学院,但其办学理念、日常工作任务、组织架构和管理方式、工作精英团队、活动主题等方面都没有建立完善的制度,财务会计等乡村振兴学校的建设得不到相应的保障。

(三)基本建设的资本性支出相对缺乏

现阶段,乡村振兴学校用于人才培养和其他业务工作的经费预算有两个来源:一是税收优惠政策对传统新建项目的扶持资金,二是申请校园资产免税。总而言之,乡村振兴学校基本建设预算以自筹资金为主,预算发展趋势相对缺乏,无法为全面开展培训提供充足

的资金，从而无法为乡村振兴培养人才。

（四）工作中的设计和规划不全面

就当前乡村振兴学校的工作规划而言，主要着眼于"三农"人才培养。各二级院校及相关部门均未参与乡村振兴学校建设。人才培养、乡村振兴科技产业、乡村振兴志愿服务等领域几乎都出现了空缺。

（五）精英教师队伍专业能力不强

乡村振兴学校依托的职业学院，没有专业的农业技术专业环境，学校中的技术专业教师也很少。因此，乡村振兴学校内部结构中的精英教师队伍专业能力不强。目前的教师在课堂教学中只尽可能将自己的技术专业与乡村振兴相结合，以培养乡村振兴人才。教学实施专业能力不高、课堂教学深度不够，严重影响人才培养质量和实际效果。

（六）科研体系化不足

调查显示，现阶段职业院校部分教师开展了一些与乡村振兴相关的主题活动，但总体上是碎片化、片面化，缺乏系统性，导致乡村振兴学校合理基础建设的缺乏。

（七）人才培养供需失衡

受限于学校自身软硬件标准的影响，人才培养只能以现行标准为基础。人才培养供需失衡是乡村振兴基础建设急需解决的问题。

（八）特色品牌仍需再创新

现阶段，一些学校已经打造了一些具有特色的知名品牌，如全国办学规模最高的镇村干部高校、大学生下乡等。这样的教学模式会对人才培养有一定的贡献，也会提升知名度，但是总体来看，振兴乡村工作只依靠于继续教育的学校去开展还是很难达成目标的。

第二节 乡村展现战略的财会应用型人才培养评价考核重点

根据学生面向乡村振兴战略学习的心理特点和已有的乡村振兴战略发展水平来合理选择与增补财务应用型人才培养课程的教学内容、作业布置和课外阅读材料。

一、乡村人才振兴指标体系构建原则

（一）全面体现乡村人才振兴的内涵和发展趋势

全面体现乡村人才振兴的内涵和发展趋势，是构建乡村人才振兴评价指标体系时需要遵循的首要原则。评价指标体系的构建最重要的就是指标与体系之间的强关联度，因此选取的指标必须能够准确地反映乡村人才振兴的目标要求，能够体现乡村人才振兴在现在与

未来的数据指标表现形式。

（二）科学性与合理性

乡村人才振兴评价指标的选取和指标体系的构建都要具有科学性，要符合乡村人才的需求和发展现状，要能够准确把握乡村人才振兴这一研究对象。因此，必须从乡村人才振兴的概念出发，注意其中的内涵，科学地选取反映乡村人才数量、乡村人才质量、乡村人才结构、乡村人才投入和乡村人才效能各个方面的指标，使这些指标可以构建成一个科学合理的乡村人才振兴评价指标体系。

（三）整体性与独立性

在构建评价指标体系时，对于各个指标之间的关系要理解、理顺。乡村人才振兴指标体系是一个涉及乡村人才数量、乡村人才质量、乡村人才结构、乡村人才投入和乡村人才效能各个方面的"五位一体"的综合评价体系，指标的选取不仅需要从不同的侧面反映出乡村人才数量、乡村人才质量、乡村人才结构、乡村人才投入和乡村人才效能子系统的个性特征和个性状态，同时对各个子系统之间的内在联系也要有所反映。

（四）系统性与代表性

乡村人才振兴评价指标体系的构建一方面要考虑体系的完整性，另一方面也要考虑指标的代表性。在构建的过程中，要在体系系统全面的基础上，优先选取具有较强代表性的指标，最终构成乡村人才振兴评价指标体系。

（五）现实性与前瞻性

在构建乡村人才振兴评价指标体系时，要综合考虑我国乡村人才振兴的发展预期；要对我国乡村人才振兴的未来发展方向有所体现；要高瞻远瞩，站在时代背景下，对未来乡村人才振兴的发展形势做出预判，以寻求合适的指标。

二、乡村人才振兴指标体系的构建

根据实现乡村人才振兴的战略目标，以实现评价结果的科学、客观与合理为导向，本研究从乡村人才数量、乡村人才质量、乡村人才结构、乡村人才投入、乡村人才效能五个维度出发选取35个指标。

（一）乡村人才数量子系统

乡村人才数量反映的是乡村人才的规模情况，下设两个二级指标。第一个是乡村人才资源，下设乡村就业人员数占乡村人口比重和乡村人才数量占乡村就业人员比重两个三级指标，分别反映乡村人口的就业情况和乡村人才数量情况。第二个是乡村人才队伍建设，该指标主要用来反映乡村人才队伍的发展情况，选取五个三级指标：每千人农村实用人才数、每千人农业科技人员数、每千人乡村专职教师数、每千人乡村卫生技术人员数、每千人乡村公职人员数。其中，每千人农村实用人才数反映农村实用人才队伍建设的情况，每千人农业科技人员数反映农村农业科技人才队伍建设情况，每千人乡村专职教师数反映乡村教育人才队伍情况，每千人卫生技术人员数反映乡村卫生技术人才队伍的建设情况，每千人乡村公职人员数反映乡村治理人才队伍的建设情况。

(二) 乡村人才质量子系统

乡村人才质量体现的是乡村人才的素质水平高低，设有三个二级指标，分别为乡村人力资本开发水平、乡村人才学历水平、乡村人才职称水平。其中乡村人力资本开发水平下设乡村初中升学率、乡村劳动力人均受教育年限、每千人乡村成人文化技术培训结业人员数三个三级指标。通过受教育的比例、受教育的程度两个视角反映人力资本开发水平。乡村人才学历水平代表了乡村人才的受教育程度，一般来讲更高的学历水平代表着更高的学习能力以及更为出色的创造力。在乡村人才学历水平上设置乡村人才中拥有小学及以上学历的人员比例、乡村人才中拥有初中及以上学历的人员比例、乡村人才中拥有高中及以上学历的人员比例、乡村人才中拥有大专及以上学历的人员比例四个三级指标用以反映乡村人才的学历水平。职称是对乡村人才专业技术能力的反映，它可以反映乡村人才的工作能力和技术水平，职称的高低在很大程度上体现了乡村人才的专业能力水平。在乡村人才职称水平指标上设置乡村人才中拥有初级及以上职称的人员比例、乡村人才中拥有中级及以上职称的人员比例、乡村人才中拥有高级及以上职称的人员比例三个三级指标，用于反映乡村人才在职称这一块水平的高低。

(三) 乡村人才结构子系统

乡村人才结构反映的是乡村人才队伍的构成结构。下设乡村人才年龄结构和乡村人才从事产业结构两个二级指标。年龄结构由35岁及以下乡村人才占总乡村人才比例、36~40岁乡村人才占总乡村人才比例、41~45岁乡村人才占总乡村人才比例、46~50岁乡村人才占总乡村人才比例、51岁及以上乡村人才占总乡村人才比例五个三级指标构成，用以反映乡村人才的年龄结构构成。乡村人才从事产业结构由第一产业人才占总乡村人才比例、第二产业人才占总乡村人才比例、第三产业人才占总乡村人才比例三个三级指标构成，用于反映乡村人才从事的产业类型结构构成。

(四) 乡村人才投入子系统

乡村人才投入是国家或地区对于乡村人才培养、乡村人才发展、乡村人才保障以及乡村人才潜能方面的优劣以及体现人才发展后劲的指标。下设乡村教育投入、乡村医疗卫生投入、农业研发投入三个二级指标。在乡村教育投入方面设置反映政府教育支出力度的乡村小学初中生人均基本建设支出、乡村小学初中生人均教育经费支出两项三级指标。乡村医疗卫生投入上设置农村居民基本医疗保险参保率、乡村居民人均医疗卫生支出两项指标，用以反映乡村在医疗卫生方面的投入。在农业研发投入上，设置农业R&D经费支出占总R&D经费支出的比重反映对农业科研的重视程度，设置农业R&D人员人均经费支出反映农业科研人员的经费投入情况。

（五）乡村人才效能子系统

乡村人才效能是衡量乡村人才产出贡献、反映乡村人才发展成效的指标，下设乡村人才经济效能和乡村人才贡献能力两个二级指标。在乡村人才经济效能方面，设置乡村居民人均可支配收入和农业劳动生产率两个指标反映乡村经济发展的成效。在乡村人才贡献能力方面，设置农业科技进步贡献率和乡村人才贡献率两个指标来反映乡村人才对乡村社会经济发展的贡献程度。

三、构建实践教学质量评价体系的现实诉求

（一）社会需求的现实性

应用型大学财务管理专业是为社会专门培养财务金融领域人才的应用型综合性专业，其实践教学是财务管理专业满足社会人才需求、体现应用型和创新型人才培养的重要一环，也是学生创新能力和动手能力提高的保证。实践教学质量的高低，关乎社会需求是否得到满足，输送的人才是否得到社会认可。以社会对人才的需求为导向，构建一套符合教育理念并满足社会需求的一系列相互联系、相互制约、相互作用的评价指标综合机制显得尤为重要。通过该体系评估、判断应用型大学实践教学效果，修正存在的问题，最终使学生能够熟练掌握实训技能，提高理论知识的应用水平和实际动手能力，培养合格的社会需求人才。客观来说，实践教学质量评价体系的构建是社会现实需求。

（二）教学质量提升的急需性

教学质量是上级主管部门和社会各界判断应用型大学办学成功与否的标准，是高等院校核心竞争力的一个重要指标。教学质量的高低体现在理论教学、实践教学等诸多方面，特别是实践教学质量更是高等院校整体教学质量的标志。高等院校的实践教学相融于理论教学之中，又介于理论教学和社会需求的交界处。通过实训场地的现场模拟，让学生对知识的理性认识转变为感性认识，加深学生对理论知识的理解，使学生的知识体系更完善，实际动手能力得到提高。在确定培养方案时，要明确实践教学的地位，对实践教学的内容设计、实践教学活动方案的可行性以及实践基地的软硬件环境进行判断和评价，发现存在的问题和不足，提出改进的措施。因此，作为评价、监管实践教学活动中的一个重要环节，构建实践教学质量体系也是提升教学质量的有效保证。

四、应用型大学财务管理专业实践教学质量评价运行现状

（一）实践教学质量评价的理念落后，评价目标缺乏综合性

高等院校的实践教学是巩固课堂所学理论知识的重要抓手，是培养学生创新意识和提高学生动手能力的重要平台。因此，构建实践教学质量评价体系应落脚到理论的应用和动手能力的提高方面。调查显示，发现有很大一部分的应用型大学对实践教学质量的评价认识不足、重视程度不够，即便制定了相应的实践教学质量的评价体系，但评价目标综合性不够，比较单一。还有很大一部分的应用型大学构建的实践教学质量评价体系目标比较单一，注重

的是实践教学中教师教学质量的结果,而对整个实践教学的过程监管、评价不到位,忽略了实践教学的本质内涵;重点放在任课教师"教"的结果方面,而对学生"学"的过程未做评估、判断。实践教学的理念是培养学生的实际动手和操作能力,使学生熟练地把理论知识运用到实际工作中。实践教学质量评价体系整体上考虑不够,没有进行全面综合性引导,使毕业的学生不仅在某个专业领域深度有所欠缺,而且在知识层面上也缺乏一定的广度。

(二)实践教学质量评价标准不规范,评价指标设置不全面

科学、规范的实践教学质量评价指标是构建实践教学质量评价体系的基础,是评判实践教学质量的依据。各应用型大学应根据自身的发展轨迹、培养模式、办学特色,制定科学、权威、统一的实践教学质量评价指标,方便对实践教学过程进行监控与评价。现阶段大多数应用型大学都能按要求制定财务管理类专业实践教学质量评价指标,但有些应用型大学设置的指标并不明确,与实践教学活动相脱节,指标的运用缺乏可操作性,评价内容缺乏层次性信度和效度,对实践教学过程的实践性、开放性和职业性方面的评价标准不统一,效果欠佳。由于评价指标不明确,使得在校学生实践教学监管力度不够,导致学生操作技能的课程学习与工作要求脱节,无法满足企业的实际需要。

(三)实践教学质量评价主体的参与度不够,没有呈现多元性

高等院校教学活动中主体是教师和学生,相关利益方是学生家长和社会用人单位等。因此,应用型大学构建的实践教学质量评价体系中,评价主体应该呈现出多元性,不仅需要教学活动的参与者进行,而且教学活动的利益相关者也应包含在内,这样得到的评价结论才会比较科学、全面。许多应用型大学教学部门一般是由学校教务部门主管,他们在实践教学质量评价体系中处于主导地位,实践教学质量的评价主要由教务部门、督导教师、授课学生为评价主体。另外,很多应用型大学的财务管理专业的实践教学活动与理论课不在同一地点进行,大部分应用型大学的实践教学活动是在实践基地和外联企业进行,学校教务部门、教学督导很少到实践教学现场,无法对这部分实践教学活动进行评价,而实训基地的管理者、外联企业的有关人员了解这部分实训情况,但未列入教学质量评价的主体中来,制定出的实践教学质量评价体系,其全面性、科学性、可操作性并没有得到用人单位等方面的认可。调研数据显示(表7-1),评价主体主要是依赖教育主管部门、学校及院系领导,而教师和学生的比例相对较低,实习企业和家长所占比例更是可以忽略不计。而理想的实践教学质量评价应该让更多的学生和实践指导教师参与进来,另外,企业与家长也有权利对学校开展实践教学进行评价,教育主管部门和学校教务处、学校领导的参与比例应该降低。调研结果表明,考核质量评价体系的主体不全面,缺乏相应的科学性而流于形式,起不到应有的监督管理作用。

表7-1 农业高等院校实践教学质量评价主体参与情况表

参与者	现实参与状况(%)	理想参与状况(%)
应用型大学主管部门	46.56	6.82
院系领导	33.18	1.01

续表

参与者	现实参与状况（%）	理想参与状况（%）
教师	6.19	30.82
学生	12.32	40.12
企业	0.92	12.01
家长	0.83	9.22

（四）实践教学质量评价方法不科学

实践教学质量评价方法是应用型大学教务部门对实践教学的教师教学计划、大纲、内容、方法以及实践条件等环节进行价值判断所采用的措施和手段。科学合理的评价方法能够对实践教学活动进行客观的评判，得出准确的评价结果，为下一步完善实践教学活动提供正确依据。

在考核方法上，许多应用型大学采用抽查、值班巡视、实验结果验收、批改实验报告、阶段与期末实验现场考试等表面资料，没有考虑学生能力的提高和用人单位的需求等，与社会需求不合拍。由于评价方法的不科学，致使形成的评价结果缺失可信度和有效度，构建的实践教学质量评价体系起不到应有的作用。

（五）实践教学质量评价结果缺乏有效应用

实践教学质量评价结果的反馈是应用型大学教务部门对整个实践教学评价活动的结果进行总结报告，并且把总结报告通过相应的程序反馈给实践教学活动当事人的一种机制。反馈报告中应反映实践教学过程中的一些积极的做法，也应当指出不足之处，提出改进的意见和建议。将实践教学质量评价结果应用到实践教学质量评价机制完善、师生激励与约束机制建设、实践教学机制改进等方面，是实践教学质量评价体系建设的基本内容。

由此，部分应用型大学对实践教学质量评价结果的应用缺乏重视，将形成的实践教学质量评价结果束之高阁，很少应用于评价体系完善上。评价结束后很多任课教师并不知道自己在实践教学活动中得失情况，也不清楚如何对以后的实践教学改进，从而引发恶性循环，导致实践教学质量评价成为摆设，发挥不了应有的作用。

五、应用型大学财务管理专业实践教学质量评价体系制约因素

（一）学校领导重视程度不够

应用型大学实践教学质量评价体系的构建需要单位领导的重视，包括组织人员制定评价指标，出台相关制度、建设实践基地、联系外联单位等。但在实际调查中发现，很多应用型大学领导对实践教学质量的评价认识不足、重视程度不够。如对构建实践教学质量评价体系不积极，事先没有组织相关专家针对财务管理专业实践教学质量评价的对象、主体、内容、指标等方面进行充分论证；质量考核评价的内容、指标绝大多数是面向理论教学的，实践教学指标涉及的比较少；经费和人员的投入力度远远低于理论教学，聘请不到企业有实践能力的专业人员参与实践教学质量评价，自己学校组织的评价人员大多都是教学经验非常丰富、实践教学和指导能力相对欠缺的离退休教师，对实践教学的管理和质量

监控不到位，对实践教学质量进行的简单评价大多是重形式、走过场，各种实践教学问题不能及时发现并妥善解决。

（二）体系制定者对财务管理专业课程了解不全面

财务管理专业要求学生不仅要掌握基础理论知识，还要熟悉整个财务管理的流程，其实践教学对整个学科来说非常重要。制定财务管理专业实践教学质量评价体系的相关人员，不仅要了解该专业的理论知识，还要熟悉该专业的实际操作流程。

在评价指标的设置上，要体现出财务管理专业实践教学的循序渐进性、层次分明性、系统完整性、密切适中性等特征，如实反映评价实践教学过程中的问题和不足，进行针对性改正，进而提高实践教学质量。调研结果显示，财务管理专业实践教学质量评价体系的制定者大多数不是本专业出身，对财务管理专业实践教学的特征了解不到位，对教学规律总结较少，实践教学流程熟悉度不够，致使在构建过程中人员、实践场地、经费以及相应的协调机制都有所欠缺，没有把实践教学管理的各个阶段、各个环节的职能组织起来。由于体系的设置者不专业，构建的实践教学质量评价体系内容不完整、目标性不强，体系在执行起来效果不佳，与实际实践教学工作衔接不上，起不到应用的作用，达不到提高实践教学质量的目的。

（三）应用型大学与实践基地和用人单位缺乏及时沟通

财务管理专业的学生进行实践教学必须有校内、校外实践基地或外联单位做保证。该专业学生通过到实习基地进行实际业务操作，能及时发现自己的问题与不足，向学校教学管理部门提出合理化建议，同时，要求学校相关部门与社会用人单位及时沟通。用人单位信息反馈具有时代性、实用性、需求性等特点，它能综合映射时代对大学毕业生知识结构的诉求，也为应用型大学实践教学大纲、计划的制定和课程体系的完善提供了依据。但在实际情况中，多数应用型大学与外联实践基地和社会用人单位沟通不及时、不到位，不能第一时间了解学生们实践中存在的问题，也不了解社会上用人单位的实际需求，实践教学计划和实践教学质量评价针对性就不强，学生的动手能力和创新能力受到影响，毕业生的能力得不到社会用人单位的认可。

（四）一线教师的参与度不高

应用型大学的教师是实践教学的执行者，是实践教学质量提高的关键。对于实践教学他们有全方位的了解，知道哪些环节、哪些因素是实践教学中重要的部分，哪些是次要的。因此，实践教学质量评价标准的制定，应该有实践教学一线的教师参与。但根据调查，大多数一线教师对实践教学质量评价体系的构建不积极，甚至不愿参与。一线教师为了避免日后自我约束，避免工作的不被认同，要么不参与实践教学质量评价体系的制定，要么提出一些较容易完成但不能提高教学质量的考核评价指标。

六、构建财务管理专业实践教学评价标准

多数学校财务管理专业实践教学评价体系的不完善以及出现的流于形式的、缺乏科学

性的实践教学考核体系，严重影响了财务管理专业的实践教学效果与质量。由于财务管理专业实践教学的特殊性，要求其实践教学的评价目标要具有实践性、应用性，在今后构建财务管理专业实践教学评价标准时，最为重要是要确定合理的评价目标，由原来重视学生理论知识的考核向实践考核转变，关注学生的综合素质。对于实践教学评价目标的制定，要坚持总体培养目标和具体课程目标相结合，在评价的过程中要充分发挥总体目标的引导作用，将实践教学评价落实到具体的课程当中，以便进行科学的评价。

实践教学相对其他教学方式而言，是一种较为综合、复杂的过程，它需要多个主体之间的相互配合，包括教师、相关教学部门、学生、校外企业专家等主体。为进一步确保评价结果的科学性，在对财务管理专业的实践教学评价中，要充分考虑对以上主体进行考核。教师作为与教学密切相关的主体，对实践教学起着最为直接、全面的作用。同时，学生作为实践教学的主体，在进行评价时，可以采取学生自评、小组互评等方式，充分发挥学生的主体作用。此外，校外企业、相关教学部门作为第三主体、宏观指导的职能部门，对于实践教学效果也有一定的影响，这需要他们作为第三方对财务管理专业实践教学的整体效果进行评价，能够最大限度保证评价效果的真实性、客观性。

在构建实践教学评价体系的过程中，科学的评价指标是一个较为重要的因素。由于财务管理专业在课程设置方面较为丰富，包括课程实验、实训、实习、毕业设计、校外实习等多个内容，实践课程在其中占据多数学时，实践教学质量的好坏直接影响整体的教学效果。因此，设计出一种科学合理的教学评价指标体系成为实践教学成功的关键。在实践教学评价体系中主要包括三个维度：实践教学条件、实践教学过程、实践教学效果。实践教学条件是实施实践教学活动的重要物质保障。对于这一维度的考核重点参考该实践教学基地是否固定，是否符合财务管理专业技能的实习场所以及是否有专人负责学生实习等。实践教学过程作为教学中的重要环节，对其考核评价要重点考察教学是否达到实践教学的目的。实践效果的评价主要关注其是否达到了预期的效果，教师与学生在参与实践教学的过程中，是否既巩固了理论知识，同时又提高双方整体的综合素质。在这一项中，既包含学生自身的评价，又包含教师、相关教学部门、校外企业的评价。

第三节　乡村振兴战略的财会应用型人才培养评价考核形式

考核面向乡村振兴战略的高等农业院校财务应用型人才培养课程大纲、试题内容与课程培养目标相吻合，课程成绩评定体现形成性评价考核与终结性评价考核相结合、相统一，以保障财务应用型人才培养课程教学目标的达成。

一、确立合理的实践教学质量评价理念

高校实践教学目标要考虑到高校的定位、大学理念、办学条件以及办学资源等诸多方面。高校财务管理专业实践性要求较高,这就要求构建高校财务管理专业实践教学质量评价体系时,要结合财务管理专业的特点,明确评价的目的,确定体系服务的方向。

首先,要确定实践教学质量评价的终极目标,即服务于社会需求,促进社会经济和谐发展。

其次,要围绕终极目标,结合学校规划以及学校现阶段的师资力量、实训教学设备的购置、实训经费的投入等制定阶段性目标。

再次,为保证目标能落实到位,要将各项具体目标尽量分解,层层落实,责任到人。

最后,及时到教学单位回访,了解目标制定是否贴合实际,纠正偏离目标的教学行为。

二、构建实践教学质量评价主体的多元性

构建实践教学质量评价主体的多元性是一个涉及多方面的过程,单一的评价主体比较片面,难以全面了解实践教学数据,得到的评价结果比较片面、不准确。因此,要确保质量评价的有序开展,需要主管部门、实践教师、学生、实践基地、外联单位以及社会用人单位等多方参与,从不同的角度对实践教学进行全方位的监控。

首先,由学校出台规定,明确参与实践教学质量评价主体资格,围绕主体资格设置相应条件,以保证评级结果的科学、准确、有效。

其次,针对校内的评价主体,学校或基层单位要给予一定的待遇或奖励,保证参与的教师或学生的积极性和责任感。

再次,聘请校外人员参与时,尽量找了解实践教学特点、具有一定学历层次的人,以保证评价结果可用。

最后,学校出面组建实践教学质量评价主体委员会,结合上级部门和学校政策,及时修改、修订评价指标,定期开会、学习交流,保证自身水平的提高。

三、设置合理的实践教学质量评价指标及评价标准

实践教学质量评价的指标和标准是评价的依据和标尺,评价指标和标准制定得是否准确,决定了实践教学评价质量的高低和实践教学水平能否提高。

首先,要遵循国家相关政策、制度、标准,结合参与教学活动的任课老师、学生以及外联实训企业等方面的意见,设置合理的评价指标及相应评价标准。

其次,需要充分考虑实践教学的特点,依据所划分的实践教学不同阶段的不同特点来分别设置。

再次,依据不同的实践阶段,设置不同的评价指标和相应的评价标准。

最后,具体实施阶段是实践教学的核心阶段,主要了解参加实践的学生理论知识的运用、专业技能的操作等情况。这个阶段设置的评价指标包括实践教学教材的选用、实践教

学的课程设置、实践教学的内容、实践教学的方法等。

四、完善实践教学质量评价的反馈机制

实践教学质量评价的目的是反映实践教学中出现的各种问题，然后进行针对性的改进，进而提高学生就业率，所以，实践教学质量评价的反馈是体系中的关键。

首先，制定相关的实践教学质量评价反馈制度，以学校文件形式下达，每次实践教学质量评价活动结束，必须有反馈建议。

其次，建立实践教学质量评价的反馈机制，设置相应的部门专门负责收集实践教学质量评价信息，召集专家讨论，形成实践教学评价结果，并将其反馈给各参与主体，便于各个受益主体分析其实践教学的效果。

再次，确定反馈主体，即实践教学活动各方参与者，保证反馈意见全面准确。

最后，每个基层教学部门，必须有实践教学质量评价反馈建议对接人，保证反馈建议顺畅到达教学单位。

五、健全实践教学质量评价的保障机制

实践教学工作是理论教学工作的延续，也是教学质量提高的保证和教学体系的重要一环。构建实践教学质量评价体系需要全面完善的保障机制。

首先，领导要重视，学校应设立相应的组织部门，配备专门人员负责处理实践教学质量评价日常事宜，厘清领导和基层院系实践教学沟通渠道，提高实践教学质量。

其次，学校结合财务管理专业需要，制定特殊人事政策，大力引进人才，特别是"双师型"人才，即既有理论又有实践的人才，对现有的实践教学任课教师定期培训或送入企业轮训，提高他们的实际工作能力，从而有利于实践教学水平的提升。

最后，加大资金投入力度，完善实践基地建设。采用"走出去，引进来"的政策措施，带领学生到外联单位进行实地现场操作，外聘有实践经验的企业财务管理人员到校进行实践指导。通过构建各种保障机制，推动实践教学质量不断提高。

六、典型案例分析

随着高校创新人才培养机制的改革与发展，各高校尤其是应用型本科院校，积极探索和实践以赛促学、以赛促创、赛教融合、赛创融合的"课赛创"一体化的育人模式成为一种趋势。农业院校财会专业有着特殊的涉农背景，但长期以来人才培养课程设置同质化，教学方式方法单一，学生"知农、爱农、为农"的情怀薄弱，服务农业的思想基础不稳固，等等，已不能满足现代农业经济管理对人才的需求。案例根据涉农财会专业学科特点，构建基于"课赛创"协同的育人模式。"课赛创"一体化是指把学科专业的比赛元素、创新创业元素融入课程教学与学习过程中，从而激发学生的学习主动性、积极性，培养创新创业人才。在推进新的财会专业育人模式时，面临"双师"素质教师缺乏、课程评价方式较为单一等一系列问题，农业院校财会专业有必要制定比较完整的改革方案。

（一）完善"涉农"财会专业的课程教学及评价

1. 增加专业课设置，丰富涉农财会理论教学体系

乡村振兴战略是党的十九大作出的重大决策部署，是新时代"三农"工作的总抓手，农业、农村的发展需要具备专业技能的农林人才。因此，与其他类型高校不同，涉农高校人才培养目标具有特殊性，必须为实现农业现代化和乡村振兴提供高素质的科技和人才保障。在课程设置上，需要紧跟社会发展，补充农类知识，增加诸如农业企业经营管理学、生物资产会计等课程。在教学方面，增加农业企业实际案例，丰富课程内容。在培养学生"热衷于农、肯于为农、乐于学农"情怀的同时，促进学生在专业层面熟练掌握专业技能，使之真正成长为理论知识深厚、实践能力出众，同时，又具有创新精神的高素质农商结合的复合应用型人才。

2. 转变教师角色，引导学生向合作式、发现式学习转变

根据建构主义学习理论，学习应该是学习者主动完成的过程，而教师、教学工具只是学习的辅助手段。学习者应当主动汲取和转换从教师、课本以及其他途径传递的信息。教师承担的是促进学习的职责，学生才是学习的主体。在大数据背景下，教师可以通过便捷的新媒体平台和革新的教学方式，例如，将翻转课堂与"课赛创"相融合，让学生在教师帮助下，建立学习的基本框架，通过课前预习和课堂讨论，将知识内化，实现教师和学生的平等对话。通过比赛调动学生学习的积极性，培养学生的兴趣爱好，形成"教师指导为辅，学生自主学习提高为主"的机制。

3. 利用新的信息技术，实现课堂教学改革

进行在线课程的建设，避免传统教学的时间和地点限制，学生可以根据自身情况选择课程。一方面将基础、核心课程向学生开放资源；另一方面，通过与老师进行在线互动和交流，建立及时反馈渠道。利用"雨课堂"，与学生进行积极互动，将试题库或优秀的"课赛创"实例与学生分享。除此之外，高校应该重视在线平台的利用，例如慕课（MOOC），将国内外优秀课程整合到本校资源中去，同时将自身精品课程挂到慕课平台上去，提高高校竞争力。并且，在老师教授知识、学生学习与反馈的过程中，时刻都在产生大量的教学数据。高校应该利用大数据技术将教学大数据储存起来，通过对教学大数据的收集、筛选与分析，来帮助教师和学生进行反思，从而优化自身教学方式和学习方法，进一步开展因材施教和适应性学习。

4. 创新课程评价体系，完成教学双向评估

一般来说，高校的课程评价是以学生的理论课考试成绩作为主要的考核依据，评价方式较为单一。"课赛创"融合背景下的课程考核方式则更加注重对学生平时学习进行全方位的考核。考核的内容既包括课堂平时表现、平时作业、课内实验成绩考核、理论课程成绩等，又包括特别加分项如参加比赛、申报科创项目等的考核。比如，对于小组作业，为避免小组成员消极怠工，可结合实践表现与队内分工两类参考标准考核。教师先根据组内成员各自的表现情况进行记录和打分；然后在小组汇报或演示结束后，先得出小组分数，再根据小组成员的贡献对每个小组的成员得分进行修正；之后再加上其他组对本组汇报的

打分，最终得出每个组员的成绩。这种考核机制的改革有助于提高学生参与度，并取得一定的效果。为了实现对学生全方位、全过程的评估与评价，进而开展有针对性的教学干预，不仅要求教师对学生评学，更应要求学生对教师评教。评教不应流于形式，教师将教学成效向学生直观展现，学生根据教学过程中的主观感受评价教学质量，还可以根据教学成效客观评价教师教学质量。

（二）构建以学科竞赛为驱动的"第二课堂"

学科竞赛与实践教学相结合，它不仅可以提升学生的职业技能，而且能培养学生组织协调和临场应变能力，引导学生发现、分析、解决问题，自主学习，最终提升学生的综合素质。

1.结合专业实践内容，适时引入学科竞赛

财会专业实践教学强调供应链实际应用。传统实践教学仅仅借助于实训室完成固定的沙盘模拟，几个学生一个小组，有些学生无法得到充分锻炼，无法达到创新型人才的培养。新商科背景下，采用基于"学科竞赛"的实践教学模式。大学四年中，适时安排财会专业学生参加学科竞赛，比如："互联网＋"比赛、"网中网杯"财务决策大赛、"新道杯"ERP沙盘模拟经营大赛、企业价值创造大赛等。

以企业价值创造大赛为例，每年的12月份报名，次年的4月份比赛，我们要求每位参赛的学生在10—12月份进行集训，竞赛包括EVC实战比拼60分和EVC案例分析30分。EVC实战比拼是模拟企业实际经营，4个学生分别担任企业的CEO、财务总监、运营总监、市场总监，共同经营一家股份公司。比赛共六期经营，分别考验学生的战略规划、投资融资、物资管理、生产研发、市场营销、股利分配等，根据财务指标和经营指标考核得分。EVC案例分析主要考核学生理论知识在实体企业案例中的应用能力。整个比赛6个小时，考验学生的专注力。该竞赛与财务分析、管理会计、财会等的教学内容密切相关，通过竞赛有利于学生将这些理论知识有机联系起来并加以综合理解与应用。学生参加竞赛可以检验自己课程所学知识的程度，可以查缺补漏，主动去补学相关的知识点，提高运用所学知识解决实际问题的能力。同时教师可以根据竞赛的成绩来发现学生的问题所在，适当调整教学内容，从而达到"以赛促学、以赛促教、以赛促改"的效果。

2.以学科竞赛为导向，将"第二课堂"与竞赛相结合

"第二课堂"作为"第一课堂"的补充，是培养学生创新创业能力的重要平台，运用好"第二课堂"，应将"第一课堂"所学知识应用到社会实践中去，不仅能够提高学生的实践能力，而且能够提高学生的综合素质。设计科学合理的符合人才培养标准的实践教学体系，将"第二课堂"与"第一课堂"实训课相结合，及时更新"第二课堂"实践教学内容，为学生较早参加创新活动积极创造条件。活动课程教学体系设计要完善、合理，围绕培养学生综合运用能力、团队沟通能力、组织协调能力和创新创业能力，构建"第二课堂"，使"第二课堂"以竞赛为中心，丰富"第一课堂"内容，更好地为培养创新型人才服务。配备指导教师是"第二课堂"正规化建设的必备条件，指导教师负责指导学生开展各类活动，并引导、保障"第二课堂"的正向发展。据调查研究，指导教师的精力投入对

学生参赛并坚持到底的作用最明显。一次活动可配备一名指导教师，指导教师原则上从学校教师中选聘，确因专业、特长、学校需要等原因，指导教师也可以从地方农业企业管理人员中选聘。活动开始前，管理部门根据竞赛内容落实每学期各专业的"第二课堂"活动教学任务，制订具体的教学计划，组建有经验的指导教师队伍。活动中，相关领导要定期检查计划落实情况，指导教师巡回指导学生的操作。活动结束后，管理部门对学生进行活动成绩综合评定，对活动开展情况进行全面总结。

3. 分组训练，注重能力素质培养

依据活动项目，将学生进行分组，每组由一位专业教师全程指导。为使学生能全面融入实践活动，将项目小组集中进行训练，促使其深入了解比赛规则和比赛要求，从比赛知识、综合知识和专业技能等多方面加强培养，并以此提高学生的分析研究能力。通过第二课堂实践活动的开展可以多维度锻炼学生的适应能力、实践动手及创新能力，同时也可以结合专业知识更好地服务于国家战略，让学生在实践中认知企业经营管理过程，真正具备专业知识、能力、素质，真正成为一个创新型人才。提高第二课堂育人成效，学校管理方应从三个方面创新实践育人办法：一是产出"第二课堂成绩单"，以竞赛成绩为依据，对学生的第二课堂表现进行认证；二是建立起科学的第二课堂考核办法；三是加深"第二课堂成绩单"多渠道转化。现如今已经建立起第二课堂和第一课堂学分转化机制，还要建立学生综合素质和第二课堂学分关联机制，有利于学生积极地参与到第二课堂中去，而且能够提高第二课堂的社会认同，扩大育人成效。

（三）打造培养创新型人才的校企协同新平台

校企协同创新模式是培养高质量创新型人才的有效途径之一。应用型高校的人才培养需要高校学生能够最大限度地贴近岗位一线。通过校企合作，探索出适应未来地方用人需求的教学模式，从而实现企业和高校的双赢。一方面，企业可以为学生提供实践机会和具有丰富实践经验、良好综合素质的指导老师；另一方面，学校可以为企业提供专业人才，利用人才的知识优势，为企业创造效益，实现两者资源的整合发展，达到协同效应，实现"1+1＞2"的效果。财会的校企协同创新模式，高校和企业共同承担人才培养工作，一方面，企业可以用较低的成本获得自己所需的财会人才；另一方面，高校可以通过企业进行教学实践，从而实现财会课程模式的优化创新。校企协同平台的搭建主要以建立校内实验室和校外实训基地为内容。在校内建立财会技能实验室，让学生可以在仿真的环境中进行模拟实验。可以利用企业的资金优势，扩建现有的实践教学平台，由专业老师带领，组织学生承接企业开展的比赛项目，既可以促进学生对财会专业理论知识的掌握，又可以提升学生的职业素养。企业也可以利用学校的人才优势实现企业效益。在校外建立实训基地，高校和当地涉农企业开展多方面的合作，将学生送入企业去实习，使企业和高校能够协同开展财会教学工作，最大程度地将学生纳入到企业的管理体制中去，避免学生仅仅从事基础性工作，在顶岗实习中接触不到财务工作的核心，实习效果不佳，而是让其真正地融入到企业的文化和工作中，从而使财会人才真正地适应当地社会经济的发展需要。

（四）育人模式改革的具体成效

1. 育人模式创新对老师的影响

（1）促进教师自身素质的提高

教师精心指导学生，并带队参加各类项目比赛，通过总结与反思，找出院校之间的差距和学生的薄弱环节，不断改革探索，为指导下次比赛做好充足的准备。在比赛过程中，教师与其他院校的老师相互交流，取长补短，在今后教学中加强针对性，以适应学生个性化培养。竞赛内容可能与行业技能要求密切相关，一方面教师将真实的操作项目搬入课堂，可增强学生的实践应用能力培养；另一方面，教师必须深入行业、扎根企业，在与企业的对接中，获得知识的更新和课堂内容的更新，使教学更具针对性。

（2）促进教育教学方式的改革

教师在授课过程中改变相应的教学方式，不再是单向的传统的教学模式"教－学"，而是结合校内和校外实训共同完成。校内实训是以竞赛要求为实训单元进行实践教学，与学生进行积极互动；校外实训是让学生走出课堂，寻找真实项目的锻炼，以"学－教"的形式，让学生通过直接的经验学习转化为知识，达到检验课堂教学的目的。传统课堂上，思政课程和创新创业课程过于理论，"课赛创"育人模式将理论应用于实践，解决好学生在创业上遇到的各种困难，利用社会实践项目挖掘学生创新的能力，达成与专业老师配合，形成"专业＋思政"的"双轨"并行的指导模式。

（3）激发教师的工作积极性

采用激励机制，对各类大赛，学校给予一定的政策奖励，有利于专业教师和辅导员职称晋升。他们愿意投入更多的时间和精力研究专业、指导学生，积极地与当地涉农企业对接，多接触行业新知识、新技能，在指导学生参加各类创新创业大赛的同时，增强自己的竞争实力。

2. 育人模式创新对学生的影响

（1）提高学生实践能力，提升学生的综合素质

通过举办各类竞赛，学生的学习能力、社会能力和职业能力得到了锻炼。

首先，专业知识得到加深，技能得到大幅度提升。例如企业价值创造大赛，学生对供应链和财务指标分析的掌握程度和灵活应用程度都提高了。

其次，学生团队协作意识和能力加强。备赛中，大家明确分工，团结协作，充分发挥自己的专长，才能取得比赛的最终胜利。通过技能大赛的平台，培养了兼具理论基础和实践应用能力的适应未来社会需求的高素质财会人才，学生职业素养得到了提升。

（2）激发学生学习兴趣，培养学生创新思维

各类激励竞赛的举办，激发了学生的主观能动性，学生在不断的查阅资料、讨论、练习中，丰富了课外知识，变被动学习为主动学习，养成了科学求实的良好习惯，创新思维能力、语言表达能力、组织协调能力都得到大幅度提高。因此，"课赛创"协同培养模式值得延续和推广。

参考文献

[1] 姬存敏.提高乡镇财务管理水平的措施思考[J].环渤海经济瞭望,2020(11):103-104.

[2] 薛永花.关于乡镇财务管理机制的创新与思考[J].商讯,2020(31):61-62.

[3] 熊庆如.关于对乡镇财政财务管理工作中相关问题探讨[J].财经界,2020(28):34-35.

[4] 蒲爱燕.乡镇财务管理工作问题及对策研究[J].中国市场,2020(23):153,159.

[5] 王元亨.乡村振兴战略背景下乡镇财务管理探讨[J].全国流通经济,2020(16):80-81.

[6] 张大强.乡村振兴战略下乡镇财务管理存在问题及对策研究[J].山西农经,2019(16):136-137.

[7] 张晋.乡镇财政财务管理存在的问题与对策建议[J].当代农村财经,2020(6):28-29.

[8] 李瑞花.乡镇财政财务管理工作的优化探讨[J].中国集体经济,2020(16):143-144.

[9] 刘超.乡镇财政财务管理工作的突出问题及完善措施[J].中国乡镇企业会计,2019(12):90-91.

[10] 路召飞,王昊,张丽涛.盘活人才资源推动乡村振兴[J].农家参谋,2019(6):28.

[11] 李琴.芜湖市三山区三山街道村级财务管理存在的问题及对策[J].现代农业科技,2019(5):263-265.

[12] 彭典范.精准扶贫背景下农村会计队伍建设研究[J].当代农村财经,2019(7):27-29.

[13] 王艳玮.加强农村财务管理,助力乡村振兴[J].中国市场,2019(12):81-82.

[14] 腾明江.浅谈农村财务会计队伍建设的重要性[J].山西农经研究,2018(8):51.

[15] 蔺雪娜.加强我国农村财务监督的途径研究[J].农村经济,2018(11):53-55.

[16] 杨红春.加强会计人才队伍建设研究[J].山东交通科技,2021(4):135-137.

[17] 靳更喜.建强队伍,夯实管理根基[J].农村财务会计,2020(2):42-44.

[18] 洪伟.村级财务管理问题及对策研究——基于A县各村审计结果[D].南昌:江西财经大学,2020.

[19] 孔祥智.乡村振兴:"十三五"进展及"十四五"重点任务[J].人民论坛,2020(11):39-41.

[20] 古朝霞.人才振兴是全面推进乡村振兴的"关键力量"[N].芜湖日报,2020-11-11.

[21] 邓永忠.村级财务监管体制机制存在的问题及意见建议[J].预算管理与会计,2018(5):53-56.

[22] 杨招继,李佳.当前村干部监督的基本原则探析[J].法制与社会,2018(24):135-136.

[23] 杨东广,田丽.村干部选拔培养长效机制探析[J].治理现代化研究,2019(3):25-32.

[24] 张其俊,向腾蛟.打通基层财务监管最后一公里——兴山县推行乡镇农村财务代理记账改革打造宜昌经验[J].财道,2021(3):70-72.

[25] 胡雅樱,闵惠娟,黄陈晨.加强财务会计队伍建设的设想[J].新会计,2015(10):59-61.

[26] 徐丰.村级财务内部控制存在问题及优化对策探究[J].会计师,2018(66):21.

[27] 江炜.强化农村会计队伍建设探讨[J].农村财务会计,2017(3):58-61.

[28] 沈建华,姜瑾华.乡村振兴视野下江苏村级集体经济发展探究[J].江苏农村经济,2019.

[29] 李增刚.农民进城、市民下乡与乡村振兴[J].学习与探索,2018(5):100-107.

[30] 范和生,郭阳.新发展格局下乡村振兴机制创新探析[J].中国特色社会主义研究,2021(2):37-45.

[31] 郑有贵.乡村改革发展四个重大关系的历史经验[J].贵州社会科学,2018(8):4-10.

[32] 黄新华,曾昭腾.建构政府与市场关系良性互动的营商环境[J].中国高校社会科学,2020(4):80-89,159.

[33] 张云华.农业农村改革40年主要经验及其对乡村振兴的启示[J].改革,2018(12):14-26.

[34] 李博,高强.转型与超越:乡村振兴背景下牧区合作社的功能演化[J].西北农林科技大学学报(社会科学版),2021,21(3):74-81.

[35] 宋建平.推进我国农业市场化改革的基本思路和路径研究[J].经济师,2018(5):8-11.

[36] 张慧鹏.农村社区治理中底层群体的主体性:基于珠三角粤村的个案分析[J].天府新论,2016(2):117-123.

[37] 周立,李彦岩,罗建章.合纵连横:乡村产业振兴的价值增值路径:基于一、二、三产业融合的多案例分析[J].新疆师范大学学报(哲学社会科学版),2020,41(1):63-72.

[38] 徐国庆.我国职业教育现代学徒制构建中的关键问题[J].华东师范大学学报(教育科学版),2017(1):30-38.

[39] 张阳萍,罗玉辉.新时代推进我国乡村振兴战略的制度保障[J].吉林省社会主义学院学报,2020(2):22-25.

[40] 刘现肖.论乡村振兴战略背景下的农村财务审计监督[J].经济管理文摘,2021(2):14-15.

[41] 邰淑艳.乡村振兴战略背景下的农村财务审计监督研究[J].农家参谋,2022(2):96-98.

[42] 车兵华.乡村振兴战略背景下的农村财务审计监督研究[J].商业观察,2021(24):42-44.

[43] 张裕.乡村振兴战略背景下农村财务审计监督研究[J].中国乡镇企业会计,2022(4):155-157.

[44] 王明佳.乡村振兴背景下加强农村财务审计监督有效性路径研究[J].山东农业工程学院

学报.2022（11）:74-79.

[45] 赵欢欢.乡村振兴战略背景下的农村财务审计监督研究[J].农业经济，2020（2）:62-63.

[46] 庞静，陈丹丹.乡村振兴战略背景下农村财务审计监督研究[J].行政事业资产与财务，2020（19）:109-110.

[47] 王凤珍.探索农村财务审计新模式[J].财经界，2021（35）:152-153.

[48] 刘芬.我国农村财务审计问题与优化探讨[J].会计师，2021（16）:74-75.

[49] 何琳.农村财务审计与监督体系的构建与应用研究[J].中国管理信息化，2022（2）:10-12.

[50] 陈建悦.民族地区应用型本科高校课程思政的实践困境与改进策略[J].教育理论与实践，2021，41（30）：38-41.

[51] 王丽梅，等.基于创新性应用型人才培养的《高分子材料》课程教学体系建设与实践[J].高分子通报，2021（10）：96-101.

[52] 王瑞.浅谈机电教学中行为引导教学法的应用[J].中外企业家，2018（19）：186.

[53] 姚育晓.项目学习校本化的研究主体与实践形式探析[J].福建基础教育研究，2021（9）：16-17.

[54] 孙瑄瑄，等."研讨互动课堂"教学形式在高校体育云课程的应用研究——以北京建筑大学形体操课为例[J].青少年体育，2019（12）：126-128.

[55] 张云.关于在双创背景下构建面点专业实践教学体系的几点思考[J].中国食品，2022（1）：64-66.

[56] 冯丹艳.一流课程建设背景下的"机械制图与CAD"金课建设研究[J].工业和信息化教育，2021（5）：28-32.

[57] 周薇，等.形成性评价考核在外科护理学本科教学中的应用[J].右江民族医学院学报，2021，43（4）：567-569.

[58] 姬存敏.提高乡镇财务管理水平的措施思考[J].环渤海经济瞭望，2020（11）：103-104.

[59] 薛永花.关于乡镇财务管理机制的创新与思考[J].商讯，2020（31）：61-62.

[60] 熊庆如.关于对乡镇财政财务管理工作中相关问题探讨[J].财经界，2020（28）：34-35.

[61] 蒲爱燕.乡镇财务管理工作问题及对策研究[J].中国市场，2020（23）：153,159.

[62] 王元亨.乡村振兴战略背景下乡镇财务管理探讨[J].全国流通经济，2020（16）：80-81.

[63] 张大强.乡村振兴战略下乡镇财务管理存在问题及对策研究[J].山西农经，2019（16）：136-137.

[64] 张晋.乡镇财政财务管理存在的问题与对策建议[J].当代农村财经，2020（6）：28-29.

[65] 李瑞花.乡镇财政财务管理工作的优化探讨[J].中国集体经济，2020（16）：143-144.

[66] 刘超.乡镇财政财务管理工作的突出问题及完善措施[J].中国乡镇企业会计，2019（12）：90-91.

[67] 路召飞，王昊，张丽涛.盘活人才资源推动乡村振兴[J].农家参谋，2019（6）：28.

[68] 卢春燕.课证赛融合教学模式的实践与创新——以预算电算化教学为例[J].高教学刊，2017（1）：73-74，76.

[69] 祝维亮，严从.以课赛融通为抓手探索电商人才培养新路[J].职教论坛，2017（9）：75-79.

[70] 夏敦柱.基于"课赛创"融合的电子综合实践教学改革[J].电气电子教学学报，2017，39（3）：122-125.

[71] 赵新宇.吉林省高校第二课堂育人模式构建研究[D].长春：吉林农业大学，2013.

[72] 王寒寒."课赛思结合"创新创业教育教学模式改革研究[J].科技视界，2020（25）：115-116.

[73] 程红莉，雷银生，钟生成，谭勇.学赛创一体化教学模式的实践与反思——以物流创新实践课程为例[J].物流工程与管理，2019，41（11）：170-173.

[74] 王慧.高职会计专业"课赛融合"人才培养模式研究[J].财会通讯，2015（31）：63-65.

[75] 周妮娜."赛事驱动"型媒体教学模式创新——以北京师范大学新闻传播学院为例[J].传媒，2019（19）：77-79.

[76] 赵瑞婷.我国学徒制的发展历程与策略[J].湖北经济学院学报：人文社会科学版，2017（11）：16-17.

[77] 江浩.苏格兰现代学徒制现状及对浙江省高职教育的启示[J].山西青年，2019（1）：93-94.

[78] 钱晋.现代学徒制模式下校企联合招生的思考[J].江苏工程职业技术学院学报，2018（4）：57-59.

[79] 赵静.高职会计专业现代学徒制实施探讨[J].河北能源职业技术学院学报，2019（4）：16-18.

[80] 王小春."基础会计"课程思政教学设计初探[J].黑龙江教育，2020（6）：41-43.

[81] 岳世忠，张楠.会计学专业综合改革研究——思政教育[J].财会研究，2019（10）：32-34.

[82] 王淑美.会计专业课程思政建设的思考[J].现代商贸工业，2021（36）：159-160.

[83] 徐海莉.基于《会计原理》的课程思政实践途径探究[J].现代营销（经营版），2019（11）：161.